项目资助

教育部人文社科项目（17YJC880080）

陕西省社科基金项目（2019Q038）

陕西省教育厅项目（19JK0922）

陕西省教育科学规划项目（SGH17H184）

咸阳师范学院“骨干教师”“青蓝人才”培养项目

咸阳师范学院学科建设经费

咸阳师范学院学术专著出版基金

教学理论
本体问题研究

毛红芳 / 著

中国社会科学出版社

图书在版编目（CIP）数据

教学理论本体问题研究／毛红芳著．—北京：中国社会科学出版社，2022.3
ISBN 978－7－5203－9572－4

Ⅰ.①教… Ⅱ.①毛… Ⅲ.①教学理论—研究 Ⅳ.①G42

中国版本图书馆 CIP 数据核字(2022)第 012603 号

出 版 人　赵剑英
责任编辑　赵　丽
责任校对　王　龙
责任印制　王　超

出　　版　中国社会科学出版社
社　　址　北京鼓楼西大街甲 158 号
邮　　编　100720
网　　址　http://www.csspw.cn
发 行 部　010－84083685
门 市 部　010－84029450
经　　销　新华书店及其他书店

印　　刷　北京明恒达印务有限公司
装　　订　廊坊市广阳区广增装订厂
版　　次　2022 年 3 月第 1 版
印　　次　2022 年 3 月第 1 次印刷

开　　本　710×1000　1/16
印　　张　17.25
插　　页　2
字　　数　241 千字
定　　价　96.00 元

前　　言

“什么是教学理论?”对这一问题的回答存在界说不一、概念混用、关系不明、界限不清、质疑指责等现实境遇,这不仅影响了教学理论的独立性和自主性,也制约了教学理论的学术品性和科学品性,更加深了教学理论的自我认同危机。对教学理论的反思离不开对其理论本体问题的内在反思。对教学理论作为“存在”的解构与重构,是从本体论意义层面上解答“什么是教学理论”、教学理论本体承诺、教学理论本体内涵、教学理论“是其所是”的界限与检验等。

首先,认识的困惑以及困扰的不自知往往产生于显而易见的开端。对于“教学理论是什么”的探寻,首先需要重回概念的话语体系。本书选择德国、美国、日本、苏联和中国作为不同话语体系的分析典型,从词源追溯和理论发展中的概念释义两个方面分析“Didaktik”“Theory of Instruction”“дидактика”“教授学”以及“教学论”“教学理论”植根于不同国家文化传统所呈现的理论样态,在此基础上透析其中的异相和共相,为教学理论概念在本土重构奠定基础。

其次,重构教学理论的概念,尝试回答“什么是教学理论”。一是明确概念的定位及其对象范畴,即厘清理论、研究、知识、科学、学科、教学、教化等概念及其复杂交织关系,从而准确判断和确定教学理论到底应该是理论、知识还是学科的属概念,在此基础上完成教学理论的对象性把握。二是阐明本土文化语境中教学理论概念界定的局限主要表现在：片面化倾向、缩小理论的概念范畴、混同学科概念、等同教学研究、照搬美国处方式概念、属概念“偏离”或科学理论概念“平移”而缺少教学理论特殊性表述等方面。三是按照概念界定的逻辑理路对教学理论的属概念和种差进行深入分析，重新界定了教学理论的概念：教学理论是人们通过研究和辩理对促进学生整体性发展的教学现象、教学事实和教学存在形成系统化的理性认识，旨在构建解释、规范、批判和引导教学实践的知识体系。在教学理论概念的内涵分析基础上，进一步追问教学理论的伦理性本体承诺，并确定了教学理论的内在规定性。

再次，从理论要素、理论建构、理论类型、理论意义和理论应用五个方面阐释教学理论的本体内涵。教学理论包含关于人性假设的信念体系、教学场域中的概念、概念之间的关系和理论陈述四种理论成分。教学理论的形成是从理论硬核开始的，理论硬核是一个理论独立性和独特性的根本，理论硬核的建构潜藏于理论生成的基本程序中。教学理论的生成从整体上来说是一个开放的系统过程，教学理论源于认识中的问题及由此而形成的假说，但不是所有的假说都能够形成理论，也不是一次研究或一个假说就能形成新的理论，一旦能够达到构建新的教学理论的条件，教学理论就需要以知识体系的表现形式来进行呈现，并成为新一轮研究的理论支持。当然，由于理论自身的取向和被需求的视角不同，教学理论必然会分解为不同的结构和类型。从大写的、单数的教学理论到教学实践理论、教学科学理论、教学哲学理论和元教学理论（教学理论的理论）的分解不是对教学理论的人为刻意分离，而是体现了理论自身逻辑发展与现实需求相结合的不同取向。需要明确的是，教学理论的意义不仅体现在对教学实践的意义，还表现在对社会现实、学科发展、理论研究和师生发展等方面的价值评价和客观作用。同时，教学理论在实践中应用需要打破传统的线性指导或按步操作的应用方式，理性看待教学理论对教学实践的非线性指导、理想性引导和批判性反思。

最后，在上述教学理论本体内涵阐明的基础上，进一步确定了教学理论“是其所是”的界限和检验标准。教学理论的界限不仅存在于教学理论与教学常识、教学观念、教学思想、教学假设等范畴之间，同时也蕴含着教学理论的知识自我限度和历史情境限度、实践逻辑限度和理论逻辑限度等方面的理论内在限度和有效性范围。此外，本书从理论到教学理论的逻辑理路确定并建构了教学理论检验的事实标准、伦理标准、逻辑标准、理论硬核的独立标准、简单一统一标准和实践标准。教学理论检验的终极目的不是抛弃理论，而是更好地坚守和完善理论。

本书综合运用了跨文化语境分析、批判性反思、分析哲学和科学哲学的逻辑思维，补充了目前国内缺乏系统性教学理论本体问题研究的现状，既能够丰富元教学理论研究成果，也为探索中国特色教学理论话语体系奠定良好基础。主要创新点表现在以下三个方面：

1. 研究视角的创新

从对象性思维走向反思性思维，以“元”的逻辑形式对教学理论进行系统的本体性问题研究。关于教学理论的著作、论文在数量和成果上已经相对丰富，但目前对本体问题的关注也只是局限在某一个层面，对于教学理论本体问题的系统阐释和研究目前还很缺乏。因此，本书从教学理论概念、理论要素、理论建构、理论类型、理论意义、理论应用、理论界限和理论标准等方面进行了系统化的反思和论证。

2. 研究路径的创新

本书以教学理论“是什么”的问题研究作为起点，以“什么是”教学理论的标准剖析作为终点。对这两个看似表面和同一的问题回答，不是采用纯粹的哲学思辨，而是将跨文化语境分析、批判性反思、分析哲学和科学哲学思维进行了逻辑整合。这种整体研究路径可以概括为：从教学理论“是什么”的概念语境出发，勾画出“Didaktik”“Theory of Instruction”“дидакт-ика”“教授学”以及

“教学论”“教学理论”在不同文化语境中的实然面貌，在不同话语体系中教学理论概念内涵、词源和跨文化分析的基础上，对教学理论的概念、要素、结构、类型等本体问题进行重构和解构，最终论证检验“什么是”教学理论的六个标准。

3. 研究内容的创新

遵循科学概念界定的逻辑理路重构了教学理论的概念，并论证了教学理论生成的系统过程和结构形态，打破了以往以大写的和单数的形式论证教学理论，将教学理论的结构和类型分解为实践性的教学实践理论、描述性和解释性的教学科学理论、价值性和规范性的教学哲学理论、综合性的元教学理论。

本书是在我的博士学位论文基础上修改完善而成，从确定选题、框架梳理到后续研究都离不开恩师陕西师范大学陈晓端教授的悉心指导。借此时机，对恩师在学业和学术上的培养和教诲致以最真挚的感谢！写作过程中，我参阅和引用了国内外学者的很多研究成果，也正是这些成果的启迪，使我在研究过程中的诸多“困难”转变为问题解决的“方法”，在此对书中列出的专家学者和未能一一列出的文献作者一并致谢！本书的出版，获得了咸阳师范学院教育科学学院学科建设经费、教育部人文社科研究项目（编号：17YJC880080）、陕西省社科基金项目（编号：2019Q038）、陕西省教育厅项目（编号：19JK0922）、陕西省教育科学规划项目（编号：SGH17H184）、咸阳师范学院“骨干教师”“青蓝人才”培养项目、咸阳师范学院学术专著出版基金的资助，得到了教育科学学院、科研处和人事处领导与老师们的关心和支持。中国社会科学出版社赵丽老师为本书出版付出了很多辛苦劳动。在此，一并表示最诚挚的感谢！

毛红芳

2020年11月1日

目　　录

第一章　导论……………………………………………………（1）
第一节　研究缘起……………………………………………………（1）
第二节　研究现状……………………………………………………（7）
第三节　概念界定与理论基础 ……………………………………（20）
第四节　研究目的与研究意义 ……………………………………（34）

第二章　教学理论概念反思与语境分析 …………………………（41）
第一节　不同历史文化语境中教学理论的解释 …………………（41）
第二节　语境对话中教学理论的异相与共相 ……………………（76）

第三章　教学理论概念重构与本体追问 …………………………（97）
第一节　人文社会科学理论的概念与要素 ………………………（97）
第二节　教学理论概念的逻辑重构…………………………………（112）
第三节　教学理论的本体承诺与内在规定性追问…………………（130）

第四章　教学理论本体领域与内容构成……………………………（142）
第一节　元素：教学理论的成分……………………………………（143）
第二节　本源：教学理论的建构……………………………………（155）
第三节　形态：教学理论的类型……………………………………（179）
第四节　价值：教学理论的意义……………………………………（197）
第五节　实践：教学理论的应用……………………………………（208）

第五章 教学理论的界限审视与检验标准……………………（218）
第一节 教学理论的边界关系与界限识别……………………（218）
第二节 教学理论的自我限度和有效性范围……………………（228）
第三节 教学理论的检验标准……………………（233）

结语 教学理论解构与建构的共在……………………（251）

参考文献……………………（256）

第一章

导　论

第一节　研究缘起

一　教学理论概念考察的思维困惑

什么是教学理论？这看似是一个不言自明的概念，但当我们将其作为问题提出时往往会发现答案并不明确。有学者认为教学理论即教学论，是“教育学的一门分支学科”[①]，有学者认为教学理论是“一种体系化的关于教学研究的理性表达”[②]，也有学者将教学理论界定为“一种知识体系或认知体系”[③]。倘若遵循概念的基本词义，将教学理论概括为关于教学的理论和理论体系，那么，与之有一字之差的教学论又该如何界说？教学理论与教学论有何不同？教学理论或教学论的独特性是什么？教学理论或教学论与教学实践的关系如何？如果将“教学理论”看成“教学论”的简称，是同一个概念的不同表述，那么为什么我们在指称学科时，一般只表述为教学论学科，而表述为教学理论学科又不甚恰当；如果将二者看成两个不同的术语，教学论看作一门学科，教学思想和教学理论看

---

① 施良方、崔允漷主编：《教学理论：课堂教学的原理、策略与研究》，华东师范大学出版社1999年版，第19页。

② 路书红、徐继存：《教学理论意识形态化及其批判》，《教育理论与实践》2008年第22期。

③ 迟艳杰：《教学领域中的理论与实践——兼论我国教学论学科面临的主要问题及发展选择》，《中国教育学刊》1997年第4期。

作学科意识和领域的下位概念，又如何回应教学思想、教学理论在教学论作为一门学科独立之前就已经普遍存在并发挥影响？

有学者从不同取向和历史渊源来说明和论证，发现其英文表达与学科取向也有德国传统与英美传统的历史性区别。“‘教学论’（Didaktik）与‘教学理论’（Theory of Instruction/Teaching）是两种难以通约的研究范式，前者根植于德国深厚的新人文主义的‘教化’（Bildung）传统，属于欧洲唯理主义哲学为理论基础的‘教育学’范式；后者则与课程论以及不同取向的教育心理学相联系，属于经验主义和实证主义为理论基础的‘教育科学’范式。”[①] 事实上，教学理论与教学论并不像教育学与教育理论、文学与文学理论那样有相对清晰可辨的关系和相对明确的概念归属，这样的现实状态使那些教学理论“庞杂”状态迁移进入教学论学科体系中，增加了教学论的学科困惑，模糊了教学论的学科边界。[②] 本土化语境下人们在教育研究领域很难将二者进行概念的彼此独立，如王策三教授在《教学论稿》中的论述：“教学论，或教学理论，英语为 Didactics（又称 Theory of Instruction），俄语为 дидактика；均来源于希腊文 δυδατυco，即‘我教’的意思”，[③] 同时王策三教授对这句陈述标注了引用来源于凯洛夫的《教育学》。事实上，凯洛夫并没有用“Theory of Instruction”注解“Didactics”，但他确实在书中使用了两种俄语进行指称（第二章教学理论概念反思与语境分析对此进行了详细考察和叙述）。而中国学者在翻译和使用过程中，往往缺少系统的词源考察和概念的话语体系分析，进而也间接造成了概念之间的使用混乱，且这种混用已经成为一种相对普遍的状态。例如，在《教育研究》《课程·教材·教法》等核心期刊上，以“教学论”为题名关键词的论文在其标题和摘要的文献翻译中，大多把

---

① 丁邦平：《“教学论”与“教学理论”概念之辩》，《比较教育研究》2011 年第 7 期。

② 陈晓端、毛红芳：《教学论对教学实践指导的困境、意义、方式和限度》，《教育研究》2016 年第 5 期。

③ 王策三：《教学论稿》，人民教育出版社 1985 年版，第 1 页。

“教学论”译为“Theory of Instruction”或“Teaching Theory”[①]。反过来，英汉翻译的“教学论”也不尽一致，如布鲁纳的著作 *Toward a Theory of Instruction* 被译为《教学论》[②]；“Pedagogy”也被译为“教学论”[③]。除此之外，教学论、教学理论以及相关概念的等同或混用现象在国内一些著作、教材或期刊文献中也可以看到，最为典型的情况有以下三种：第一种情况是研究者将教学论的哲学取向和心理学取向的两个范畴与教学理论的两种取向指称同样的内容，教学论流派与教学理论流派阐述内容不一，既相互覆盖又相互交叉[④]，例如将现代教学论三大流派与现代教学理论三大流派实质上指向同样的内容。[⑤] 第二种情况是研究者将教学思想、教学理念、教学范式、教学模式等概念表述为“教学理论”，或将“教学理论”的研究范畴具体化为教学理念、教学模式或教学策略等现象，这种表述和用法在学科教学研究中尤为多见。[⑥] 第三种情况是针对理论与实践关系的讨论，“教学论”和“教学理论”各自与“教学实践”的关系被默认为相同，忽略了两两的关系立场和关系地位不同。尽管在教学研究和教学实践领域中，“教学论”和“教学理论”的交叉和混用有其合理性与合规律性，但采用不同文化语境中

---

① 丁邦平：《“教学论”与“教学理论”概念之辩》，《比较教育研究》2011 年第 7 期。

② ［美］布鲁纳：《教学论》，姚梅林、郭安译，中国轻工业出版社 2008 年版。

③ ［美］威廉·威伦等：《有效教学决策》，李森、王纬虹主译，教育科学出版社 2009 年版，第 5 页。

④ 这些情况存在于国内学者梳理教学论或教学理论的发展历程中，如，施良方、崔允漷主编：《教学理论：课堂教学的原理、策略与研究》，华东师范大学出版社 1999 年版；吴立岗主编：《教学的原理、模式和活动》，广西教育出版社 1998 年版；皮连生、吴红耘：《两种取向的教学论与有效教学研究》，《教育研究》2011 年第 5 期。

⑤ 发展性教学、结构主义、范例教学三大流派在不同著作或教材中名词表述不同，但内容相互等同。例如，田慧生、李如密：《教学论》，河北教育出版社 1996 年版；徐建敏、管锡基主编：《国内外当代教学理论简明读本》，教育科学出版社 2011 年版；李其龙编著：《德国教学论流派》，陕西人民教育出版社 1993 年版；钟启泉、黄志成主编：《美国教学论流派》，陕西人民教育出版社 1993 年版；吴文侃主编：《当代国外教学论流派》，福建教育出版社 1990 年版。

⑥ 通过中国知网检索以“教学理论”为篇名的文献，可以发现无论是期刊论文还是硕博士论文，在体育、英语、数学、物理等学科中都存在以教学理论为篇名，实则论述教学模式、教学策略或教学思想的情况。

的概念和概念体系来解释和指导本土教学实践，仍然会存在一定程度不可通约的客观事实。如此，教学理论与教学论在语境中的概念区分或名词混用已不是一个“语言游戏”的问题，也远远超越学科表述问题。

由于“什么是教学理论”这一问题的根本性前设条件不清晰明确，会引发理论建构和发展中其他问题的混沌模糊状况。美国学者布洛克认为：“正如大多数哲学谬论一样，困惑的结果总是产生于显而易见的开端（假设）。正因为这样，我们才应该特别小心对待这个‘显而易见的开端’，因为正是从这儿起，事情才走上了歧路。”[①] 同样，对“什么是教学理论”的回答正是教学理论研究的“开端”问题。对“教学理论是什么”和“什么是教学理论”的解读和探索，蕴藏着人们对教学理论的自觉反思和终极诉求的关怀，前者是提问既成的事实，即“是什么”的本质，后者是提问生成的事实，即“什么是”的本源。两个看似相似却是需要通过一系列本体性问题的追问来得以解释和显现。

二　教学理论指导实践的现实困境

亚里士多德认为：“在教育上，实践必先于理论。”[②] 在一种新理论提出之前，实践早已开始运作。随着实践的持续展开，新的问题不断呈现，新的需要不断提出，从而便刺激了理论的产生。[③] 不论是“理论”还是“教学理论”都源于人们的长期实践，但它们不是对实践的简单“延伸”或“变式”，而是对实践的“超越”。那么，理论的“实践性”和“超实践性”到底是如何体现的，理论的实践指导力又是如何发挥的？在教学理论研究中，这一问题事

---

① ［美］B. G. 布洛克：《美学新解：现代艺术哲学》，滕守尧译，辽宁人民出版社 1987 年版，第 202 页。

② 袁锐锷、张季娟编著：《外国教育史纲》，广东高等教育出版社 2002 年版，第 45 页。

③ 周作宇：《问题之源与方法之镜——元教育理论探索》，教育科学出版社 2000 年版，第 23 页。

实上并不明晰，且因实践指导价值的“质问”而倍显困惑。如果说教学理论的内部困惑来自教学理论自身维系其发展所必需予以解答的定位和性质问题，那么，教学理论的外部困惑来自教学理论指导实践不力。[①] 而教学理论的这两种困惑和压力是一种“历久弥新”困惑，是伴随夸美纽斯《大教学论》诞生至今仍需要担负的困惑。

从20世纪80年代开始，教学理论与教学实践的关系问题在中国受到越来越多的关注。人们在探讨教学理论问题的时候，总避不开教学理论与教学实践关系这一论题。教学理论越来越被指责为单纯追求书斋理论而缺乏实践观照，越来越因不能应对、指导和预测实践中出现的各种各样的问题而受到其存在价值的质问，甚至还出现了“非教学论”的学科争议，即“认为教学论没有独立的研究对象和单独存在的必要”[②]。反观教学理论的发展历程，每个教学改革实践的发展时期，都在引发教学理论问题的不断更新。然而，一个问题能否构成“理论问题”并形成教学理论，并不是单纯由教学实践所决定，还需要对理论本体进行明确追问，否则这些问题的研究从逻辑前提就已经潜藏纷争。然而遗憾的是，从中国近三十年来教学理论研究来看，教学理论研究主题呈阶梯分布和时段变化，理论热点更迭频繁，国外教学理论研究相对活跃，但本土研究亟待加强，[③]“教学理论的本体研究和建构相对薄弱，且呈现日趋减弱的态势，关注度由20世纪80年代的23%微降到90年代的21%，快速降到21世纪10年代的14%”。[④] 这种现象值得深思，也正因如此，有必要先阐释清楚作为理论前设的教学理论本体问题，以此为逻辑起点澄清并诠释教学理论所应具有的存在价值和实践指导意义。

---

① 郝志军：《教学理论的实践品格》，教育科学出版社2008年版，第2页。

② 胡定荣：《21世纪中国教学论发展的问题与走向》，《教育研究》2002年第3期。

③ 苏丹兰：《我国教学理论研究主题的变迁：特点、问题与前瞻——基于1981—2012年〈课程·教材·教法〉实证研究》，《课程·教材·教法》2013年第3期。

④ 杨丽、温恒福：《近30年来我国教学理论研究的主要特点分析》，《教育研究》2011年第3期。

三 教学理论研究者自主意识体现

随着教育教学研究的深入，很多“新颖”和“独创”的概念和内容，都被不加审思和批判地归入教学理论范畴。部分“理论”在没有被澄清能否“自成理论”的情况下，就开始宣扬和倡导在实践中实施。这种随意性表现，一方面是对教学实践的轻视，另一方面是对教学理论本体性规定的偏离，使教学理论越来越空泛、重复和混杂。

任何时候，科学研究不仅需要重思，更需要否思，这是理论研究的理性自觉，也是化解危机、超越自身的基本方式。正如派纳所言：“我们有责任通过重申我们对学术生活的承诺来维护我们的职业尊严。”[①] 对于教学理论研究而言，从“本体”的元研究进行反思也是旨在体现教学理论本质自身中的映像。本，从我们一般的定义来看，是一个发展的起点，又是一个导向不断发展与提升存在层次的活动过程，它必然表现为丰富的繁，形成肢体，但也可能会从繁再回到本能的简而呈现为精神。本不只是一种根源，还是一种基本，它有一种内在的框架或内在的义理。尽管现有对“教学理论是什么”的理解较多，但并没有形成较为一致的认识，就说明对教学理论“本体”澄清不够。欠缺本体意义的设问，教学理论就会在到底应该选择哲学取向的教学论还是依据心理学取向的教学理论之间矛盾徘徊；欠缺对“是其所是”的本体追问，就会使教学理论只关注基于主观性的“事实是什么”，而忽视“应该是什么”的终极关怀及其理论图景建构。由于教学理论缺失“兼容性”的思维积淀、“容涵性”的本质把握、“系统性”的全面观照，教学论的实践“指导力”才受到越来越多的质问。

教学理论本体研究，解决的是“什么是教学理论”这样一个高

---

① William F. Pinar, *What Is Curriculum Theory*? Mahwah: Lawrence Erlbaum Associates, Inc., 2004, Preface.

难度问题。事实上，这个问题的回答要比“什么是教学”复杂得多。因为，对于“什么是教学”的关注和研究相对较多，而对于“什么是教学理论”的研究仍然不成熟。选择这样一个研究主题，是一项迎难而上的挑战，也是作为教学理论研究者自身“问题意识”和“反思意识”的回应。探究“本体性”问题，也正是对教学理论反思研究的主要“抓手”，是教学理论研究主体自主意识在教学理论研究关键问题的集中体现。

第二节 研究现状

一 国外研究现状

（一）关于教学理论需求和建构的研究

由于英美国家的教育科学学术传统与教育文化传统，教学理论作为独立研究领域的历史并不长。在美国，20 世纪上半叶的教学理论研究仍依附于心理学、教育理论研究和课程理论研究，如杜威的“做中学”教学理论、克伯屈的设计教学法、泰勒的课程与教学的基本原理等，都是如此[①]。直到 20 世纪 60 年代，美国的教学研究逐渐成为独立的研究领域，以布鲁纳为代表的教育家开始呼吁教学理论的需求和重要性，认为学习的理论、发展的理论、动机的理论，或者与教师有关的人类行为的任何别的理论，其本身都不足以给教学实践提供指导。为了阐明教学活动的原则，应用这些理论的成果、概念和模式，我们还需要一种中间的理论。[②] 这个中间的理论就是教学理论。1963 年布鲁纳在 *Educational Leadership* 上发表了一篇题为“A Theory of Instruction”的文章，他在文章中指出，教

① 丁邦平：《“教学论”与“教学理论”概念之辩》，《比较教育研究》2011 年第 7 期。

② ［英］丹尼斯·劳顿等：《课程研究的理论与实践》，张渭城等译，人民教育出版社 1985 年版，第 87 页。

育领域发生的重大改革就是教学理论所提供的指导和方向。[①] 1964年，督导和课程编制协会（ASCD，美国最大的课程研究组织）专门成立了“教学理论委员会”，至此教学理论研究有了独立的学术组织。1966年布鲁纳出版《教学理论》，提出了教学理论的标准，并界定了教学理论的功能。布鲁纳认为教学理论从本质上说主要是一种规范性的、处方性的理论。[②] 布鲁纳还提出教学理论要具有心理倾向、结构、序列和强化的四个特征[③]。这一时期，伴随教学理论研究浪潮的推进，除布鲁纳之外的其他学者也纷纷论证教学理论的重要性。代表性著作主要有盖奇的《教学研究手册》（1963）、麦克唐纳等人的《教学理论》（1965）、戈登的《教学理论标准》（1968）等[④]，其中，麦克唐纳从关注教学本质出发，强调教学是将学生、教师、材料和设备交互作用的积极活动过程，这个过程需要研究，需要理论的指导，[⑤] 同时他还提出应该正确区分“Curriculum”“Teaching”“Instruction”这三个术语，由此也引发了一场课程与教学、课程理论与教学理论关系的讨论。[⑥] 到70年代加涅的《学习的条件与教学论》和帕特森的《教学理论与教育心理学的基础》中关于教学理论的论述具有一定代表性。帕特森也同样强调教学是需要理论的，教学理论为具体教学实践提供合理指导，使教学

---

① Janette R. Hill and Lynne Schrum, “Theories on Teaching: Why Are They So Hard to Find?”, *TechTrends*, Vol. 46, No. 5, September 2002, pp. 22 – 26.

② 施良方、崔允漷主编:《教学理论：课堂教学的原理、策略与研究》，华东师范大学出版社1999年版，第25页。

③ A. Dudley Curry, “Toward a Theory of Instruction by Jerome S. Bruner”, *Studies in Philosophy and Education*, Vol. 7, No. 4, 1972, pp. 280 – 290.

④ Janette R. Hill and Lynne Schrum, “Theories on Teaching: Why Are They So Hard to Find?”, *TechTrends*, Vol. 46, No. 5, September 2002, pp. 22 – 26.

⑤ James B. MacDonald, “The Nature of Instruction: Needed Theory and Research”, *Educational Leadership*, Vol. 21, No. 1, October 1963, pp. 5 – 7.

⑥ 施良方、崔允漷主编:《教学理论：课堂教学的原理、策略与研究》，华东师范大学出版社1999年版，第23页。

从一种简单的职业或艺术转变为专业。[①] 这一时期，有学者在强调教学理论重要性的同时，指出教学理论和学习理论如同硬币的两面，并尝试探索一种教学系统的理论模型，认为这一模型具有普遍性，并且需要包含十个要素：结构、目标、行为参与、教学计划、学习环境、认知冲突、互动、学生反馈、教师反馈、总结评价。[②] 总体而言，美国对教学理论的论证主要聚焦的是为了促进学生学习行为的发生，教学的条件、建议或模型的探索，即教学理论更倾向于是一种“处方式”的角色。此外，从教学理论作为独立研究领域到教学理论特征和标准的论述，都可以看出教学理论独立和发展的心理学背景。也就是说，尽管教学理论作为独立研究领域已经被广泛接受和认同，但教学理论与课程论和教育心理学仍然有着密切的关系。特别要指出的是，教学理论在美国是作为独立的研究领域，而不是独立的学科身份存在的。“处方式”理论的身份要求教学理论探讨的是如何提供更好地促进学习过程的理论。关于“处方式”教学理论需要具备何种要素的问题讨论中，阿特金森认为，教学理论的要素有 4 个：一个学习过程的模式；具体说明可行的教学行动；具体规定教学目标；一个量表，可以测量每一教学行动的成本及达到教学目标后所得到的收益。上述四个准则再加上制定方法的解说，就构成了一种教学模式或教学理论。究竟用模式还是用理论一词，这取决于它应有的普遍性程度。[③] 在教学理论的必要性、特征、要素等问题研究之后，教学理论的研究体现为两个转向，一是教学理论的应用研究，如布鲁纳的教学理论、建构主义教学理论、杜威的教学理论在学科教学中的应用等，二是教学设计理论的转

---

① C. H. Patterson, *Foundations for a Theory of Instruction and Educational Psychology*, New York: Harper & Row, 1977, p. 4.

② J. Dudley Herron and Grayson Wheatley, “A Working Theory of Instruction”, *Science Education*, Vol. 58, No. 4, 1974, pp. 509 – 517.

③ 施良方:《阿特金森论教学理论》,《课程·教材·教法》1989 年第 5 期。

向，这是20世纪末教学理论研究的突出趋势，主要代表是赖格卢斯[①]。总体而言，英美对于教学理论的需求和建构立场不同于德国、日本和苏联等国家，前者所追求的是独立研究领域的普遍性理论，后者旨在以独立学科的立场建构教学论。20世纪90年代开始一直持续到最近的2015年，欧洲和美国学者开始建立深入对话来探讨德国教学论传统和美国课程论传统的异同，从而达到双向理解（第二章对此有详细阐释，此处不再赘述）。

（二）关于教学理论反思与批判的研究

伴随教学理论作为独立概念开始被广泛使用，教学理论的反思和批判研究也逐渐增多。如有学者评析加涅对教学理论的贡献，肯定了他基于学生认知过程和认知能力的教学有效性论证，[②] 对维果斯基的教学理论进行评价[③]，也有研究者对特定理论的教学模型进行应用测试研究，例如检验信息加工理论在学习障碍领域的指导范围和程度，或以奥苏贝尔的有意义语言学习理论和加涅的教学理论设计形成两种教学体系，在此基础上测试并比较两种教学模型在促进学习者的学习效果水平，研究在肯定积极影响的同时，也指出了两种理论形成教学系统过程中都存在定义和规定水平上的不足。[④] 此种类型的研究对理论的应用效果和理论存在的不足从定量的层面进行了验证性研究。此外，还有学者评析行为主义教学理论，认为其理论是行为主义，方法效果是统计学的，认识论和形而上学是实

---

① Charles M. Reigeluth and Kurt Squire, "Emerging Work on the New Paradigm of Instructional Theories", *Educational Technology*, Vol. 38, No. 4, July 1998, pp. 41 – 47.

② Walter Wager, "Using Gagné's Events of Instruction as a Guide for Producing Stimulus Material", *Journal of Instructional Development*, Vol. 2, No. 1, October 1978, pp. 6 – 8.

③ KaoYu-ting: Vygotsky's Theory of Instruction and Assessment: The Implications on Foreign Language Education, Ph. D. dissertation, The Pennsylvania State University, ProQuest Dissertations Publishing, 2014.

④ Janet Ruth Atwood: A Test of Two Instructional Systems Based on Ausubel's Theory of Meaningful Verbal Learning and Gagne's Theory of Instruction, Ph. D. dissertation, The University of Arizona, ProQuest Dissertations Publishing, 1976, p. 1.

证主义的。[①] 这为公正且理性地对待行为主义教学理论奠定了合理的学理基础，使人们不再盲目将教学和行为等同于刺激与反应的联结，而忽视了师生作为主体的场域存在。从另一个角度来说，这样的评析和批判也促使人们正确看待理论的真理性和理论本身所存在的限度。再如分析教育哲学家们开始对教学理论中的核心概念进行反思，他们试图将教学概念发展为一种描述性的而不是规范性的概念，并指出教学和学习应该进行区分，教学在任务意义上并不一定包含着学习，而在成功意义上则包含着学习，二者在逻辑上应该是独立的概念。[②] 这就要求教学理论必须关注教学和学习及其二者关系，既要有明确的逻辑立场，也要避免顾此失彼。21 世纪初，美国学者珍妮特·R. 希尔等学者围绕教学理论定义、类型和对应的理论家这三个问题进行文献研究，结果发现能够被广泛接受的教学理论并不多，而且看上去我们仍还停留在 20 世纪 70 年代早期。这一结论看上去似乎很意外，但研究者通过回顾教学理论看到最首要的一个问题就是，人们对“什么是教学理论”缺乏一致的认识，更重要的是，对“是否需要教学理论”也没有统一认识。基于此，研究者提出我们是否真的需要教学理论？从教学的本质考虑，用一种规定性的教学理论是否可能和令人满意？如何继续判明教与学，课程与教学的关系，以及这种讨论是否有价值等[③]。这种对教学理论的反思以及是否需要教学理论的论争在 21 世纪前后尤为受关注，英国伯明翰大学教育哲学教授托马斯在其论文《理论何用》（1997）和著作《教育与理论：范式中的陌生人》（2007）中提出“教育中不需要理论”引起了极大的关注，托马斯认为理论在其他领域尤其是在自然科学领域具有显著成效，但在教育教学中却并非

---

① C. J. B. Macmillan and James W. Garrison, *A Logical Theory of Teaching*: *Erotetics and Intentionality*, Dordrecht: Kluwer Academic Publishers, 1988, p. 1.

② 张法琨：《奥康纳与分析教育哲学》，转引自戴本博主编《外国教育史》（下），人民教育出版社 1990 年版，第 430 页。

③ Janette R. Hill and Lynne Schrum, “Theories on Teaching: Why Are They So Hard to Find?” *TechTrends*, Vol. 46, No. 5, September 2002, pp. 22 – 26.

如此。[①] 2000 年以来，随着教学设计领域的教学理论丰富和发展，人们对教学理论是否应该使用通用的话语范畴或理论模型，以简化术语和概念展开了系列讨论，其中有学者通过“本体建构”的方法对教学理论共享领域词汇的规范进行了理论分析比较研究。[②] 尽管人们对教学理论已经有多种不同态度和看法，但教学理论的研究从未就此停止，而是在批判和争论中不断找寻自我。

二 国内研究现状

鉴于教学理论与教学论混同的研究现状和文献资料全面搜集的需求，本书在文献检索时同时关注教学理论与教学论，在文献整理和分析过程中，除“教学论”明确指称学科、课程或教材外，两个主题所筛选的文献来源未作严格区分，一是考虑到二者混同的既定事实，二是试图通过文献梳理进一步确认两个概念的内涵与外延。综观国内教学理论的相关研究文献，以教学理论为主要研究对象的元教学理论研究或教学理论元研究大致可以概括为以下几类：

（一）教学理论发展历程和趋势分析

这类研究的主要视角或范畴有：（1）以时间节点为考察范围，在文献分析的基础上，回顾并梳理教学理论研究主题和内容、主要研究成果，并通过述评结合的方式客观地反映了教学理论的主要研究历程、现状及趋势。[③]（2）运用研究方法或基于某种研究视角，对一定时期的教学理论历程、问题进行研究。如采用内容分析法，对某个阶段的教学理论研究所呈现的现状、特点、问题和发展变化

---

① Nathaniel L. Gage, *A Conception of Teaching*, New York: Springer, 2009, Introduction.

② Jay A. Bostwick, Isaac Wade Calvert, Jenifer Francis, et al., “A Process for the Critical Analysis of Instructional Theory”, *Educational Technology Research & Development*, Vol. 62, No. 5, October 2014, pp. 571 – 582.

③ 如，王策三：《我国十年来教学理论的进展》，《高等师范教育研究》1990 年第 2 期；李定仁、徐继存主编：《教学论研究二十年（1979—1999）》，人民教育出版社 2001 年版是这一类研究的典型代表。

或趋势进行研究；[①] 从文本与话语分析的视角，对20世纪90年代以来教学理论研究中失语与失范、"在者"与"在"、"真"与"假"、范式等四个层面进行问题清理；[②] 以教学理论研究视角的转换为切入点，探讨20世纪80年代以来的教学理论研究的文本及其变迁走向，并提出教学理论研究的知识学转向。[③]（3）研究教学理论变革规律、讨论未来研究趋向和热点、反思适合中国教学理论发展的路径等。有学者总结了教学理论在长达三百余年变革实践进程中教学理论变革的动力源、把握方式、逻辑进程、学术氛围和实践本真的基本规律；[④] 对中国教学理论研究本土化进程进行梳理和问题思考，归纳1980年以来，中国教学理论本土化研究经历了缓慢复苏、初步发展、全面深入三个阶段；[⑤] 探讨中国教学理论在新发展时期的建构问题，树立教学思考的整体意识，有利于我们准确地把握现代教学发展的价值取向，加深对现代教学理论基本精神的理解，教学生活实践研究和元教学理论研究是21世纪教学理论合理性重建的必然基础。[⑥]

（二）学科教学理论应用研究

相比其他类别的教学理论研究，结合某个具体学科的教学理论研究在数量上是相对最多的。以中国知网数据库来源为例，以"教学理论"和"教学论"为题名进行高级检索，共检索出硕士学位

---

① 例如，陈晓端《教学理论研究的现状与展望——对90年代我国教学理论研究的统计分析》，《教育研究与实验》1998年第1期；杨丽、温恒福：《近30年来我国教学理论研究的主要特点分析》，《教育研究》2011年第3期；苏丹兰：《我国教学理论研究主题的变迁：特点、问题与前瞻——基于1981—2012年〈课程·教材·教法〉实证研究》，《课程·教材·教法》2013年第3期。

② 王兆璟：《20世纪90年代以来教学理论研究的问题清理》，《西北师大学报》（社会科学版）2006年第6期。

③ 王兆璟：《论教学理论研究的知识学转向》，《西北师大学报》（社会科学版）2005年第5期。

④ 郝志军：《教学理论变革实践进程中的基本规律》，《当代教育科学》2006年第23期。

⑤ 张天明：《1980年以来我国教学理论本土化研究：回顾、问题与展望》，《课程·教材·教法》2014年第1期。

⑥ 郝志军：《我国教学理论的时代重建》，《教育理论与实践》2003年第5期。

论文443篇，其中与学科相关的教学理论研究论文有406篇，占90%以上。博士学位论文24篇，学科教学理论研究有11篇，占45%。以同样的方式检索到期刊论文5161篇，按照知网默认的学科类型进行分组浏览后检索到教育理论与教育管理类别下的论文篇数为1604，其余3000多篇都结合了具体学科，当然在1604篇理论研究类论文中也内含了大量的具体学科的教学理论研究论文（检索时间截至2018年8月1日）。概括起来，学科教学理论研究主要涉及英语、数学、体育、生物、地理、语文等科目，既有学科教学理论发展阶段、历程和特征的综述类研究，也有教学理论在学科教学实践中的应用探索。这里不再赘述这一类别下的研究成果，一是其数量庞大且学科背景繁杂，二是因为学科教学理论运用存在的不规范、概念混同等现象最为明显。这也从某种程度上说明了教学理论内在规定性不明确和人们对理论认识的随意性。当然，我们不能忽视或否认教学理论与学科教学结合的必然性与必要性，从这个意义上来说，教学理论内在基本问题的澄明更是教学理论走向和走进学科教学的基础和必要前提。

（三）基于其他学科视角与方法论的教学理论研究

此类研究从哲学、文化学、生物学等其他学科层面及社会转型等外在因素的视角，对教学理论的建设与发展进行批判和改造探索。（1）教学理论的文化视角研究，有学者指出教学理论应用不是价值中立的实践活动，而是价值关涉的文化实践，具有深厚的文化意蕴，[①] 需要从文化的角度对现代教学理论进行必要的反思与批判，[②] 并进一步提出教学理论的文化改造，即根据“目标文化”的特性对“源文化”赋予教学理论的文化特性的改造，或根据教学理论所蕴含的“源文化”特性对“目标文化”特性的改造。[③]（2）教

① 罗儒国：《教学理论应用的文化学分析》，《当代教育科学》2006年第4期。

② 张俊列、徐学福：《试论教学理论的文化研究——现代教学论发展的一个新生点》，《教育理论与实践》2009年第13期。

③ 潘光文、李森：《论教学理论的文化改造》，《课程·教材·教法》2007年第6期。

学理论的哲学视角研究，有学者对教学理论发展过程中存在的意识形态化现象进行分析和批判，[①] 认为以有机哲学为主要基础的有机教学理论能使中国教学论研究摆脱困境，是教学论发展的理想选择。理想教学理论的建构要恰当地预设逻辑起点，以教学现象的解释和预测为价值取向，努力追求理论本身的内在一致性和逻辑上的完满，在保持理论的开放性中不断完善或重建教学理论。[②]（3）教学理论的生物学视角研究，教学理论中蕴含着丰富的生物学隐喻，应广泛吸收生物学等学科的研究成果来观照教学问题。[③]（4）教学理论的研究范式和方法论研究，这类研究一方面是对技术理性制约下的现代性教学理论进行批判，[④] 强调要重新确立教学理论的标准和功能、写作样式和话语特征，变革教学研究范式和教学专业研究者的生存方式，[⑤] 另一方面也从方法论的视角对教学论的发展进行系统研究，对苏联、美国、英国、德国等国家教学理论建设特定时期进行特征比较和利弊认识。[⑥]

（四）教学理论引介或教学理论流派研究

这类研究主要集中在国外教学理论的介绍、应用、评析或本土化研究。从20世纪20年代一直到20世纪末，国内关于教学思想、教学理论流派以及与此相联系的传统教学理论和现代教学理论的论争是这一时期的主要研究热点，除了中国教育史上教学思想的论述之外，数量相对最多的就是国外教学理论及其相关流派的介绍和评述，如学者们对结构主义教学理论、发展性教学理论、建构主义教学理论、有效教学理论等成果的引介同时也推动了国内教学论学科

---

① 路书红、徐继存：《教学理论意识形态化及其批判》，《教育理论与实践》2008年第8期。

② 杨丽：《本质主义、反本质主义教学理论批判及另一种发展的可能——怀特海有机哲学的视角》，博士学位论文，哈尔滨师范大学，2012年，摘要。

③ 高维：《生物学隐喻与教学理论的发展》，《外国教育研究》2012年第1期。

④ 刘旭东：《现代性教学理论批判》，《高等教育研究》2007年第6期。

⑤ 周建平、林慧莲：《反思与期待：教学理论的改造》，《教育研究与实验》2004年第2期。

⑥ 陆明玉：《教学论发展的方法论研究》，博士学位论文，西南大学，2012年，摘要。

内容建设进程。当然，这类研究不仅仅是在介绍西方教学理论的具体内容，还注重理论的启示和应用，如《布鲁纳和奥苏贝尔的教学理论比较及其在中小学教学中的应用》《20世纪探究教学理论的发展及启示》等论文。同时，还有围绕教学理论在某一国家、某一领域或某一视角和主题进行的探讨，如《当代教学理论革新的时代背景》《试论影响当前课堂教学改革的几种现代教学理论》《日本道德教学理论研究》《近20年俄罗斯教学论研究和教学实践改革》等论文。

在教学理论本土化研究进程中，国内学者一方面关注教学理论的建构研究，例如，进行新的教学理论构想，基于交往教学尝试搭建一个较为系统的理论框架并将已有关于交往教学的研究推向深入。[①] 另一方面，围绕中国教学理论研究如何理性“外在”借鉴和“本土化”展开讨论。学者们指出教学理论本土化路径的重要性，强调必须注意研究国外教学理论的理论基础，产生的社会背景，理论的局限性等方面的问题。[②] 具体来说，借鉴西方教学理论的主要方面应是现代西方教学理论研究方法，而不应是其结论和某些政策措施本身。[③] 教学理论的继承与借鉴必须充分考虑文化因素，高度重视对西方教学理论的消化和改造以及对中国独特教学文化的继承，坚持“以我为主”，推进教学理论的探索与创新。[④] 同时，本土教学理论的生成还需要通过深入中小学做研究，这也是国外教学理论不能够诠释中国教学实践的一个主要原因。[⑤]

（五）教学理论反思的相关研究

随着教学理论研究者自觉意识和学术自主性的提高，越来越多

---

① 李轶芳：《交往教学理论探讨——从本体论视界出发》，博士学位论文，华中科技大学，2004年，摘要。

② 王坦：《论国外教学理论之科学借鉴》，《中国教育学刊》2005年第3期。

③ 徐继存：《西方课程与教学理论中国化的方法论考察》，《当代教育科学》2007年第Z1期。

④ 皮武：《文化视野中教学理论的本土诉求》，《教育理论与实践》2011年第16期。

⑤ 安富海：《教学论研究者为什么“走不下去”——兼论“国外教学理论诠释中国教学实践”现象》，《课程·教材·教法》2012年第7期。

的研究者开始关注教学理论自身的问题研究，这些研究可以分为两类：

1. 把教学理论作为认识对象，对教学理论建设存在的问题进行反思

从教学理论发展所面临的困惑出发，澄清教学理论的基本内涵，围绕如何界定“教学理论”的内涵；教学理论应该研究什么；教学理论能否本土化；教学理论和实践能否有效结合；能否对专业术语有一个清晰的认识等问题展开讨论。①

剖析现阶段人们对教学理论误读和误解现象，这些现象主要表现为诠释不足、曲解或误释、主观歪曲、技术化理解等方面，进一步强调应切实增强教学理论的科学性、加强教学理论的基础性研究，才有可能走出教学理论误读的困境。②

反思当前教学理论研究的现状和问题。改革开放以来，中国教学理论在获得长足发展的同时，仍存在偏重分析性研究、忽视整合性研究，重“客位研究”、轻“主位研究”，注重静态性分析、忽略动态性研究，重视“结构学”研究、忽视“现象学”考察四个方面的研究缺失。③ 也存在不同程度的意识形态化、“他化”、“西化”等自主性缺失的问题。对教学理论自主性缺失问题的反思有助于我们进一步廓清研究的思路，将教学理论研究推向深入。④ 尽管当前教学理论呈“乱花渐欲迷人眼”的繁荣态势，但在众多的理论言述中，我们似乎反不知教学理论究竟在研究什么问题。教学理论应该回到教学本身，面向教学的基本问题，面向实际的教学传统，面向我们自身的教学问题，从那里开始，脚踏实地、实实在在地去

---

① 王中男、贺巍巍：《乱花渐欲迷人眼——试论教学理论面临的困惑》，《教育理论与实践》2007 年第 13 期。

② 罗儒国、王姗姗：《教学理论的误读与纠偏》，《大学教育科学》2009 年第 5 期。

③ 李定仁、罗儒国：《教学理论应用研究思维方式的变革》，《华中师范大学学报》（人文社会科学版）2005 年第 5 期。

④ 路书红：《教学理论的自主性：缺失与反思》，《西北师大学报》（社会科学版）2009 年第 2 期。

寻找教学理论的根基。[①]

教学理论在思想方法、现实基础、范畴体系上都必须发生转变，加强对教学理论研究的评价、规范和引导，形成相应的“信念和约定”。[②] 例如，人们需要打破以往以寻求普适性和客观性的教学理论为旨归，试图建立一种一劳永逸的教学理论体系的传统认识，教学实践场域具有个别化的、独特的实践逻辑，由此表明教学理论存在场域合法性的问题需要被关注和重视。[③] 要论证具体情景中教学理论知识有效性问题，就需要以知识为元素探寻教学理论知识生产方式存在的问题和弊端，从“传统”和“理念”两种合法理路来看待教学理论研究的知识增长。[④]

2. 关注教学理论与教学实践关系的研究

教学理论和教学实践的关系是教学理论的基本问题研究，也是教学理论元研究避不开的一个话题。20 世纪 80 年代到 90 年代，随着教育理论的丰富，教学理论与教学实践也体现了不同阶段的关系特征，[⑤] 随着二者关系问题探讨的持续深入，学者们都从不同角度对二者关系进行了研究。

第一，教学理论和教学实践的根本任务不同，实质上并不存在谁指导谁、谁脱离谁的问题，但二者通过教学目的维系相互关系，从教学理论到教学实践必须经过一个“筹划”阶段。[⑥]

第二，教学理论和教学实践是各具层级结构的体系，有学者将“教学理论分为教育基本理论、课程与教学理论、教材教法分析、教学课例与案例；将教学实践分为盲目性实践、经验性实践、反思

---

① 刘铁芳：《当前教学理论研究的思考》，《湖南师范大学教育科学学报》2002 年第 1 期。

② 刘旭东：《论教学理论的重建》，《高等教育研究》2002 年第 3 期。

③ 安富海：《关于教学理论合法性问题的思考》，《教育导刊》2012 年第 6 期。

④ 王兆璟：《教学理论研究的“知识传统”：问题清理与视阈转向》，博士学位论文，西北师范大学，2003 年，摘要。

⑤ 王鉴：《教学理论与实践关系研究 20 年：从定位到联盟》，《教育理论与实践》2001 年第 4 期。

⑥ 李令永、徐文彬：《教学理论与教学实践的关系研究》，《教育发展研究》2007 年第 19 期。

性实践和创造性实践”,[①] 二者之间的关系需要通过分层来具体认识，不同层面的关系所对应的表现形式不同，主要表现为训练层面（如教学理论到教学技术规范再到教学行为的培训）、应用层面（教学实践经验归纳概括形成的教学程序）、解释层面（理解关系、培养实践智慧）和批判层面（理论对实践者的反思）。由此可见，教学理论与教学实践的关系并非是一个单向的指导和简单的选取过程。[②]

第三，关于教学理论与教学实践“两张皮”或教学理论“实践乏力”的现象，不是一个简单的“脱离”问题，这是因为“教学理论的实践功能发挥受内外部因素影响，这些因素可能来自教学理论的内部，即教学理论自身方面的因素，也可能来自教学理论的外部，即社会和实践者个人方面的因素”。[③]

第四，教学理论指导教学实践的路径不是直达式的，而是需要一个“技术化”的转换过程，具体转换方式有教学理论传播、教学实验、教学专家咨询和教学行动研究。[④] 教学理论的转换和应用不同于科学理论的转换和运用，需要教学理论主体和教学实践主体在共识的基础上共同努力、共同明确转换和应用的机制和模式等。[⑤]

综上，从这五类范畴的教学理论元研究来看，对教学理论研究历程和趋势分析的研究相对成熟、系统和客观，学科教学理论应用研究尽管反映了关注理论应用实然状态，并且在数量上占据一定优势，但这些“教学理论”的研究往往只是具体化为教学理念、教学模式或教学策略的研究，且在概念使用上相互混同，“理论”的多

---

① 余文森：《教学理论与教学实践的层级和关系》，《中国教育学刊》2010 年第 9 期。

② 迟艳杰：《教学理论与教学实践关系的分层认识》，《教育研究与实验》1997 年第 3 期。

③ 郝志军：《教学理论实践功能发挥的内外部因素分析》，《教育理论与实践》2010 年第 22 期。

④ 沈小碚：《教学理论向教学实践转化的“技术化”途径及要求》，《教育理论与实践》1996 年第 1 期；李森：《教学理论与实践：转化方式探讨》，《课程·教材·教法》2002 年第 3 期。

⑤ 徐继存、罗儒国：《教学理论应用模式析要》，《教师之友》2005 年第 4 期。

样和多元只是“乱花渐欲迷人眼”的繁荣表象。与此同时，在国外教学理论引介和“本土化”研究历程中，中国教学理论在内容上得到了前所未有的丰富，但教学理论发展的困惑和根本问题似乎并没有迎刃而解。近年来，很多学者开始尝试使用其他学科立场或视角，对教学理论进行批判并寻找新的发展契机，如果说这为教学理论研究拓展了新的研究视域，同时也使教学理论陷入研究“阈限”和“边界”质疑的尴尬境遇，使教学理论越来越远离“实践困惑”而变得“扑朔迷离”。尽管围绕教学理论的反思和研究一直在持续进行，并且在教学理论的困难澄清、现状问题、与实践关系、指导路径等基本问题上取得了值得肯定和认同的成果，但如前所述，这类研究还相对薄弱，呈现日趋减弱的态势，且部分研究结论仍停留在“理想”层面，很难落实到教学理论的实际建构上，为检验教学理论提供一种准则或规范。与此同时，上述研究仍然对“教学理论是什么”和“什么是教学理论”、教学理论的性质和特征、教学理论的要素与结构、教学理论的边界与标准等教学理论的前设和本体问题未能圆满解答，也就有了学者们“似乎反不知教学理论究竟在研究什么问题”的困惑和感慨，以及对教学理论“内涵界定”“寻找根基”“规范引导”“合法化”“改造与重建”的期待和愿景。综观已有文献，对这一愿景的关注和系统研究还很缺乏。当然，任何时候对理论的客观反思都是必要的，也是不能终结的，这正是本书以此作为进一步研究的基点。

第三节 概念界定与理论基础

一 核心概念界定

（一）教学

对教学的概念理解不同，就会产生不同的逻辑归属和本质观。西方关于教学的理解有语境和用法上的不同，如美国教育学者史密斯概括了教学的五种定义：教学即传授知识或技能；教学即成功；

教学是有意图的活动；教学乃规范性行为；教学是一系列行为和条件的集合体。[①] 也有学者认为，“教就是倾听，学就是讨论。教学就是关于问题的解决，而教育就是为教师和学习者提供最好的环境供他们一起解决问题的过程”[②]。在词源上中西方关于教学的内涵基本接近，即“传授、仿效而心有所得”[③]。《教学论研究二十年（1979—1999）》系统论述了中国学者对于“教学是什么”的理解，可以概括为：“教”的教学、“学”的教学、“教”与“学”协同的教学、“教学生学”的教学。[④] 除了上述四种类型理解外，对教学的属概念归类也有四种代表性观点：“教学是一种特殊的认识”“教学是一种交往”“教学是一种实践”和“教学是一种活动”。上述每种解释都具有一定的合理性，但由于“教学”属于抽象概念，越抽象的概念其认识的重叠意义就越少，不同的内涵性质解释和属概念界定就会组合形成多种教学的定义。

本书结合已有教学定义，给出操作性定义和分解式理解：（1）教学是师生之间以对话、交流、合作为基础进行文化传承和创新的特殊交往活动，[⑤] 且这种交往活动是一种有组织、有目的和有计划的教育性活动。（2）教师和学生是这种特殊交往活动的主体。（3）教学的任务在于促进学生与世界的联系，最终使学生的身心获得整体性发展。（4）教学的过程是一个师生和生生互动交往、身心参与的实践过程。（5）学生的学习和发展不是被动告知或被动接受就能完成的，教学最根本的途径在于教学生学会学习和自主性发展。

（二）教学理论

教学理论的界定关乎“什么是教学理论”的问题解答。在已有

---

① 陈晓端主编：《国外教学论基本文献讲读》，北京大学出版社 2013 年版，第 7—14 页。

② Dennis Littky and Samantha Grabelle, *The Big Picture*: *Education Is Everyone's Business*, Alexandria: Association for Supervision and Curriculum Development, 2004, pp. 11 – 16.

③ 裴娣娜主编：《教学论》，教育科学出版社 2007 年版，第 2 页。

④ 李定仁、徐继存主编：《教学论研究二十年（1979—1999）》，人民教育出版社 2001 年版，第 51—56 页。

⑤ 李森：《现代教学论纲要》，人民教育出版社 2005 年版，第 6 页。

研究中关于“教学理论”的概念界定，最典型的有以下几种：（1）教学理论“以教学的普遍问题和一般规律为研究对象。它要依靠和概括其他众多学科的成果，同时向它们提供最一般的图景、发展效果和原理原则”。[①]（2）教学理论即教学论。认为教学理论是教育学的一门分支学科。它是研究教学情景中教师引导、维持或促进学生学习的行为，建构一种具有普遍性的解释框架，提供一般性的规定或处方，以指导课堂实践的一门学科。[②]（3）教学理论是关于教学研究的理性表达。它旨在通过对教学现象和问题的探讨与分析，形成关于实践中各种教学关系和矛盾的理性认识。[③]（4）教学理论是一种观念体系或知识体系。它是人们在思考教学中所形成的旨在探讨、解释和预测教学现象的观念体系，[④]或是人们借助一系列概念、判断、推理表达出来的知识体系。[⑤]（5）教学理论既有名词的存在形态，又有动词的发展形态。根据理论表达分为教学一般理论（基本理论）、元教学理论和规范性教学理论（应用性教学理论）。[⑥]

即使是“最精妙深奥的理论也有历史现实的根源”[⑦]，教学理论也同样如此。上述概念界说的多样和论争反映了人们对“教学”和“理论”理解立场的不同，同时也涉及教学理论经验性、科学性、规范性或实践性等争论焦点。这些都说明了人们对“教学理论”的理解往往与现实立场相联系，正是由于概念界定过程中容易产生定位和属性的“摇摆”，使得“教学理论”很难树立概念“权

---

① 王策三教授将那些对教学实际提供一般指导的立场、观点和方法称为一般教学理论（一般教学论）。参见王策三《教学论学科发展三题》，《北京师范大学学报》（社会科学版）1992年第5期。

② 施良方、崔允漷主编：《教学理论：课堂教学的原理、策略与研究》，华东师范大学出版社1999年版，第19页。

③ 路书红、徐继存：《教学理论意识形态化及其批判》，《教育理论与实践》2008年第8期。

④ 徐继存：《教学理论反思与建设》，甘肃教育出版社2000年版，第13页。

⑤ 迟艳杰：《教学领域中的理论与实践——兼论我国教学论学科面临的主要问题及发展选择》，《中国教育学刊》1997年第4期。

⑥ 郝志军：《教学理论的实践品格》，教育科学出版社2008年版，第19页。

⑦ ［英］特里·伊格尔顿：《理论之后》，商正译，商务印书馆2009年版，第24页。

威”或“标准”面貌，这也就是为什么在研究领域中人们将教学理论或误读为教学思想，或误解为教学模式；为什么关于教学理论性质与应用性质争辩不止；为什么有了“教学技术学”、“教学方法学”或“实践教学论”等学科分化的倡导。那么，作为人文社会科学研究范畴的“教学理论”，其概念显然不能只简单概括为关于教学的理论或理论体系，“教学理论”到底应该遵循“科学理论”的标准模式，还是转向“实践还原”个性化模式，二者是否有调和的可能性与可行性？“教学理论”既要从“名词”的角度，也要从“动词”的角度来把握，如何把握？教学理论如何体现“理论”的一般规范性特征和“教学理论”独特性品质？

概念是反思的基础，是理论建构的基本单位。上述这些问题的回答将成为“什么是教学理论”的前提，也是进行教学理论本体问题研究的先决条件，即教学理论的概念反思与逻辑重构将作为本书的主要内容之一。本书所重构的教学理论概念，是指人们通过研究和辩理对促进学生整体性发展的教学现象、教学事实和教学存在形成系统化的理性认识，旨在构建解释、规范、批判和引导教学实践的知识体系。

（三）本体

“本体”是一个哲学概念，也是哲学范畴中最难界定和使用最广的概念，这个难度不仅仅表现为“本体是什么”的争论，也表现在“本体”有其特殊的理论内涵和历史规定性，还表现在“本体”译义的难度。中外哲学和宗教中的“道”“理”“心”“理念”“实体”“存在”“自在之物”“绝对精神”等概念都是对“本体”的不同表达和指称。[①] 已有工具书、百科全书及哲学类著作对“本体”概念的界定，可以分为以下几类：

（1）基于本体论的“本体”。研究本体的学问是本体论。本体论（ontology）是指探讨存在本身，即一切实在的基本特征的一种

① 李哲：《寻绎X——一种新的元哲学本体理解论》，学林出版社2011年版，第3页。

学说。[①] 从这个角度来说，“本体”一词源于拉丁文 on（存在、有、是）和 ontos（存在物）[②]。

（2）亚里士多德详细阐述了“本体”（ousia）有四个方面指向：一是单纯物体（如土、火、水之类）和一般由此类单纯物体组成的事物。二是那些内在的事物，是使事物所由能成为“实是”的原因，如魂是动物所由成为“实是”的原因。三是那些事物中所存在的部分，凭这些部分作范限与标记而后事物才得以成为独立个体。四是“怎是”，其公式即定义，这也被称为各事物的本体，即事物之所以成是者。[③] 根据亚里士多德的解释，除了最底层的事物，“本体”主要是指事物之所以为事物的内在的、独立的“实是”、“这个”、“怎是”。

（3）物之自体。英语中，noumenon（本体）来源于18世纪康德的哲学名词，即“物之自体”，与他所称的现象相对立[④]。康德认为，“物之自体”是不能直接被感知和认识的，“作为我们的感官对象而存在于我们之外的物是已有的，只是这些物本身可能是什么样子，我们一点也不知道，我们只知道它们的现象，也就是当它们作用于我们的感官时在我们之内所产生的表象。因此无论如何，我承认我们之外有物体存在”。[⑤]“物之自体”是去除物的属性的现象之后，所剩下的物的本性的“本体”，但在康德看来这个本体是一种不可知的“彼岸”。

（4）对应于中国传统概念中的表达。回顾中国历史经典著作，“本体”主要有四种解释[⑥]：①事物的原样或自身。②原来的体制、

---

① 《不列颠百科全书国际中文版（12）》，中国大百科全书出版社1999年版，第393页。

② 《中国大百科全书》（精粹本），中国大百科全书出版社2009年版，第93页。

③ ［古希腊］亚里士多德：《形而上学》，吴寿彭译，商务印书馆1959年版，第6、97页。根据《形而上学》注解和维基百科整理，ousia 在近现代英译用 sbustance（本体）、essence（怎是）或 being、ontic 来译。

④ 《不列颠百科全书国际中文版（12）》，中国大百科全书出版社1999年版，第256页。

⑤ ［德］康德：《任何一种能够作为科学出现的未来形而上学导论》，庞景仁译，商务印书馆1978年版，第50页。

⑥ 《汉语大词典缩印本》（上卷），上海辞书出版社1986年版，第2451页。

格局。③主体或根本的。④佛教称诸法的根本自体或与应身相对的法身。[1] 中国哲学史上的“本体”的形态有“金”“木”“水”“火”“土”五行元素；“天”“地”“道”“气”“理”“心”等。[2]

（5）一种承诺或一种约定。20世纪著名分析哲学家奎因把本体论问题分为两类：本体论事实问题和本体论承诺问题。本体论事实问题是指实际上有什么东西存在，本体论承诺问题是指一个理论说有什么东西存在。当探求某个学说或一套理论的本体论承诺时，指的是按照那个理论有什么东西存在。换言之，哲学家需要考察一个理论体系中我们究竟承诺了什么东西存在，以及不同理论体系的本体论承诺的差别与变化。[3]

当前，“本体”这一概念已经走出哲学研究领域，被信息科学、文学和教育等领域所接受、借鉴并予以自省，[4] 尤其是20世纪90年代初，本体概念被广泛引用到人工智能和知识工程研究领域。“本体”和“本体论”被舍掉“第一哲学”的神秘面纱，用以指向对自身学科领域的终极性存在的关怀或“在”的反思性寻求。

上述关于“本体”的界定，有助于我们理解这个最抽象的哲学概念。哲学史中本体研究转向从探寻“世界本原”到“存在本身”再到“一种承诺、一种约定”，说明“本体”不是一种完结状态，而是在特定时期被赋予不同的关注。也就是说，本体是无法消解的，只有承诺的不同。只要人存在，就不能没有本体承诺，离开了生活世界本体就会变成僵死的本体。[5] 因为思想是人的本能，人对事物产生的追问、演绎和推理会获得全部事物的产生必然有一个本

---

① 《中国大百科全书·哲学Ⅰ》，中国大百科全书出版社1987年版，第35页。

② 李哲：《寻绎X一种新的元哲学本体理解论》，学林出版社2011年版，第237页。

③ 胡玻：《论奎因对形而上学本体论的解构》，《四川大学学报》（哲学社会科学版）2004年第1期。

④ 如《商法的价值、源流及本体》《地理本体的关键问题和应用研究》《文学理论本体研究》《符号透视：传播内容的本体诠释》《本体教育模式论》《教学本体论》等著作代表。

⑤ 张伟：《艺术精神的本体论阐释》，《辽宁大学学报》（哲学社会科学版）2004年第6期。

体的结论并形成关于本体的概念。也就是说，“本体”并不是不可定义、不可言说的，而是一种人类思维的指向性，是人类思想认识活动产生的必然结果。[①] 基于上述分析，本书将“本体”理解为一个事物之所以为事物的最内在的、最根本的存在。这种存在可以通过思维的指向性和承诺的约定性来间接获得其普遍性规定的认识。

（四）教学理论本体

尽管前述的已有研究中，有学者呼吁要加强“教学理论的本体研究和建构”或“教学理论的本体与价值问题”，但关于教学理论本体的界定，还没有形成明确看法。结合上述文献梳理及概念分析结果，本书认为教学理论本体不是教学理论的具体内容，而是使这些理论被称为教学理论的东西。教学理论本体是教学理论的“在”与“在者”的关系。教学理论本体的“体”，是基于“什么是教学”形成的教学理论；而教学理论的“本”即为剥离“在者”教学理论之“者”后的所“在”。教学理论本体不只是一种根源，还是一种基本，它具有内在规定性的框架，同时还承载着“在者”的本体承诺，即作为“在者”的教学理论体系中我们究竟承诺了什么东西存在，这个本体承诺是否与其所规划的教学实践相一致。换言之，教学理论遵循本体承诺而展开，即以如何促进人的发展为逻辑支点，对人的发展方向及如何促进的方式方法的不同理解和不同的设定会产生不同的理论类型。

美国哲学家阿尔奇·J. 巴姆曾生动地用“盲人摸象”的故事来阐释哲学对科学的作用。他指出：我们也许到了所有科学各自独立汇报，但仍不能看清大象的全貌，要理解整个体系，必须依靠哲学的综合作用。[②] 这样的论述，对于我们理解教学理论本体对教学理论的自身定位和实践困惑有很大启发，因为任何理解之前先要表达，而在任何表达之前，先要对重要性感受。如果我们不从“本

① 杨道金：《思想通鉴》，九州出版社 2014 年版，第 9—13 页；孙正聿：《哲学通论》，复旦大学出版社 2005 年版，第 143—148 页。

② ［美］阿尔奇·J. 巴姆：《什么是哲学》，刘昌果译，《社会科学研究》1995 年第 4 期。

体”层面上来阐释教学理论的内部一致性规定，或许我们在回答“什么是教学理论”这个“显而易见的开端”时就走上了歧路；如果我们不从“本体”层面上来探寻教学理论的命题或假设对于教学实践领域意味着什么，或许我们在回答教学理论的价值和使命时就已经与教学理论的“本体承诺”相矛盾。

简言之，教学理论本体，就是试图获得教学理论之所以为教学理论的最根本、最内在的“存在”的普遍性规定。对教学理论本体问题的探讨主要涉及教学理论的概念、教学理论的本体承诺，教学理论的性质、要素、生成、结构、意义、界限和标准等问题。

二 相关概念辨析

（一）本体与本质

本体不同于本质。传统本体论将“本体”等同于本质，认为本质是共相，是从内容和形式中抽取出来的共有特性，它存在于一切事物之中，表示事物的普遍联系，因而是事物相对稳定的方面。这种本质论认为有一个决定事物存在的本质即是其所是的东西，以此与其他事物的现象相区别。现代本体论认为“本体”是从人的生命出发的一种目的论的思维假定，是逻辑的承诺和建构①。在亚里士多德那里，本质是本体的一部分，本体又是存在的一部分，本体部分等同于本质。② 本质是本体之展开、充实、限定和具体化。③ 同样，教学理论本体也不等同于教学理论本质，教学理论本体问题包含对教学理论的本质的探索，反过来，教学理论本质的探索又不能脱离与人有关的本体承诺，对这一本体承诺的意义追寻体现在教学理论“本体”敞开的过程之中。

---

① 张伟：《艺术精神的本体论阐释》，《辽宁大学学报》（哲学社会科学版）2004 年第 6 期。

② 刘阳：《“本体”概念与近似概念的语义学辨析》，《海南大学学报》（人文社会科学版）2010 年第 6 期。

③ 郝文武：《教育哲学研究》，教育科学出版社 2009 年版，第 32 页。

（二）教学理论本体与元教学理论

“元”的英文为“meta -”，意即“在……之后”“超越”。“元”是一种高级的逻辑形式，可分为两层含义：“一层含义指的是：这种逻辑形式具有超验、思辨的性质。……另一层含义指的是：这种新的更高一级的逻辑形式，将以一种批判的态度来审视原来学科的性质、结构和其他种种表现。”① “元”的问题由来已久，不同学科、不同领域对“元”词语的使用，是学科发展的必然结果。“元问题”“元语言”“元批判”的出现，在一定意义上反映了“元”意识的觉醒。这种由对传统问题的恪守到问题域的不断超越，由理论到元理论，由学科到元学科，反映了人类之“反思”能力的层次跃进。② 元理论孕育于20世纪，兴盛于近几十年。③ “元理论”不是脱离“理论”的新理论，而是以理论为对象进行逻辑形式的元分析或元研究所形成的理论。

尽管从概念本身所属范畴来看，“本体”不等同于“元”，“本体”源于哲学范畴，而“元”属于一种逻辑形式，具有超验、批判和审视的特点。本书的教学理论本体问题研究属于元教学理论或教学理论元研究的范畴，是以教学理论本体问题作为对象的深入“反思”，可以说是元教学理论的核心内容。当然，元教学理论不仅仅只对教学理论本体问题进行“反思”，还表现在对“在者”教学理论研究现状与趋势、研究进程等内容进行逻辑形式的元分析或元研究。

（三）教学理论本体与教学本体

二者的研究对象和隶属范畴不同。教学理论本体以教学理论为研究对象，属于元教学理论范畴。根据上述对“本体”的概念阐

---

① 陈晓端：《元教学研究引论》，《陕西师范大学学报》（哲学社会科学版）2011 年第 1 期。

② 周作宇：《问题之源与方法之镜：元教育理论探索》，教育科学出版社 2000 年版，导言。

③ 唐莹、瞿葆奎：《元理论与元教育学引论》，《华东师范大学学报》（教育科学版）1995 年第 1 期。

释，本书对教学理论本体的探讨不是纯粹的形而上思辨，而是对教学理论之所以为教学理论所具有的最内在框架和内在规定性的反思，对教学理论“是其所是”的“存在”关怀和寻求就构成了教学理论本体。教学本体存在是教学本体论的研究对象，教学本体存在是指客观自在的和客观现实的教学存在。张广君围绕教学究竟是什么，教学是如何发生、存在和演化的，教学有哪些基本属性和职能等问题，在辩证综合的基础上提出了18个具有内在逻辑联系的命题，依此形成了教学存在本身的系统解构。[①]

三　理论基础分析

教学理论属于人文社会科学理论，既有人文性也有科学性，更具有自身的独特性。对教学理论从概念反思到理论要素、理论结构以及理论检验的批判和审视，都需要考虑和遵循这三个特性，不能顾此失彼。本书将分析哲学、哲学阐释学和生命哲学作为研究的理论基础，正是要在此基础上追问教学理论“是其所是”的理由、前提和论据，并在研究思维上突出分析哲学所强调的逻辑分析，在研究过程中体现哲学诠释学所强调的意义理解，在研究宗旨上渗透生命哲学所强调的生命关怀。

（一）分析哲学

分析哲学是20世纪以来西方哲学思潮。它否认哲学的任务在于研究思维和存在的关系，认为哲学的唯一任务就是对科学的语言进行逻辑分析，并阐明它们的意义。[②] 弗雷格、乔治·爱德华·摩尔和伯特兰·罗素常常被认为是分析运动的奠基者。对罗素而言，哲学的任务是发现和建立潜藏在语言用法之下的逻辑规则[③]。除了罗素和摩尔外，维特根斯坦、石里克、卡尔纳普、波普尔、亨普

---

① 张广君：《教学本体论》，甘肃教育出版社2002年版，前言。

② 戴本博主编：《外国教育史》（下），人民教育出版社1990年版，第428—429页。

③ ［美］杰拉尔德·古特克：《哲学与意识形态视野中的教育》，陈晓端主译，北京师范大学出版社2008年版，第147页。

尔、奎因、古德曼、拉卡托斯等也被认为是20世纪20年代后最有影响的人物。分析哲学内部派别众多，逻辑实证主义和语义哲学是其中影响较大的两个派别，其中分析的科学哲学也在批判逻辑实证主义的过程中兴起和发展，成为分析哲学的一个支派，科学哲学主张除了概念的分析，科学理论的逻辑重建、科学理论的结构和检验也应成为研究对象。分析哲学不仅是哲学的一个分类标签，代表着不同于黑格尔、海德格尔等哲学流派和思辨形而上学的哲学形态，它本身也具有独特的内涵。“分析”也就是把物质分解为组成部分，揭示形成物质的最终元素。[①] 分析哲学是一种通过分析语言，以澄清事实、建构意义的哲学形态，它并不是试图建立包含人类全部经验的哲学体系或者世界观，而是借助于经验证实的方法论，力图澄清我们的语言命题。它们试图冷静地把规定、规范从描述中区分开来，试图发现和澄清隐藏在相互争执观念背后的根本预设。[②]

分析哲学家鼓励通过对语言和术语的批判性考察来服务于教育，分析哲学在教育上的应用就形成了分析教育哲学。分析教育哲学的代表人物有奥康纳、彼得斯、理查德·普拉特、麦克莱伦、谢弗勒、赫斯特、穆尔以及布列钦卡等。其中布列钦卡秉承分析哲学的精神，对教育中的重要概念和教育理论进行了系统深入的批判性分析，澄清概念和理论的规则与标准，其代表作《教育科学的基本概念：分析、批判和建议》和《教育知识的哲学》的意义和影响都很大。分析教育哲学在第一阶段是对各种教育关系、教育概念的常识性理解进行逻辑分析，表现为纯粹的概念分析，对教育现象的日常用法进行认识和分析。第二阶段是从“科学的哲学”观点来考察教育学概念的科学内容。第三阶段是关于规范性的概念、论断和方法以及各种规范性观点是否有根据的问题进行分析。第四阶段是

---

① 李红：《当代西方分析哲学与诠释学的融合》，中国社会科学出版社2002年版，第27—28页。

② ［美］杰拉尔德·古特克：《哲学与意识形态视野中的教育》，陈晓端主译，北京师范大学出版社2008年版，第146页。

在70年代受到来自内部和外部的批评之后，着重对教育学的科学部分和规范部分所包括的各种具体教育概念进行逻辑分析，并说明这些概念的正确运用和它们之间的相互联系，特别注意区分规范概念和描述概念，企图用清晰的概念取代混乱的思想。① 当然，除了关注教育概念、命题及命题之间关系的澄清之外，分析教育理论的陈述系统以澄清教育理论的结构、性质与功能也是分析教育哲学研究的主要内容。②

对于分析哲学与分析教育哲学而言，其意图不在于创造新的哲学体系，而是对清晰的语言意义更为关注。例如，彼得斯认为，它对"教育"概念的分析，只是"一种综合性的概述，而不是定义"。③ 因此，分析哲学对教育领域的贡献在于帮助人们更好地考察并验证教育领域中已有理论研究的合法性，并消除概念模糊和歧义给教育实践带来的消极影响，其目的不仅是"认识论"的，也是"实践论"，可以说这种"实践关怀"也是一种"本体关怀"。④ 本书正是基于这样的理论支撑，试图通过对教学理论概念逻辑及已有研究的考察，剖析教学理论的"规定性"所在。

（二）哲学诠释学

海德格尔作为现代诠释学（或称解释学）的开创者，实现了认识论和方法论的诠释学向本体论诠释学的转变，他对"存在"或"本体"原本含义的追究形成了一种揭示"存在"语境的"诠释学"，或本体（存在）论意义上的诠释学。反过来说也是对的，即这种追究导致了诠释学意义上的本体（存在）论。⑤ 基于此，现象学的"诠释"与"存在问题"贯通起来并获得了"哲学"含义。海德格尔之所以用现象学的方式来探索存在的意义问题，是源于胡

① 戴本博主编：《外国教育史》（下），人民教育出版社1990年版，第428—429页。

② 唐莹：《元教育学》，人民教育出版社2002年版，第119—120页。

③ 单中惠主编：《外国教育思想史》，高等教育出版社2000年版，第284页。

④ 石中英：《教育学研究中的概念分析》，《北京师范大学学报》（社会科学版）2009年第3期。

⑤ 张祥龙：《从现象学到孔夫子》，商务印书馆2001年版，第95页。

塞尔为代表的哲学现象学所提出的一句著名口号“面向事情本身!”这句座右铭反对一切漂浮无据的虚构与偶发之见，反对采纳貌似经过证明的概念，尽管这样一句座右铭被人们认为是完全不言自明的，但海德格尔认为这实质上是在表达“我们想更切近地加以考察的一种‘自明性’”①。

作为海德格尔的学生和继承者，伽达默尔在1960年出版《真理与方法》，由此建立了哲学诠释学，并成为这一学派的创始人。20世纪70年代后，伽达默尔开始用他的哲学诠释学反思社会、文化、政治、教育等问题，试图把他的哲学诠释学思想融入思想史、美学、语言学、历史学等领域，从而走向他的实践哲学时期。② 伽达默尔基本接受人的存在本体思想，把理解与人的存在等同起来，由于人的存在活动的历史性，因而在人的各种活动中都能找到理解与诠释，在理解与诠释中找到历史性与时间性。伽达默尔不但积极发挥了海德格尔转向本体诠释的道路，而且具有涵括与整合本体诠释与诠释本体的意向，③ 他充分肯定诠释过程中主观方面的重要性，但这种不是主观臆断，而是基于理解本身中显示历史的实在性。伽达默尔认为，“对任何事物的理解，都必须具有效果历史意识”。“理解从来就不是一种对于某个被给定‘对象’的主观行为，而是属于效果历史，这就是说，理解是属于被理解东西的存在。”④ 哲学诠释学就是要说明一切理解现象的基本条件，并通过研究和分析理解的种种条件与特点，来论述人在传统、历史和世界中的经验以及人的语言本性，最后达到对世界、历史和人生释义的理解与解释。⑤

---

① ［德］海德格尔：《存在与时间》（修订译本），陈嘉映、王庆节合译，生活·读书·新知三联书店2012年版，第33页。

② 章启群：《意义的本体论：哲学诠释学》，上海译文出版社2002年版，第70页。

③ 成中英：《本体诠释学体系的建立：本体诠释与诠释本体》，《安徽师范大学学报》（人文社会科学版）2002年第3期。

④ ［德］伽达默尔：《真理与方法：哲学诠释学的基本特征》，洪汉鼎译，上海译文出版社1999年版，译者序言第8页。

⑤ 黄小寒：《“自然之书”读解：科学诠释学》，上海译文出版社2002年版，第86页。

哲学诠释学认为，理解先于知识，也比知识更根本。因之理解才是真理的表达方式。科学知识是方法论的产品，但科学方法已凌驾于真理之上。这违反人的存在价值，因而必须引起注意，也必须用自我反思和历史体验来重新体现人的价值。[①] 哲学诠释学最鲜明的特征就是它所强调的理解与解释的与时俱进的品格、实践品格和创造品格。本书以哲学诠释学作为理论基础不仅在于其本体诠释的方法论，还在于它有助于我们考察教学理论的“自明性”并体现“人的存在价值”。

（三）生命哲学

在这个世界中，人首先是一种存在，与存在相一致的是人的生命。生命概念构成德国思辨思维的形而上学背景，它在叔本华和尼采那里同样被看作重要概念，也因此他们被认为是生命哲学的奠基人。生命哲学的主要代表还有：亨利·柏格森、威廉·詹姆士、威廉海姆·狄尔泰、奥格尔格·西梅尔、马丁·海德格尔、埃德蒙德·胡塞尔等。其中，狄尔泰被公认为生命哲学家中最具深远影响的代表人物，他在生命体验的理解方面做出了许多开创性的成就。狄尔泰的生命哲学思想主要体现在以下四个方面：他把生命体验作为哲学的出发点，试图寻找一种未经任何删减的前理论的经验，把生命理解为一条活生生的流，并提出了从生命自身来把握生命之流的方法。[②] 狄尔泰反对形而上学，他在《精神科学引论》中指出，“对于有关人类社会的分析来说，人本身是作为一种活生生的单元而给定的，因此，我们的根本任务就是对这种生理心理生命单元加以分析”[③]。狄尔泰认为三种知识形式中“存在着”生命：在体验、理解和历史的把握中[④]，基于此，他先后描述了符合这三种知识形

① 成中英：《本体与诠释》，生活·读书·新知三联书店 2000 年版，第 4 页。

② 朱松峰：《理解生活：基于现象学和生命哲学的视角》，中国社会科学出版社 2010 年版，第 81 页。

③ ［德］威廉·狄尔泰：《精神科学引论 第 1 卷》，童奇志、王海鸥译，中国城市出版社 2002 年版，第 259 页。

④ ［德］费迪南·费尔曼：《生命哲学》，李健鸣译，华夏出版社 2000 年版，第 96 页。

式的心理学、解释学和历史学。对于理解与解释的范畴，狄尔泰强调这些范畴不是作为异在的东西而用于生命的，而是它们存在于生命自身的本质之中。

在生命哲学思想中，生命被设为意义的统一体，表现在每一个个体中。生命哲学坚持哲学的思考只有服务于生活才有价值，并认为它所包含的思维形式要比形式逻辑的思维形式更丰富、更灵活。在费迪南·费尔曼看来，这也是生命哲学之所以具有吸引力的两个原因。[①] 如果从生命哲学的视角，我们也可以继续追问教学理论是将“人的生命与发展”先孤立出来然后再将“人”联合在理论与实践之中，还是将“人的生命与发展”作为教学理论构建的出发点，置于教学理论的结构脉络中来存在和理解？叶澜教授指出：“教育学基本理论的突破，需要从对‘人’的认识的反思开始。在理论上，‘人’的问题，既是教育学必须回答的前提性问题，又是教育学建构中不可或缺的核心问题。在一定意义上可以说，有怎样的‘人’的观念，就会有怎样的教育学理论”。[②]

第四节 研究目的与研究意义

一 研究目的

综观人们对教学理论的反思和对“什么是教学理论”的回答，大多是在回答“是什么”的问题，在这种认识层面上，教学理论往往陷入“指导教学实践的技术操作范本”或“构建自给自足的理论逻辑体系”二者之间的纠缠而不能自拔。随着不断深入的教学改革对教学理论研究的依赖和热情，作为“在者”的教学理论在“庞杂”表象之后仍不能在“教学实践”中树立“指导形象”。当然，我们不能将理论“实践乏力”全部归于教学理论自身的原因，

① ［德］费迪南·费尔曼：《生命哲学》，李健鸣译，华夏出版社2000年版，前言。

② 叶澜：《教育创新呼唤“具体个人”意识》，《中国社会科学》2003年第1期。

但同时也应该清楚地认识到教学理论的实质性发展是不能通过对新思潮、新术语的不断追逐来实现的，这种追逐给人以思考的外观，其实质却是用不断的“多视角”来逃避思考、取代思考。无休止地用新思潮或其他学科视角解决教学或教学理论问题内在困惑，也必然会引来“阈限”或研究边界的质疑。教学理论本体问题的拷问，正是要找寻看似明确又合理的命题，而这正是教学理论问题的症结所在；教学理论本体问题的探究性研究，正是为了把日益碎片化的教学理论类型或体系重新引回到它的殿堂中。教学理论“在”的关怀和追问，是从本体论意义层面上解答“什么是教学理论”、教学理论本体承诺、教学理论本体内涵与结构、教学理论“是其所是”的界限与检验等问题，这些问题恰恰是关乎教学理论定位和发展的命运问题。

具体来讲，本研究试图将研究目的主要定位于以下几个方面：

（一）对教学理论进行概念反思和逻辑重构，以澄清不同文化语境下关于教学理论的不同认识和误读误解

概念是思想的细胞，是反思的基础①，是理论建构的基本单位②。对“理论”和“教学理论”的不同理解，会影响教学理论作为“在者”存在的意义分野，甚至会不断演化为教学理论庞杂繁多，教学实践问题依旧的状态。因此，进行教学理论本体研究，不是为了对教学理论进行宏大叙事，也绝不是对教学理论“再延伸”和“再抽象”，而是通过对教学理论本体性探讨，解决“什么是教学理论”这样一个高难度的问题。其中，对教学理论概念的反思是研究的逻辑起点，澄清德国、美国、苏联、日本和中国等不同语境中关于教学理论的理解是进行理论对话的基础。

（二）对教学理论本体承诺进行追问

教学理论本体研究就是要追寻被“在者”遮蔽了的“在”，使

① 郝文武：《教育哲学研究》，教育科学出版社 2009 年版，第 16 页。

② 陈桂生：《教育学的建构》，华东师范大学出版社 2009 年版，序。

教学理论的“在”得以敞开，从而进入澄明之境。通过探寻教学理论本体承诺的意义，来重申教学理论对教学如何促进人的发展的理解和把握。

（三）基于本体承诺意义和实践指导诉求，澄清教学理论的内在规定性

进行教学理论本体问题研究，不是对教学理论原始状态考察，而是反映最为重要、最为根本和最为普遍的现实状况，渴求在最深刻的层次上或最彻底的意义上把握教学理论的本真问题，以此呈现教学理论所应具备的观念引领和行动指南的立体特征。

（四）探寻教学理论本体内涵

教学理论本体研究正是基于教学理论“在者”的逻辑起点，试图澄清具备内在规定性的教学理论的要素、结构、类型、意义和应用等本体内涵，为今后教学理论的反思与发展提供参考价值。

（五）阐明教学理论的界限与检验标准

从教学理论与教学常识、教学观念、教学思想和教学假说等相关范畴的关系出发，确定教学理论应有的界限，论证教学理论的限度和有效性范围。同时，从理论的一般性评价标准和教学理论的独特性检验标准，建构教学理论检验的必要性指标。

二 研究意义

（一）理论意义

（1）明晰教学理论发展的先决条件

造成教学理论危机、决定教学理论进步与发展的因素非常复杂，教学理论的危机或良性发展都离不开对理论本身的剖析，离不开对理论发展所面临的根本性问题的反思。这其中，对教学理论性质、结构、生成与价值等问题的本体性考察，回答“什么是教学理论”的问题，已成为反思教学理论遇到的首要任务。正如有学者所指出的：“教学理论的本体与价值问题是教学理论建构中不可回避

的，是理论建构的基础，直接影响教学理论的品质。”[①] 进行教学理论本体问题研究，不仅是研究教学理论其他问题的必要前提，也是为教学理论构建提供必要的原则和方法。从功能和意义上，进行教学理论本体问题研究都是必要和必然的。

澄清具备较大内在一致性的教学理论本体，不仅可以重审教学理论“学派林立、层出不穷”的表象，还可以从教学理论所追溯的本真意义上，为教学理论形成和发展提供规范性的清晰线索。此外，进行教学理论本体研究，就是为了打破教学理论在本土化语境中，源自国外不同派别教学理论被不同程度地夸大及相互“缄默”的局面，在“本体”追寻的过程中，实现教学理论不同派别相互辩论的对话空间，从而正确认识并推进教学理论本土化建设。

（2）澄清教学理论存在的内在规定性

对理论或教学理论的理解和认识，蕴藏了一个问题的两个方面，即“是什么”和“什么是”，尽管这是一对极具迷惑性的问题或是被人们认为是同一个问题，但实际上，“是什么”的问题指的是“事实是什么”；而“什么是”，则意味着“应该是什么”。其中，“是什么”可以基于不同角度和理解进行多种界定，但“什么是”则隐藏着人们试图剥除全部主观性和不同的“是什么”后，对“应该是什么”的终极关怀及其建构的理论图景。教学理论本体研究正是基于教学理论“什么是”的逻辑起点，通过对最根本东西的反思性寻求，试图获得关于教学理论存在与发展的最终根据、标准和尺度，并以此为基础，为教学理论现实发展及教学论学科建设提供合理审视的视角。因此，教学理论本体问题研究重在探究，而不是描述；重在解析而不是归纳，通过研究旨在为教学理论自我存在的合法性和独特性，建立有理有力的缘由与根据，通过研究也旨在为教学理论的内在规定性进行开放的解释和对话。

---

① 杨丽、温恒福：《近 30 年来我国教学理论研究的主要特点分析》，《教育研究》2011 年第 3 期。

（3）奠定元教学理论体系的构建基础

元问题、元理论的产生，反映了人类反思能力的提高和研究者自主意识的强化。叶澜教授指出，“元”研究十分重要，犹如一个人对待自我发展的自觉水平与自我意识的水平密切相关一样，一门科学发展的自控程度也与它的“自我意识”密切相关。只有当科学对其自身的发展过程及现状、发展机制及内部结构做了认真反思、形成明晰而准确的自我意识时，它才能自觉地寻找自己继续发展的方向，增强发展的自控能力，并减少发展过程中的盲目性，少走弯路，使自己进入“自为”的状态。[①] 元教学理论就是以教学理论为研究对象所形成的理论，是教学理论的理论。研究者以教学理论本身为分析对象而展开的讨论，都属于元教学理论范畴。可以说，教学理论属于“对象理论”，元教学理论属于“元理论”。当然，由于“元”本身的逻辑特征，元教学理论还只是散见于教学理论各类著作、教材或论文中，尚在探索过程中。由于“元”本身的逻辑形式具有超验、批判和审视的特点，所以元理论可以为检验、批判理论认识提供规范、标准和规则。从这个意义层面上，以教学理论本体作为对象的深入“反思”和研究，就属于元教学理论范畴。同时，教学理论本体问题实质上也是元教学理论体系的核心组成部分，其价值不仅仅体现在丰富元教学理论内容上，更体现在为今后元教学理论体系的构建奠定基础。

（二）实践意义

（1）为重审教学理论“实践”命题提供支撑

进行教学理论本体研究，不是为了创建新的“实体”教学理论，也不是直接指向教学实践和教学改革，而是期望在教学理论的终极指向性与历史确定性之间，寻找自我批判和自我超越的空间，以此重审教学理论的“实践指导性”命题。

---

① 叶澜：《关于加强教育科学“自我意识”的思考》，《华东师范大学学报》（教育科学版）1987 年第 3 期。

教学理论着眼于对教学实践的理性解释与知识建构，其作用在于为教学实践提供观念引领和行动指南。本书回归教学理论实践指导的本真诉求，深入反思教学理论的实践“指导力”不足的原因，试图回答“要想指导实践，理论应该如何”的问题。

（2）为重现人的生命和价值提供关怀与诉求

“提高质量，内涵发展”是当前教育发展的主题，这一主题的核心在于促进人的全面发展，学校教育完成这一任务的关键在于提高教学质量。那么，教学理论作为学校教育的“在场”因素，如何在提高教学质量和促进人的发展上提供帮助。对理论本身与价值的反思是教学理论回应“内涵发展”时代主题的必然路向，而进行教学理论本体研究，正是呈现出理论在解释教学和确认人在教学中的地位与价值。因为，无论任何“在者”的教学理论，其对象性探索的出发点、立足点和归宿点都是人这一教学实践主体。进行教学理论本体研究，不仅是在强调教学理论“应当”关怀人，更是一个“如何”关怀的问题。这就意味着教学理论不能仅仅局限在知识，而是必须内含如何促进人的发展的智慧。教学理论本体的探索旨在改变将教学理论对智慧的终极诉求滑向知识的陈述的现象。

综上，教学理论的本体问题是理论建构的基础，直接影响教学理论的品质，对理论的客观反思永远是必要的。教学理论本体不是教学理论的具体内容，而是使这些理论被称为教学理论的先决条件和“开端”。教学理论的形成并不是单纯由教学实践所决定，同样还需要遵循教学理论本体的内在规定性。教学理论研究要遵循本体承诺展开，遵循任何“在者”都是“在”的存在，对“在”存在状态的不同理解和不同的设定会产生不同的理论类型。同样，教学理论所“在”不仅是与人有关的本体承诺，还是影响“在者”教学理论的内在规定性，而这些内涵和规定性都是可以通过“在者”得到追寻和认识的。对教学理论本体问题的认识有助于澄清教学理论的发展困境。因为，教学理论本体问题研究不仅要回答其理论定位、属性、内容、价值和实践性“是什么”的问题，还要解决

"为什么"和"怎么办"的问题。这些问题不只解决"教学理论是什么"的知识型问答，更重要的是理解并显示教学理论"存在的意义"。

本书从回答"教学理论是什么"这一问题出发，首先，通过反思美、德、苏联、日、中等不同历史文化语境下人们对教学理论的理解，以及通过已有研究成果透视并回答教学理论的特殊性与合法性。其次，对本土文化语境的教学理论概念进行重构，并以追本溯源式的终极关怀为基点探寻教学理论"存在"的本体承诺，梳理和探究教学理论的内在规定性。再次，对教学理论本体进行阐释与内涵解读，基于要素、生成、结构、意义和应用的本体论意义理解教学理论自身面貌。最后，对"是其所是"的教学理论的界限进行审视，并进一步确定教学理论的检验标准。整体研究思路遵循从教学理论"是什么"的事实性的开端提问，最终回归到"什么是"教学理论的生成性追寻。

在此需要说明，本书之所以将教学理论概念作为第一个本体问题，且将其作为主要研究内容分别进行了概念的跨文化语境分析和本土文化语境的概念重构，一是源于在亚里士多德看来，公式或定义本身就是各事物的本体。二是本体的追问与探寻必须符合人认识事物的思维指向，即从现象中的"是什么"概念入手。如此也就需要明确不同于文化语境中的概念所内含的共同的、内在的要素，同时，本体的内涵必须建立在本土文化语境中概念清晰的基础上，否则从开端和源头上就会使"本体"的反思性寻求走向思维混乱。三是本书最终要尝试性解答教学理论要素、生成、结构和检验等一系列影响教学理论发展的内在本体性问题，而这些问题解答的前提必然是概念分析与重构。概念研究可以说是教学理论本体问题展开的基础和开端，缺少了这部分的深入论证，教学理论本体的展开就会缺乏根基，也会停留在纯粹的形而上探讨。

第二章

教学理论概念反思与语境分析

第一节　不同历史文化语境中教学理论的解释

如前所述，既然“困惑的结果总是产生于显而易见的开端（假设）”，那么，对于“什么是教学理论”，我们就需要重新回到这一概念所处的不同文化传统和话语体系中去深入分析和反思，从这个开端去找寻解惑的答案。因为，“话语作为一种语言形式，常常被它内含的实质遮蔽，而在这种遮蔽中，被忽略的并不只是一种表达的方式，同时被搁置的还有更为重要的思维方式”①。本书选择德国、美国、日本、苏联和中国作为不同话语体系的分析典型，一是考虑到这些国家的教育学和教学论发展具有较强的典型性，二是鉴于在中国教学理论发展过程中，先后受到这些国家理论影响。基于此，本书将采用话语研究的方法，考察不同文化语境中人们对教学理论的界定和理解，以此为重审中国教学理论的概念系统奠定基础。需要说明的是，下述“教学理论”和“教学论”概念使用并不一致，这不仅是因为二者本身存在复杂的交织关系，更是由于教学理论（教学论）植根于不同国家文化传统所呈现理论样态的实然

① 刘庆昌：《教育话语转换中的认识适应》，《教育科学研究》2018 年第 8 期。

差异。因此，我们尽量遵循不同语言的原意表达[①]，以此尽可能地还原并呈现不同文化语境中教学理论的实然内涵。

一 德国历史文化语境中的教学论

（一）词源追溯

如前所述，德国语境中教学论（Didaktik）是一门研究如何有组织、有计划地支持学生学习以获得“教化”的人文社会科学，它包含课程、教学和学习等方面的理论，旨在探讨教学如何促进学习的发生，即如何促发基于内容学习的学生活动，这个过程不是学生被动的接受过程或教师单方面传授知识的过程。[②] 在德国“教学论”存在两种表达：Didactics（Die Didaktik）和 Didaktik。“Didaktik”在某种意义上来说是一个人工词汇，它并不是直接源于希腊语，而是由希腊语 didáskein 和拉丁语 didactica 演化而来。事实上，didactica 本身也属于合成词，夸美纽斯《大教学论》第一次明确使用了 Didactica Magna 这一拉丁语表述。《朗根沙伊特希腊文—德文大词典》中，didactos（可教的；已授的）、didaskalikos（属于教学的；教导）、didaskalos（教师）、didasko（学习）等单词可以看作它的希腊文词源，这些词的基本含义所体现出的共同含义或基本特征，也同样存在于拉丁语词源 deceo（教，授，指导，阐明，让练熟，授课等）和 disco（学，探索，研究，学习认识）。Die Didaktik 或 Didactics 通常多在德国使用，其直接含义为“教的艺术”，而作为学科的含义已有广泛延伸。[③] 除了德国外，Didaktik 在中欧国家

---

① 因笔者语言掌握有限，对德语、俄语和日语的文献主要来源于汉语翻译版本和中英文相关文献。

② Brian Hudson, “Approaching Educational Research from the Tradition of Critical-constructive Didaktik”, *Pedagogy, Culture and Society*, Vol. 11, No. 2, 2003, pp. 173 – 187.; Stefan Hopmann, “Restrained Teaching: the Common Core of Didaktik”, *European Educational Research Journal*, Vol. 6, No. 2, 2007, pp. 109 – 124.

③ ［德］F. W. 克罗恩：《教学论基础》，李其龙等译，教育科学出版社 2005 年版，第 33—35 页；Pertti Kansanen, “The Deutsche Didaktik and the American Research on Teaching”, *TNTEE Publications*, Vol. 2, No. 1, 1999, pp. 21 – 35.

使用也相对较为普遍，但并没有被英语和法语国家所认知和认同。[①]需要指出的是，“didactic”或“didactics”在英语中很少见到，20世纪90年代后偶尔出现在英国文学或宗教诗篇中倾向于表达相对消极的“控制”含义，[②]也使这一词汇在英文语境中出现了使用上的尴尬和困扰。

解释和理解德国教学论，不能脱离其中的核心概念“Bildung”，即“教化”（国内也译为“教养”“化育”）。威廉·冯·洪堡被认为是系统论述教化和培养的教育家。他的理论和实践都是围绕这个概念或者思想展开的。洪堡认为，人的价值和任务在于通过生命活动达到自我与世界的联系，但前提需要通过培养和提升自己来达到这样的存在高度。“Bildung”即意味着“抓住尽可能多的世界”和“通过发展独特自我为人类做出贡献”。[③]“教化”在德国教学论长期占据核心主导地位，即使出现后来的流派分化，它也依然是核心主导概念之一。“教化”在教学论中的地位和影响不仅仅局限于德国本土，对于苏联、日本和中国都有着深远的影响，但这些国家在借鉴和本土化处理过程中，也使其概念含义发生了变化。（第三章第二节进行了这一概念的相关论述）

（二）理论发展中的概念释义

德国教育家拉特克在西方教育史上最早提出和倡导教学论，并称自己的新教学技术为“教学论”[④]，“教学论”的提出是旨在发展

---

① Stefan Hopmann, “Restrained Teaching: the Common Core of Didaktik”, *European Educational Research Journal*, Vol. 6, No. 2, 2007, pp. 109 – 124.; Brian Hudson, “Approaching Educational Research from the Tradition of Critical-constructive Didaktik”, *Pedagogy, Culture and Society*, Vol. 11, No. 2, 2003, pp. 173 – 187.

② Pertti Kansanen, “Didactics and Its Relation to Educational Psychology: Problems in Translating a Key Concept Across Research Communities”, *International Review of Education*, Vol. 48, No. 6, 2002, pp. 427 – 441.

③ Armend Tahirsylaj: Teacher Autonomy and Responsibility Variation and Their Association with Student Science Performance in Didaktik and Curriculum Traditions in PISA 2009, Ph. D. dissertation, The Pennsylvania State University, ProQuest Dissertations Publishing, 2015, pp. 12 – 13.

④ 施良方、崔允漷主编：《教学理论：课堂教学的原理、策略与研究》，华东师范大学出版社1999年版，第32页。

一种教的一般性方法。它是一种实践和规范性的学说，这一特征最早在夸美纽斯的《大教学论》中得到了很好的呈现。[1] 相对英美国家的学者，德国教学理论研究者更重视对教学论进行概念界定，而这种概念的提出又集中体现为从哲学、心理学等其他学科向教学领域的推演。这既在德国教学理论发展历史中有所体现，也是现代德国教学理论建设的重要特征。[2] 此外，德国教育学的产生和发展都深受人文主义和自由主义思想影响，“人的可能”“人的命运”“人的自由”“人的生成”“人的意义”“人的价值”在德国教育学中受到非常积极的关注。[3] 如此，也就可以理解“教化”聚焦教育目的和过程中的人的完整性成长，它在德国教学论中具有核心地位，被看作连接教育与教学的关键因素。

18—19 世纪，德国在教育学的学科发展历程中影响深远，从康德到赫尔巴特，在推动教育学成为独立学科进程中都做出了卓越贡献。赫尔巴特强调经验基础上抽象而来的概念的重要性，他认为，“普通教育学必须把论述基本概念放在一切论述之前”[4]，“教育概念的基本性保证了教育原则和思想的统一性，教育学体系就是建立在这些基本概念的基础上的”[5]。德国学者诺博特·希尔根埃纳曾说：“在《普通教育学》中呈示了演绎于教育目的的一种普通教育理论，而且也呈示了演绎过程本身。”[6] 将经验理论提升到概括化的高度，这不仅使“教育学理论在学科的标准化上，完成了一次重大的跃迁”[7]，也使教育学作为学科的普适性和规范性特征得以突显和确证。当然，赫尔巴特的贡献远不止这些，他在《普通教育学》

① Pertti Kansanen, “The Deutsche Didaktik and the American Research on Teaching”, *TNTEE Publications*, Vol. 2, No. 1, 1999, pp. 21 - 35.

② 路书红：《教学理论建设的方法论比较》，山东人民出版社 2010 年版，第 142 页。

③ 石中英：《教育学的文化性格》，山西教育出版社 1999 年版，第 217 页。

④ ［德］赫尔巴特：《教育学讲授纲要》，李其龙译，人民教育出版社 2015 年版，第 5 页。

⑤ 石中英：《教育学的文化性格》，山西教育出版社 1999 年版，第 27 页。

⑥ 顾明远主编：《民族文化传统与教育现代化》，北京师范大学出版社 1998 年版，第 255 页。

⑦ 周作宇：《问题之源与方法之镜》，教育科学出版社 2000 年版，第 33 页。

(1806) 中“以其形式阶段说和教育性教学的原则开始把教学论置于教育的中心”[①]，标志着教学论从教育学独立出来。赫尔巴特主张以伦理学为教学目的的理论基础，以心理学为教学途径的理论基础，这对于德国教学论学界后期的概念界定和内部流派分化都有着深刻的影响作用。这一时期，教育学和教学论的方法论研究仍然像哲学和宗教学那样取决于对文献的系统化解释，即取决于诠释学。[②]这是因为教学论学科独立前后，理论和体系建构被认为是最重要的，尽管这时的教学理论不是直接关注当下的实践和经验，但与普遍历史—社会的实践并不矛盾。

19 世纪后，随着义务教育和师范教育的发展，教学论在德国教育界受重视程度越来越高，教学论也形成了较为普遍的解释：教学论是包含教学目的、教材、教学安排和教学方法的理论。第斯多惠在《德国教师培养指南》中，对教学论的概念及其与教育学的关系进行了阐释。他认为广义上教育学也是教学论，因为教育学是作为教育人的活动规律的科学，而课堂教学是有意识地影响人达到教育的目的，课堂教学构成的教学论，是教育学的一部分。从狭义上来说，教育学和教学论是相辅相成、并行不悖的，因为教育理论只是提出道德教育的规律和规则，而教学论适用于任何方式的课堂教学，具有普遍的一面，可以理解为全部课堂教学规律和规则的科学。因此教学论的任务就是研究课堂教学以及培养学生智力的方法，提出课堂教学对象的细则和课堂细则。[③] 尽管第斯多惠对教育

① Pertti Kansanen, “The Deutsche Didaktik”, *Journal of Curriculum Studies*, Vol. 27, No. 4, 1995, p. 347.

② ［德］F. W. 克罗恩：《教学论基础》，李其龙等译，教育科学出版社 2005 年版，第 84 页。

③ ［德］第斯多惠：《德国教师培养指南》，袁一安译，人民教育出版社 2001 年版，第 70—71 页。需要说明，在本段引文中，译者的部分语句也采用了“教学理论”的表达，教学论和教学理论表达的是同一个意思。丁邦平教授在《“教学论”与“教学法”的关系探析》一文中，为了强调德国传统的“教学论”不同于英美传统的“教学理论”，他在参考德文原文的基础上，将原译者“教学理论”的表达还原为“教学论”。笔者对此进行了参考，将“教学理论”的个别概念表达替换为“教学论”，以便于更好地理解原著的内容。

学和教学论进行了广义和狭义的分析，但他更主张将两个概念结合起来谈论。可以看出，秉承“把论述基本概念放在一切论述之前”的理论研究范式，已影响着并成为德国教学理论的建设和发展传统。

第二次世界大战后，沃尔夫冈·克拉夫基和保罗·海曼在这一时期为推动教学论科学化发展做出了突出贡献。[①] 20 世纪 60 年代开始，以“教化”为核心的传统教学论开始出现分化，出现了批判—建构教学论、控制论意义上的教学论、柏林教学论流派和布列饮卡的经验主义的教学论思想，其中后三种教学论流派吸收了美国“实证研究”的元素。正是由于教学论概念的分化和多元化，20 世纪 70 年代后，克拉夫基和比纳特先后对学界的教学论定义进行了整理和排序，其中代表性的有以下五种：①教和学的科学和理论；②教学科学以及普通教学理论；③教育内容及其结构和选择，以及教和学的目的和归入其中的教学内容和任务；④学习过程的控制理论；⑤教和学方面心理学理论的应用。[②] 两位学者对上述定义的排序意见并不一致，克拉夫基认为“教和学的科学和理论”具有更宽的概念范围，应位于教学论定义之首，而比纳特则认为“教和学方面心理学理论应用领域的教学论”应该作为首位的教学论代表性定义。这种排序同时也体现了德国教学论两大流派的对峙，其中一派是教化论的教学论，主要代表有施普兰格尔、诺尔、弗利特纳、韦尼格、利特以及克拉夫基。这一流派对教学论的概念界定倾向于第二种，认为通过“教化”培养富有价值的个人的关键是课程内容的结构和选择，后来克拉夫基主张范例教学的内容应该遵循基础性、基本性和范例性，为范例教学论成为与认知结构教学论、发展性教

---

① Klaus Zierer and Norbert M. Seel, “General Didactics and Instructional Design: Eyes Like Twins a Transatlantic Dialogue About Similarities and Differences, About the Past and the Future of Two Sciences of Learning and Teaching”, *SpringerPlus*, Vol1, No. 1, August 2012, p. 15. http://www.springerplus.com/content/1/1/15.

② ［德］F. W. 克罗恩：《教学论基础》，李其龙等译，教育科学出版社 2005 年版，第 37 页。

学论并列的世界三大教学论流派奠定了基础。如果说教化论的教学论集中体现了德国思辨哲学演绎传统，那么以海曼、奥托、舒尔茨为代表的学习论的教学论（又称“柏林学派”）则更倾向于第五种教学论概念界定，主要通过关注教学实践，努力建立理论分析的框架，将课堂教学的结构特征以及影响教学的因素和条件条理化，同时不忽视社会条件和心理条件对教学的作用，[①] 试图促进教学理论由规范性向描述性或解释性转型，且更侧重于教学设计理论的构建。两派争论的分歧与核心在于“教化”，在教化论的教学论学派看来，第五种定义无法体现教学论的核心，因为无论任何基于学习理论的教学设计，都必须先选择和考虑教学的内容，而内容的选择必然关涉“教化”的概念。

德国学者克罗恩打破流派传统分类方式，用“主导概念”将20世纪70年代以来德国教学行动的理论与模式归类为三个主导概念：①教养；②学习；③互动。[②] 以教养为主导概念的教学论是德国的主流教学论，其支持者有克拉夫基、盖斯勒、豪斯曼，他们认为教育过程就是通过文化财富传授过程中养成宝贵人格的过程，通过理解来获得文化财富的意义建构，从而使思想和行为共同促成独特人格的形成。这在一定意义上说明了三个主导概念在德国不同教学论中的核心地位，也突显了概念建设的学界传统。还需要说明的是，德国教学论也受到了课程论对其范畴的挑战，二者关系是被争论的一个研究话题。20世纪60年代后受美国课程论影响，课程一词重新回归德国使用[③]，随着课程内涵的扩大，课程理论的范围也逐渐与传统的教学论接近，使传统教学论受到了概念及其研究范畴的双重挑战。当然，关于二者之间的关系，克拉夫基也曾在其文章“Curriculum-Didaktik”中进行了探

---

① 魏育青：《中国日耳曼学：管窥与偶得》，复旦大学出版社2015年版，第333页。

② ［德］F. W. 克罗恩：《教学论基础》，李其龙等译，教育科学出版社2005年版，第122页。

③ 18世纪到19世纪德国较多地使用“Lehrplan”（teaching plan）。

讨，他更认同课程的范围相对更广，认为传统教学论可以归入课程理论范围之内。但也有学者指出，教学论和课程理论可以看作同一个分支的平行区域。不得不承认，德国的课程理论越来越受到重视，尤其是在学校改革和原有教学计划转向现代课程过程中发挥着重要作用。尽管后来因为各自地位的确定，关于课程论和教学论的关系讨论兴趣越来越少，但课程论中的教学部分纳入教学论中，已经有了定论。[①]

2000 年以后德国教学论发展受到挑战和质疑，尤其是 PISA 结果对德国教育的评价，使很多批判人士开始质疑普通教学论的有效性，认为这种理论已不适应现代社会和科学发展的趋势。[②] 这一时期，普通教学论、经验教学论和人类行为学的教学论三种方向分化越来越明显。伴随教学论的教授职位被废弃或重新界定，有些地方将“普通教学论”更名为“经验教学研究”，甚至还出现了对教学论作为一门仅仅规范性地讨论好的教学和“教化”的学科价值的质疑。特定领域的经验教学论的研究开始脱离普通教学论的框架转向经验研究，并构建自己的理论框架。[③] 这种研究取向在当代德国教学论专家迈尔看来，是一种只关注局部表面而忽视“教化”整体理念的选择。这种批判从文化的角度来说，也体现了对这种研究取向忽视人文精神关怀的质疑。为此，德国普通教学论开始尝试创新，并积极展开与特定领域经验教学论对话与合作，逐渐显现出整合众多特定领域经验教学论矛盾的能力，以及提供学校课程与教学所需规范性和决策合理性的潜力。

---

① Pertti Kansanen, “The Deutsche Didaktik and the American Research on Teaching”, *TNTEE Publications*, Vol. 2, No. 1, 1999, pp. 21 –35.

② Klaus Zierer and Norbert M. Seel, “General Didactics and Instructional Design: Eyes Like Twins a Transatlantic Dialogue About Similarities and Differences, About the Past and the Future of Two Sciences of Learning and Teaching”, *SpringerPlus*, Vol. 1, No. 1, August 2012, p. 15. http://www.springerplus.com/content/1/1/15.

③ 彭正梅、张玉娴:《德国普通教学论传统、危机与新方向——对德国教学论专家迈尔的访谈》,《全球教育展望》2014 年第 12 期。

二　美国历史文化语境中的教学理论

（一）词源追溯

“教学理论”一词在美国学界较多地用“Theory of Instruction”或“Instructional Theory”作为术语表达形式，而较少地使用“Theory of Teaching”“Teaching Theory”。这种表达可以从美国学者的著作或文章题目中得以反映，如布鲁纳的著作 *Toward a Theory of Instruction*（1966），阿特金森的论文“Ingredients for a Theory of Instruction”（1972），加涅的论文“Principles of Instructional Design”（1974）。尽管在英语中“instruction”和“teaching”意义相近，都有教学的含义，但二者并非完全等同，“instruction”更强调教师（指导者）对促进学生学习的指导行为，[①] 而“teaching”则更侧重于教师自身的行动，是传递知识和技能的行为、过程和艺术。[②] 基于此就不难理解布鲁纳等美国学者所认同的教学理论是以学习为基础，促进学习的指导原理，而侧重于“教”的理论陈述，即英文表述为“Theory of Teaching”“Teaching Theory”的主题，在教学研究领域也有成果或文献体现，但二者的关注主题不尽相同。当然，由于教学理论在美国只是教育科学的一个相对独立的分支研究领域，并没有形成严格意义上的完整独立学科体系，其研究领域的分化也就很难进行严格的界限划分。所以有学者从广义上认为美国在教学研究领域里主要有三类教学理论：一是与各种流派的心理学密切相关的教学理论，二是从课程论中渐渐独立出来的教学研究，三是教学设计理论。[③] 美国学者也认为教学设计理论的转向是 20 世纪末教学理论研究的突出趋势，[④] 因此对教学理论的这种广义理解也有共

---

① http：//encyclopedia. thefreedictionary. com/teaching，2017 －8 －10.

② https：//en. wikipedia. org/wiki/Teaching，2017 －8 －10.

③ 丁邦平：《“教学论”与“教学法”的关系探析——（跨文化）比较教学论的视角》，《教育学报》2015 年第 5 期。

④ Charles M. Reigeluth and Kurt Squire，“Emerging Work on the New Paradigm of Instructional Theories”，*Educational Technology*，Vol. 38，No. 4，July 1998，pp. 41 －47.

同认识依据。

（二）理论发展中的概念释义

美国的教育学术研究相对德国要晚很多，其教学研究传统和课程开发受美国实用主义文化传统影响很大。可以说，“实用主义是美国教育学的根本态度，其教育目的就是把教育当作一种工具，一种促使个人和社会不断发展的工具”[①]。这种价值取向也明显体现在教育学借鉴和教学理论本土生长过程中。19 世纪下半叶，美国在学习德国教育学时，不同类型教学论中的实证元素越多，美国对之参考的就越多。[②] 美国更多地撷取了其具有实用价值的教学法部分，而抛弃了具有思辨性质的教学论部分。[③] 此外，美国在 20 世纪初就放弃延用德国教育学“Pädagogik”这一术语，采用“Education”作为美国教育学的学科术语，并将“Pedagogy”界定为教学的方法论。[④] 从词源上来说，“Pädagogik”或“Pedagogy”共同来源于希腊语“Pedagogue”（教仆）。因词源含义受到“偏见”对待而影响了其学科地位，同时由于美国对德国教育学借鉴的狭义化处理而使其产生使用的局限性，在 20 世纪初“Pedagogy”逐渐被弃用，成为有关教育研究的一个历史词汇。[⑤] 不仅如此，“Didaktik”这个词在美国教学理论研究领域也很少能被看到（除了美国和德国相关比较研究），美国学者自己也承认，如《课程论期刊》前主编韦斯特伯里坦陈：“Didaktik 是思考教与学的（另）一种传统，这在英语世界里几乎无人知晓。”[⑥] 英语国家都存在类似的现象，有学者通过搜集数据对欧洲各国大学教学论教席进行过粗略统计，但在统计中并

---

① 石中英：《教育学的文化性格》，山西教育出版社 1992 年版，第 252 页。

② Pertti Kansanen，“The Deutsche Didaktik and the American Research on Teaching”，*TNTEE Publications*，Vol. 2，No. 1，1999，pp. 21 – 35.

③ 丁邦平：《“教学论”与“教学法”的关系探析——（跨文化）比较教学论的视角》，《教育学报》2015 年第 5 期。

④ https：//en. wikipedia. org/wiki/Teaching. 2017 – 8 – 9.

⑤ 石中英：《教育学的文化性格》，山西教育出版社 1992 年版，第 2 页。

⑥ 丁邦平：《“教学论”与“教学法”的关系探析——（跨文化）比较教学论的视角》，《教育学报》2015 年第 5 期。

没有出现英国大学的教学论教席数据，这是因为英国大学没有形成教育学和教学论学科。[①] 可以看出，美国没有“完整移植”德国赫尔巴特的教育学，而是在科学运动的基础上发展了新的教育科学，即使是从“教学法”可以看到德国传统教学论的影子，但它也未能直接以学科身份生存，也并没有直接转换为美国的教学理论。20世纪60年代以前，美国的教学理论本土生长主要是依附于教育科学研究领域中的课程论，其中，学习心理学是教学理论突显实践性质的主要依据。美国教学理论作为处方式理论的需求实质上渗透和体现了实用主义文化精神。

从时间来划分的话，20世纪60年代尤其是基础教育课程改革可以被看作美国教学理论的第一个重要分界线，在此之前的教学理论研究大多都是在心理学和课程论研究中进行。布鲁纳在美国被公认为是第一个倡导教学理论的学者，他对教学理论的独立做出了突出贡献。1963年，布鲁纳在美国督导和课程编制协会上提到，企图寻找一种学习理论来指导教学是错误的。他认为，不能直接根据学习理论来指导教学实践，而应该根据教学理论来指导教学实践。[②] 布鲁纳同时指出教学理论从本质上说主要是一种规范性的、处方式的理论，尽管它也不排除一定程度上的描述，然而这种描述是规范理论所不可或缺的，它是规范之前所必需的描述。[③] 他在《教学理论探讨》一书中，提出了教学理论的标准、功能和要素，为教学理论作为独立领域的发展奠定了重要基础。之后不断涌现了斯金纳、阿特金森、史密斯、奥苏贝尔、古德曼、乔伊斯、韦尔和布鲁姆等学者，他们对教学理论进行了持续探讨，并促进了教学理论结构的发展。从上述学者的相关研究文献，可以看到他们所倡导的教学理

---

① 丁邦平：《“教学论”与“教学法”的关系探析——（跨文化）比较教学论的视角》，《教育学报》2015年第5期。

② C. H. Patterson, *Foundations for a Theory of Instruction and Educational Psychology*, New York: Harper & Row, 1977, p. 4.

③ 施良方、崔允漷主编：《教学理论：课堂教学的原理、策略与研究》，华东师范大学出版社1999年版，第25页。

论具有鲜明的心理学背景，尤其是对学习心理学的崇尚。这一倾向首先就体现在美国学者对教学理论概念和分类的界定上。布鲁纳认为教学理论应该与学习原则保持一致，且教学理论具有多种形式。同时，他还认为，既然教学是面向完整的学习者，那么，教学理论就需要建立在学习之上，并均衡地对待人的认知、行为、情感等方面。[①] 尽管有学者对于是否存在布鲁纳所呼吁的这种综合学习模式表示质疑，但阿特金森坚信即使没有这种学习模式，教学理论的发展依然可以进行，并且对于形成这种综合学习理论也将有确实的推动作用。理查德·斯诺充分肯定了一般教学理论的可能性，并用"圣杯"一词突显一般教学理论的地位和价值。

丹尼尔·史密斯也认为，教学理论的发展中仍然需要一种综合的、整体的学习模式。他认为理想的教学理论内含了许多学习假设，这些假设需要从综合学习模式中提取，同时这些学习假设将成为基本教学过程的规定性原理。史密斯同时对教学理论概念进行了明确界定：适用于多个学科和多种层次的促进学习的基本处方。其中，学习是指通过信息获取而引起认知、情感和行为改变的过程。史密斯对教学理论进行了分类和定义[②]：（1）微观理论和宏观理论。如教学细节处理方案和教学过程的原理。（2）正式理论、半正式理论和非正式理论。根据理论源于学习原则的直接程度划分，正式教学理论是指直接源于学习原则的理论；非正式教学理论是以教学经验、教学研究或广泛意义的教育哲学为基础；半正式教学理论处于二者之间，但不直接对应学习原则。（3）显性理论和隐性理论。前者对理论本身有明确叙述，后者没有直接采用明确的标题来描述。对于史密斯来说，他更提倡一种正式的微观理论，如前所述，他认为理想的教学理论的规定性原理应该来自综合教学模式中

---

① M. Daniel Smith, "Parameters of a Micro-theory of Instruction", *Instructional Science*, Vol. 11, No. 3, 1982, pp. 249 – 264.

② M. Daniel Smith, "Parameters of a Micro-theory of Instruction", *Instructional Science*, Vol. 11, No. 3, 1982, pp. 249 – 264.

提取的学习假设。史密斯根据上述分类依据进行了例证，他认为加涅关于学习条件的理论属于正式的、隐性的理论，因为该理论直接以其学习原则为基础，虽然他将标题称为学习理论，但提出的是非常明确的教学理论。布鲁姆的掌握学习准则属于非正式的宏观理论。

史密斯关于教学理论及其分类体现了美国教学理论的学习心理学依附和实用主义文化精神，不仅以促进学习直接定义教学理论，同时以学习原则为标准划分教学理论类型，还分析了不同学者所倡导理论的类型归属。这种划分可能会与我们国内的普遍认识产生认知冲突，其合理性可能也会受到质疑，但如果从史密斯自己的定义为逻辑出发点来理解他的理论划分，则会有助于消解这种认知冲突。当然，美国其他学者也并非完全认同史密斯的理解，如帕特森认为教学理论就是将教学的各种问题加以组织、整合并作为指导教学实践的基本体系。[①] 格莱瑟认为，教学理论是一种规范理论，他设定了学习表现的标准，并且指定了满足他们所需的条件。依据这一内涵解释，斯诺认为教学理论的构成包括以下 8 个方面[②]：（1）学习过程的理论或模式；（2）明确规范的教学目的；（3）每个目的的任务分析说明，以展示知识、技能、能力和态度等方面是如何获得的；（4）学习开始时每个学习者初始状态的描述；（5）说明可予接受的教学行动和条件，以便从最初的状态转变为所期望的状态；（6）对替代性教学行动进行重复设计的方法论，以确定哪些是最佳的、最优化的设计；（7）监控程序，用于中途教学行动调整以达到调控质量的目的；（8）评估程序，以确定教学的预期的和非预期的、当前的和长期的多种结果。

20 世纪七八十年代，伴随实用和批判的文化思潮，教学设计

---

① C. H. Patterson, *Foundations for a Theory of Instruction and Educational Psychology*, New York: Harper & Row, 1977, p. 4.

② Richard E. Snow, "Individual Differences and Instructional Theory", *Educational Researcher*, Vol. 6, No. 10, November 1977, pp. 11 – 15.

理论也成为一个新的快速发展的理论领域。这一时期，以加涅的教学事件和系统理论为核心的教学设计模型开始大量涌现，并先后受建构主义学习理论、认知科学和新兴通信技术的影响，这种发展潮流也推动了教学设计在教学理论中的概念明晰和理论应用。①

三 苏联历史文化语境中的教学论

鉴于苏联时期的教学论对世界范围尤其是中国的影响很大，且这一时期的教学论研究成果较为系统和集中，因此这部分的概念释义主要集中在苏联存在时期的教学论研究成果。

（一）词源追溯

教学论的俄语为 дидактика，其词源来自 didasko（希腊语，“教”）。教学既然作为一种有目的的活动，教学活动以及活动中所用的教材和手段必须有科学依据，因而教学论被认为是关于教养和教学的科学。② 由此可以看出，苏联教学论和德国教学论在词源上基本相同，这与俄国自彼得一世开始，从学习波兰转向学习德国有很大渊源，因而德国教育也对俄国产生了很大影响。但苏联并没有因此而全盘复制德国教育学的全部理论体系。1741 年后，伴随自主发展的思想成为主流，苏联的教育教学开始独立探索自己的领域和特色。在苏联，教学论更强调教与学是统一的过程。“作为教学的理论，旨在研究教学的内容、方法和组织形式，主要解决教什么和怎么教的问题，前者涉及教学内容的选择，后者则关注教学的原则、方法、形式、手段和技术。教学论包括一般教学论和分科教学论”。③ 从上述概念分析来看，苏联对教学论的定位相对更为明确，

---

① Klaus Zierer and Norbert M. Seel, “General Didactics and Instructional Design: Eyes Like Twins a Transatlantic Dialogue About Similarities and Differences, About the Past and the Future of Two Sciences of Learning and Teaching”, *SpringerPlus*, Vol1, No. 1, August 2012, p. 15. http://www.springerplus.com/content/1/1/15.

② 北京师联教育科学研究所主编：《理论发展与斯卡特金〈中学教学论〉选读》，中国环境科学出版社 2006 年版，第 63 页。

③ 王长纯：《俄罗斯教学论的系谱研究》，《外国教育研究》2010 年第 10 期。

主要聚焦“教什么”的内容和“怎么教”的方法问题，尤其是关于教养内容（教学内容）的重视是贯穿苏联各流派教学论的一个主线，在乌申斯基、凯洛夫、斯卡特金、巴班斯基等教育家的著作中都有论述。

（二）理论发展中的概念释义

16—17 世纪俄国南部学校的先进教学思想在夸美纽斯的《大教学论》中就有所记载。这也说明了俄国教学论研究和教学实践改革历史与夸美纽斯有密切联系，可能在俄国民族意识中这是自己文化传统的一部分。[①] 俄国教学论产生于 1782—1786 年学校改革期间，随着俄国现代教育制度的开端，教育教学研究摆脱了世俗性质，开始将核心聚焦在教学的形式和方法上，教学方式意味着教师应当根据学习的方法去教授自己的学生。1837 年，奥伯多夫斯基出版的《教学论指南：教学的科学》被看作俄国的第一本教学论专著，奥伯多夫斯基第一次对教学论问题作了比较清晰的阐述，他揭示了教学论作为理论的基本性质，并在绪论中就明确指出：“所有类型的教学都有一些共同的规律，教学最好的手段就是服从可靠和坚实的规则。由此可以编制教学理论（教学论），教学艺术便是实践这种理论所需要的方式……而精通理论必须有更多的实践。”[②]《教学论指南：教学的科学》尽管对夸美纽斯、裴斯泰洛齐、尼梅耶尔的理论进行了阐释，也显现了德国教学论的影子，但仍然突显了本土教学论的独特性，因此被认为是俄国教学论成为独立学科的标志。

苏联教育家达尼洛夫和叶希波夫承认并指出，19 世纪末和 20 世纪初，德国和苏联部分专著或教材对教学论的概念理解都不尽相同，或把教学论称为教育理论，或称为教学理论，也有学者认为教学论是教养和教学的理论。这主要源于教学论还并没有被普遍认可

---

① 娜斯佳：《近 20 年俄罗斯教学论研究和教学实践改革》，博士学位论文，哈尔滨师范大学，2012 年，第 13 页。

② 王长纯：《俄罗斯教学论的系谱研究》，《外国教育研究》2010 年第 10 期。

为一门独立科学，只是教育科学或教育学的一部分。[①] 从这段描述可以看出，俄国教学论在发展为成熟学科之前，其概念和定位并不统一，教学论作为学科和教育理论、教学理论的界限并不明晰。在学科后续发展过程中，乌申斯基特别强调教育理论应该具有"民族性"，他指出盲目地抄袭别国的教育理论和搬用别国的教育制度是不可取的，主张创建教育理论要表现出俄罗斯民族的力量。[②] 这种民族力量实质上渗透了感性层面的斯拉夫民族的自然观念、道德观念和理性层面的观念和自我超越的"双蛋黄式"的文化内核。[③] 乌申斯基认为教学论是教育学课程的"一半"和"教学的科学"，他对教学论的一般原理、教学论的心理学基础、教学原则、教学方法和教育性教学等教学论问题进行了深刻的阐述，这也标志着苏联教学理论进入成熟阶段。乌申斯基在俄国教育界的影响很大，甚至在马克思主义以前的所有教学理论家中，与夸美纽斯齐名。他不仅提出并在高度的理论水平上解决了许多教学理论的最基本问题，而且还在当时的教科书《祖国语言》和《儿童世界》中运用了教学论领域中的科学原理。[④]

20 世纪 20 年代苏联教学论主要集中关注规定教养内容的"综合教学大纲"问题和规定教学方法的"研究法"（探索法）问题，[⑤] 思维方式上倾向于理性主义，注重逻辑演绎。30 年代到 50 年代之间，教学论主要围绕教养内容的理论、教学计划和教学大纲编制、教学组织形式、教师主导作用的论证、教学方法的完善等方面展开研究。这一时期，对教学论发展贡献最大的是凯洛夫，他在借鉴赫

---

① ［苏］达尼洛夫、叶希波夫编著：《教学论》，北京师范大学外语系 1955 级学生译，人民教育出版社 1961 年版，第 1—3 页。

② 顾明远主编：《中国教育大百科全书（第 3 卷）》，上海教育出版社 2012 年版，第 1840 页。

③ 江华：《文化哲学与文化建设》，国家行政学院出版社 2015 年版，第 210 页。

④ ［苏］洛尔德基帕尼泽：《乌申斯基教育学说》，范云门、何寒梅译，江苏教育出版社 1987 年版，第 185 页。

⑤ 杜殿坤主编：《原苏联教学论流派研究》，陕西人民教育出版社 1993 年版，第 4 页。

尔巴特教学论并继承乌申斯基教学思想的基础上，对教学论学科建设深入推进，使苏联教学论在世界尤其是在中国引起了很大反响。凯洛夫在《教育学》中第二编对教学论进行了论述，他指出教学论所要研究的问题有："关于教学过程的本质及实施教学时所依托的原则，关于教学的内容、方法及其组织形式。"①

20 世纪 50 年代是苏联传统教学论和现代教学论分化与论争的一个重要分界线。主要分界的标准一是儿童研究，二是方法论，其标志性事件是 1956 年《苏维埃教育学》第 8 期和第 9 期分别刊发了《全面深入地研究儿童》《克服个人迷信在教育学中的后果》，至此开启了教育学和教学论将儿童作为首要研究对象，改变纯思辨研究，加强多学科尤其是运用心理学的研究方法深入推进教育教学实验的现代教学论时代，由此也引发了持续十余年的教学与发展关系大辩论。"掌握知识和技能"与"发展个性"是这一时期讨论的主要焦点，也被后人认为是传统教学论和现代教学论的主要分歧所在。维果斯基、达尼洛夫、赞科夫、斯卡特金、加里培林、苏霍姆林斯基、巴班斯基等学者对此都进行了深入研究。其中部分学者围绕传统教学论忽视儿童为主要聚焦点，对从乌申斯基到凯洛夫为代表的传统教学论思想进行抨击，同时也展开了"教学与发展""智力加速器计划"等实验研究，目的在于寻求可促进学生知识和智能发展的有效途径。② 以赞科夫、艾里康宁、达维多夫等人为代表的发展教学论吸收了维果斯基的心理学理论，认为教学应该走在发展的前面，以最好的教学效果，促进学生的一般发展，至此也为持续多年的"教学与发展"关系争论画上了句号。赞科夫在《教学与发展》中指出，教学论的原则和原理是一种抽象的水平，并不是由此水平就可直接转向教师的日常工作，而只有教学法才会把教学论

① ［苏］凯洛夫：《教育学》（上），沈颖等译，新华书店 1950 年版，第 73 页。

② 北京师联教育科学研究所主编：《理论发展与斯卡特金〈中学教学论〉选读》，中国环境科学出版社 2006 年版，第 12 页。

的内容传递给教师和儿童。[1] 巴班斯基接受了赞科夫的部分观点，认为培养全面发展的人是综合地完成教养、教育和发展任务的教学方向性原则的基础。他指出"科学的教学论应建立在研究教学实践及其改造的基础上，这是无可争论的真理"[2]，强调教学论应该致力于寻求教学的方向性原则，即最优化原则。同时，他还强调教学论能够明确教学方法、教学手段和教学效率之间有规律的联系：教学的效率有规律地依存于各种教授方法、激励方法和检查方法的最优结合方案。他主张把教学论研究的教学目的、任务、形式、内容、方法和原则等，用系统论的观点统一加以考察，以探索使教学过程最优化的途径。巴班斯基教学过程最优化原理是：既保证有最大的教学效果，又不致造成师生负担过重，使每个学生在某一时期根据提出的任务尽最大可能达到教养、教学和发展的最高水平。[3] 此后，教学论研究越来越多地从系统论的观点出发，把教养内容和教学过程看成统一的整体。

20 世纪 60 年代中期，马赫穆托夫、列尔涅尔、斯卡特金等人创立了问题解决取向的教学理论。[4] 斯卡特金在其《现代教学论问题》中指出："教学论应当用教育学的观点周密地研究社会发展的趋势，并在这种研究基础上决定对年轻一代教育和教学的未来要求。教学论正是要以这些未来要求为指针确定学校教学的目的、内容、方法和组织。"[5] 斯卡特金对教学内容、教学大纲、教学原则、教学手段等基本概念进行了科学阐述，对教学实践中专题性问题也有独树一帜的见解，尤其对教学过程的讨论十分深刻，从而完善了

---

① ［苏］赞科夫编：《教学与发展》，杜殿坤等译，文化教育出版社 1980 年版，第 372 页。

② ［苏］巴班斯基：《教学教育过程最优化》，吴文侃译，教育科学出版社 2001 年版，第 2 页。

③ 北京师联教育科学研究所主编：《理论发展与斯卡特金〈中学教学论〉选读》，中国环境科学出版社 2006 年版，第 14 页。

④ 王长纯：《俄罗斯教学论的系谱研究》，《外国教育研究》2010 年第 10 期。

⑤ ［苏］斯卡特金：《现代教学论问题》，张天恩译，教育科学出版社 1982 年版，第 1 页。

教学论逻辑的整体性。[①] 达尼洛夫、叶希波夫认为教学论是教养和教学的理论，他们在《教学论》中强调"教学论所研究的教育问题，仅限于那些自然地交织在教学当中的教育问题。研究教学论的主要目的，是要阐明有效的教学规律，以保证学生自觉地和巩固地掌握系统的知识、技能和技巧。"[②] 巴拉诺夫也认同达尼洛夫、叶希波夫对教学论的概念界定，他在《教育学》中指出，"教学论要揭示学生学习和教师教学工作的规律性，确定和说明教学过程的本质、原则、内容、方法和组织"[③]。从这个表述中，可以看出，达尼洛夫、叶希波夫、厄拉诺夫以及凯洛夫、休金娜等众多苏联教育家关于教学论研究，深受第斯多惠关于教学论是"教学的一般规律和规则的科学"的影响，并在研究内容上相对更为具体。斯卡特金也同样明确指出了教学论的学科定位：教学论研究教学以及通过教学所要传授的教养内容。在教育学发展的进程中，教学论的比重越来越大，已经达到了相对独立的教育科学学科的地位。[④] 在斯卡特金看来，教学论对教学的关注不是封闭式的，教学论的使命同教育学一样，需要在培养人的视角去研究教学问题，并且还要影响教学实践，提供科学依据。苏联时期，并不是所有学者都完全遵从教学论是教养和教学的理论，如勃列诺夫认为教学论是研究教与学之间关系的科学，盖尔顺斯基强调教学论是研究教学活动，是有关教学内容、教学形式、手段、方法的理论。[⑤] 尽管苏霍姆林斯基没有直接给出教学论的概念，但他关于全面和谐发展的教学论思想在其著作和实践中都得到了充分展现。苏霍姆林斯基认为在教学过程中关键

---

① 娜斯佳：《近20年俄罗斯教学论研究和教学实践改革》，博士学位论文，哈尔滨师范大学，2012年，第2页。

② ［苏］达尼洛夫、叶希波夫编著：《教学论》，北京师范大学外语系1955级学生译，人民教育出版社1961年版，第1—3页。

③ ［苏］巴拉诺夫等编著：《教育学》，陈历荣等译，青海人民出版社1985年版，第77页。

④ 北京师联教育科学研究所主编：《理论发展与斯卡特金〈中学教学论〉选读》，中国环境科学出版社2006年版，第65页。

⑤ 杨小微主编：《现代教学论》，山西教育出版社2004年版，第4页。

要解决好“教学—教育”“教学—发展”这两对关系，如此完成教学的目的和学生发展的核心任务。

20世纪70年代后，赞科夫的发展性教学论不断得到达维多夫等学者的完善，形成了较为完整的理论体系，并在苏联的教育界影响最为持久。此外，“合作教育学”的教学论对于处理师生关系、教学和情感培养的整体性问题进行了系统研究和论述。休金娜的教学论研究也得到了中国学界的认同，“教学是双边活动”的论述就是其中的典型代表。随着理论研究的不断深入和思想观念的不断碰撞，现代俄罗斯教学论形成了包括7个分支和10个范畴的新的基本结构，其中7个分支包括：（1）教养和教学内容问题、教学计划、教学大纲；（2）教学过程；（3）教学规律和教学原则；（4）教学方法和手段；（5）教学组织形式；（6）对教学结果的检查；（7）教学技术和教学体系。教学论的10个范畴也同样体现了俄罗斯教学论中占重要地位的概念：教养、教学、教授、学习、教学原则、教学法则、知识、教学形式、教学技术、教学论系统。[①]

四　日本历史文化语境中的教授学

（一）词源追溯

“教学”的日语为“授业”或“教授”。“教授学”“教授法”就是日文表达，又称“授业学”“授业理论”。[②]“教授学”是对德国教学论术语“Didaktik”的日文翻译，本意是指“讲授的艺术”。日本尽管在术语名称上移借了汉字“教授”和“授业”，但作为学科的“教授学”或“授业学”内容体系则是借鉴了德国教学论，并通过推动日本的赫尔巴特学派的形成与发展，促进了日本教授学

① 王长纯：《俄罗斯教学论的系谱研究》，《外国教育研究》2010年第10期。

② 在日本，教授学和授业学存在等同的说法，Didaktik在日本被译为教授学、授业学或授业研究。笔者曾在2017年第三届教师教育峰会上向日本学者佐藤学请教确认。佐藤正夫在《教学原理》一书中澄清了二者的区别，即授业学除了一般教授学外，还包括各科教学法；教授学是指一般教授学或一般授业论。参见［日］佐藤正夫《教学原理》，钟启泉译，教育科学出版社2001年版，第42—43页。

学科的独立。《日本大百科全书》对“教授学”的解释是：“教授学”是教育学的一个重要分支，是一门针对教学过程中“教”和“学”的双重行为和条件及其环节中出现的问题进行研究的学科。“教授学”与“教授法”内涵不同，“教授学”更关注“教”和“学”的双重内容，且对于“学”的研究已成为日本教学论研究领域的重要转向和研究特色。“教授法”则是关于“如何教书”的一般方法和手段。衡量“教授法”的标准为是否唤起和促进儿童的学习。“教授法”的终极目的是没有方法。“教授法”有广义和狭义之分，广义教授法指的是整体的进步，包括教授的目标和学习过程；狭义的教授法是贯穿在教学过程中所使用的活动方式，既有个别的教授法或团体的教授法，也有教师教学活动的方式（讲解、说明、示范、提问、赞赏），还有学生的学习活动方式（实践、话语、作文、观察、听力、阅读）和师生交流、对话的方式。[①] 中国在20世纪20年代之前的“教授法”“教授术”或“教授学”的概念和体系是从日本借鉴而来。20世纪30年代，夸美纽斯《大教授学》的书名翻译就是受日本术语表达的影响。

（二）理论发展中的概念释义

日本从1872年正式创立近代学校教育制度，开启了“西学之路”，早期是全面吸收德国教育学，到20世纪20年代后开始对美国教育学借鉴，这个过程同时渗透了日本文化精神的批判性。与教学论“西学”相伴随的日本文化也由儒学文化发展为多元复合文化，进而在回应和解决“欧—亚”二元文化冲突的过程中，逐渐形成了“和合”的文化选择。在思维倾向上体现为民族性和批判性，在学术研究上体现为追求新科学的文化统合、知识的脉络化与整体化、人性化以及对话性等[②]，这种思维倾向与范式转化也相应地影

① 教授法：《日本大百科全书解说》，https：//kotobank. jp/word/% E6% 95% 99% E6% 8E% 88% E6% B3% 95 – 52710 # E3. 83. 87. E3. 82. B8. E3. 82. BF. E3. 83. AB. E5. A4. A7. E8. BE. 9E. E6. B3. 89，2017 – 8 – 15。

② 娜仁高娃：《日本教育学研究的历史嬗变与发展走向》，《日本问题研究》2017年第2期。

响了日本教授学的研究。

日本教学论“西学”过程中，夸美纽斯、赫尔巴特、第斯多惠、裴斯泰洛齐等人的学说都产生了广泛影响。1887年后日本相继派遣大批留学生赴德，这些学者回国后推进了日本的赫尔巴特运动，甚至形成了“尤为风靡一时，当时几有不通其说，不能为教育家之现象。”[①] 日本在“西学”的基础上同时注重本土化处理，1890年《教育敕语》的颁布，标志着日本教育走上了独特的日本化道路。这一时期涌现了大批教学论研究成果，如日本学者真田幸宪的《近世教育之母科迈纽斯传》、汤本武比古的《教授学》、长谷川乙彦的《教授原理》、富永岩太郎的《大教授法》、槙山荣次的《新说教授学》、木村忠治郎的《小学教授法要义》、太濑甚太郎的《最新教授法教科书》、大濑甚太郎与中川延治合著的《教授法沿革史》、杉山富槌编述的《心理的教授原则》等。[②] 日本最初的“教授学”的理论内容基本是从赫尔巴特理论直接学习而来。汤本武比古是明治大正期的教育家，他在明治22年留学德国，其《教授学》对于赫尔巴特教育学在日本的传播具有重要作用。汤本武比古曾在《教授学》中以五章的篇幅详细加以介绍和论述，声言“此公共之规则也，故不问何项教授，皆当实践之”[③]。从他所著的《教授学》目录中就可以看出赫尔巴特学说的渗透和影响：1—2章是概述性的原理（小学校教师；教授通义），3—4章是教学的心理学基础（兴味；类化），5—7章是教学材料选择与组织（教授材料之选择及参互；教授之统合；教授材料之处置法），8—13章是五段教学方法（第一形式阶段即预备；第二形式阶段即授与；第三形式阶段即联合；第四形式阶段即结合；第五形式阶段即应用），14

---

① 周谷平：《近代西方教育理论在中国的传播》，广东教育出版社1996年版，第26页。

② 卓杰、王续琨：《教学论在中国：称谓演变和学科体系演进》，《高等教育研究》2017年第5期。

③ ［日］汤本武比古：《教授学》，《教育世界》1901年10—11月，第12、13、14号，转引自张奠宙、于波《数学教育的中国道路》，上海教育出版社2013年版，第35页。

章教学原则（教授原则）。附录，各科教授案。补录，孔子五段教授法。①

日本“教授学”是对教学过程的研究，是对教授和学习的内容、方法和实践方向的理论探索。主要研究内容包括：（1）形成人的素质和能力的教授目标问题；（2）选择和安排任何教授的内容或材料来达到目的的教材问题；（3）如何根据学习过程在不同情境下推进教授的教学方法问题；（4）如何有效地使用黑板和研究笔记的教学工具和学习工具问题；（5）在学习过程中学习评价及其使用问题。② 日本教育家广冈亮藏认为，教学论研究的是“教学过程最优化”。③ 日本学者东洋在《教学论的构想》一文中提出：“教学论是研究最优教学法的科学。”在东洋看来，最优化的教学方法存在艺术性和个性化性质，但也同时具有技术化性质，教学论研究者的任务就是要“判断出教学方法有哪些部分是能够加以分析说明并使之技术化，然后以此为线索再去逐渐扩大这些足以构成人类共同财富的技术化部分的比率”。④ 佐藤正夫认为教学论是“对教学的组织及其改进的科学基础理论”⑤。他在《教授学原论》⑥ 一书中对教学论的基本理论问题进行了系统阐述。其章节目录是佐藤正夫根据教学论发展的历史和教学论的课题进行的概括和展示，也间接体现了日本教学论学科理论体系的基本框架：第一章，教学论的概念与教

① 周谷平：《近代西方教育理论在中国的传播》，广东教育出版社 1996 年版，第 73 页。

② 教授学：《日本大百科全书》，https：//kotobank. jp/word/% E6% 95% 99% E6% 8E% 88% E5% AD% A6 - 52705，2017 - 8 - 15。

③ 李定仁、徐继存主编：《教学论研究二十年（1979 ~ 1999）》，人民教育出版社 2001 年版，第 24 页。

④ ［日］大河内一男等：《教育学的理论问题》，曲程、迟凤年译，教育科学出版社 1984 年版，第 96—113 页。

⑤ ［日］佐藤正夫：《教学原理》，钟启泉译，教育科学出版社 2001 年版，第 476 页。

⑥ 佐藤正夫：近代における教授学の形成とその発展．『教育学研究』，1975，42（3）：179 - 189. https：//www. jstage. jst. go. jp/article/kyoiku1932/42/3/42 _ 3 _ 179/_ pdf/ - char/ja，2018 - 3 - 10；细谷俊夫：佐藤正夫著『教授学原論』，https：//www. jstage. jst. go. jp/article/nasemjournal/13/0/13_ KJ00006622089/_ pdf/ - char/ja，2018 - 3 - 10。根据佐藤正夫的研究论文和原著网址确认《教授学原論》是其原本日文书名，钟启泉教授将其译为《教学原理》。

学的意义及课题；第二章，教学内容；第三章，教学过程；第四章，教学方法；第五章，教学中的教育；第六章，教学组织。佐藤正夫指出，“教学论必须揭示教学的教育意义，必须把教学与教育紧密结合起来”，“教学论应当包含教养理论与教学理论”，[①] 对教养内容的重视可以从佐藤正夫对第二章的篇幅安排得以体现，在这一章中，他先详述了构成教学内容各门学科的历史形成过程，然后论述了教养内容的选择与组织化问题。

尽管日本在早期对赫尔巴特教学论的崇尚具有强大的辐射力，但日本教学论并不是停留在译介和传播层面，教学论研究过程中，教授和学习被认为是教育过程的中心，教授学作为教育学的一个重要领域，必须关注心理学和学习研究的重要性与必要性。1959 年成立日本教授学习心理学会就是重要的学术研究团体，主要开展教学和学习活动的研究。20 世纪 90 年代后，在日本教学论界，教学研究或教学论研究的著述多以某一侧面或要素的专题展开，相对缺少系统的基本理论阐述。佐藤正夫在《教授学原论》一书的序言中表述了日本教学论学界的这种局限，钟启泉教授在译后记中也指出“日本学术界关于教学论专题性的论著可谓卷帙浩繁，但冠以《教学原理》（《教授学原论》）全面论述教学论基本问题的专著，却非常罕见”[②]。随着日本的“教授学”研究逐渐由教授的技术转向学习的研究，学习理论、学力论、学习共同体逐渐占据日本教学研究的主导地位。中国对日本教学理论的关注和介绍，主要有两个时期，第一个时期是在 20 世纪 20 年代之前，中国通过翻译日文传播西方先进教育理论，由此引入了“教授学”“教授法”。第二个时期是在改革开放后的 80 年代，日本教育教学理论再次被关注和译介，并在翻译用语上，用“教学论”或“教学理论”“教学原理”等代替了“教授学”。

---

① ［日］佐藤正夫：《教学原理》，钟启泉译，教育科学出版社 2001 年版，第 41—42 页。

② ［日］佐藤正夫：《教学原理》，钟启泉译，教育科学出版社 2001 年版，第 485 页。

五　中国历史文化语境中的教学理论

在中国，“教学理论”或“教学论”还没有被正式借鉴和使用之前，由于不同历史时期对教学的理解不同，因而关于教学问题的研究或描述有多种表达，但都渗透了传统文化中伦理本位的精神和中庸的思维态度和方式，并在教育中体现出人生—伦理的价值取向，相应地在研究上倾向于经验描述和思想归纳，而缺乏逻辑推理论证和理论概括。[①] 但随着西学的推进，外来文化的强势话语体系进入，多元文化和科学理性精神得到提升的同时，对伦理的、人生的精神关怀也或多或少地受到批判和舍弃，教育学和教学理论的民族性格与文化根基也相应被削弱。

（一）词源追溯

中国古代社会“教”源于“学”，如“斅学半”，“教学相长”，以及中国最早的教育论著以《学记》为题名。19 世纪末 20 世纪初，“西学”运动开始兴起，班级授课制在新式学校数量剧增的背景下开始普及，但随之而来的教师教学问题也同时突显出来。1901 年罗振玉和王国维创办了中国第一份专业教育期刊《教育世界》，开启了学界对日文教育著作的译介。该刊在 11—12 月连载了汤本武比古的《教授学》，被认为是“从国外导入中国的第一本教学论教材”。[②] 日本的“教授学”和“教授法”更多的是对赫尔巴特教学论的借鉴，由此赫尔巴特的“五段教授法”以及德国教学论思想也就间接被引入中国。“教授法”“教授学”一词随之逐渐成为教学研究领域的主题和主要语义。1912 年颁布的《师范学校规程》和 1913 年颁布的《高等师范学校规程》都规定教育学科包含“教授法”。[③] 这个时期也出现了自编教授法教材，如朱孔文 1903 年

① 石中英：《教育学的文化性格》，山西教育出版社 1992 年版，第 288—290 页。

② 周谷平：《近代西方教育理论在中国的传播》，广东教育出版社 1996 年版，第 8 页。

③ 施良方、崔允漷主编：《教学理论：课堂教学的原理、策略与研究》，华东师范大学出版社 1999 年版，第 5 页。

编《教授法通论》、商务印书馆编译所1913年编《教授法原理》、蒋维乔1916年编《教授法讲义》等。[①] 这一时期对“教授法”的理论叙述，借鉴日本教授学的内容较多。陶行知1917年从美国学成回国后，批判当时的学校更像“教校”，指出“先生的责任不在教，而在教学，教学生学”，他极力主张把“教授”改为“教学”，“教授法”改为“教学法”。20世纪20年代到40年代的译著或自编教材大多都采用了“教学法”的命名，也有个别采用“教学通论”“教学原理”的标题。如朱鼎元1929年编《现代小学教学法纲要》、罗廷光1930年编著《普通教学法》、赵廷为1933年编《小学教学法通论》等。[②]

“教授学”“教授法”和“教学法”，可以看作“教学论”和“教学理论”的雏形，前两者经由日本更多地融入了夸美纽斯和赫尔巴特的理论，其通论、原理性质更为突出，即使是后来中国学者独立翻译欧美原著，仍受日本概念表达的影响，如夸美纽斯《大教学论》在1939年商务印书馆版本的译名为《大教授学》，1957年人民教育出版社版本的译名又改为《大教学论》[③]。中国很多学者在其著作中也都采用了“教学论又译教授学，源于拉丁语didactica”的表达。“教学法”相对来说，以重“方法”为特色，也渗透了原理性质和学科各论色彩，这就是在很长一段时间内，还有人将教学论、教学理论或教学原理称为教学法，将学科教学论称为学科教学法的原因之一。

中华人民共和国成立后，以凯洛夫《教育学》为代表的苏联教学论被借鉴初期，对于俄语“дидактика”的翻译表达就已经存在

① 叶澜主编：《二十一世纪中国社会科学（教育学卷）》，上海人民出版社2005年版，第196页。

② 叶澜主编：《二十一世纪中国社会科学（教育学卷）》，上海人民出版社2005年版，第202页。

③ 也有学者将《大教学论》翻译为《大教学法》，如贾馥茗：《西方教育名著述要》，世界图书出版公司北京公司2007年版；雷立柏：《西方经典英汉提要》，世界图书出版公司北京公司2012年版。

争论。1950 年沈颖、南致善等译，新华书店出版的凯洛夫《教育学》中第二编的标题是“教学理论（教学法）”，但 1953 年机械工业出版社出版相同译者的凯洛夫《教育学》中第二编标题是“教学理论（教学论）”。对标题术语的翻译看似是细节的微小差异，但由于凯洛夫《教育学》在中国的影响范围甚大，所以对国内教学论学界的概念认识必然带来了比较普遍的偏差。尽管后来用“教学论”的术语逐渐代替了“教学法”，使单纯作为“教学的方法”的狭义认识逐渐被弃用，但也为“教学论即教学理论”，以及苏联教学论与后来美国语境中的“Theory of Instruction”被认为是对等词汇埋下了伏笔。改革开放后，中国对美国教育理论再次借鉴，教学理论在美国作为独立研究领域已经兴起并受到了广泛关注。布鲁纳认为“一个教学理论实际上就是关于怎样利用各种手段帮助人成长和发展的理论”[①]，是一种处方式和规范性的理论。这种界定与源于德国和苏联的“教学论”都是对“教学问题”的探讨，但又明显具有时代精神的实用主义“直白”理论描述，很快在中国产生了共鸣和认同感，符合改革开放后教育教学理论“急需复兴”和“弥补鸿沟”的时代要求。“Theory of Instruction”“Instructional Theory”被翻译为“教学理论”很快被接受和使用，并在英汉互翻过程中将这三个术语表达进行等同。但实际上如前所述，“Theory of Instruction”和“Theory of Teaching”的含义也并不完全相同，且美国更多地用前者来指代独立研究领域的教学理论。此外，中国普遍认同德国赫尔巴特《普通教育学》对于教学论学科发展成熟的特殊意义，但在翻译“Pedagogy”一词时认为其指称的“教育学”并不具有“Education”的全部含义，因而将“Pedagogy”也译为“教学理论”。[②]

至此，“教学理论”与汉语中的“教授法”“教授学”“教学

① ［美］布鲁纳：《布鲁纳教育论著选》，邵瑞珍等译，人民教育出版社 1989 年版，第 94 页。

② 施良方、崔允漷主编：《教学理论：课堂教学的原理、策略与研究》，华东师范大学出版社 1999 年版，第 37 页。

法”“教学原理”和“教学论”有了词源联系，但也同时存在概念使用困扰的尴尬。“教学理论”和“教学论”与英语“Theory of Instruction”“Theory of Teaching”，俄语“дидактика”以及德语“Didaktik”“Pedagogy”经常被作为对等词汇，尤其近年来在英语作为第二主导语言普及的情况下，“教学论”和“教学理论”都被不加区分地翻译为“Theory of Instruction”“Theory of Teaching”，绪论部分对此已有例证列出。

在中国，源于不同历史文化语境的“Theory of Instruction”“Didaktik”或“дидактика”在没有经过严谨的话语体系分析情况下，被视为等同概念。教学理论被认为是“关于教学的理论，教学理论可以简称为教学论。”[①] 尽管只有一字之差，但二者的文化语境、话语体系和研究范式不同。当然，我们并不是“自寻烦恼”，刻意在文字上划分教学论和教学理论的界限，将二者置于“分歧”状态，只是强调概念在一个理论体系中的重要性。因为无论从研究者的主观愿景，还是理论发展的客观需求，我们都希望建立一个统一共识的概念，以避免概念纷杂而影响理论的健康发展。如果我们在借鉴英美教学理论和德国教学论时，基于本土民族文化进行过恰当的概念及其内涵的本土化处理的话，这样的等同或混同就不会或者很少会引起后续“不能自圆其说”的概念体系混乱。近年来，已经有丁邦平、王飞等学者开始关注并反思二者概念的差异，这为重审中国教学理论的理论体系和教学论的学科逻辑提供了非常关键的研究基础。

（二）理论发展中的概念释义

鉴于本部分是要呈现中国历史文化语境中“教学理论”的概念解释，因此主要考察中华人民共和国成立以来学界对“教学论”“教学理论”有独立本土概念解释之后的理论发展时期，当然这不

① 孟庆男：《当代教学理论：概念、问题与原理》，东北师范大学出版社2006年版，第15页。

否认在此之前中国教学经验和教学思想，以及词源追溯部分“教授学”“教授法”“教学法”等独立著作存在的客观事实①。同时也要说明两点，一是为了突出概念“本土化”，主要选择中国学者的独立论著和发表的论文，不包括译著。二是为了还原概念“本土化”处理后的实然释义，“教学理论”和“教学论”暂不做区分和筛选。

中华人民共和国成立后，尽管“教学论”概念术语已经从苏联教学论学习获取，但大多以直接翻译式存在于译著中。本土的教学论研究往往体现在国外教学论思想学习结果的同时，提出一些教学论中国化的理解，来开启自己的教学理论研究。这个时期仍有部分著作继续沿用“教学法”命名，如傅统先的《教学方法讲话》、陈元晖的《教学法原理》、车文博的《教学原则浅说》。② 这也反映了“教学法”词源和理论雏形的影响。如果说，中华人民共和国成立后全面学习苏联是教学论研究的“学语”，那么随后的“教育大革命”和“文化大革命”则导致了教学论的“失语”。③ 改革开放后，教育教学在改革实践和理论研究方面都开始走上“复兴”之路，尤其是从80年代开始，大量的教育教学改革与实验的开展，美国教学理论和苏联60年代后的现代教学论引进，高师院校普遍开设教学论课程，中国本土化的理论研究成果也不断涌现，教学论逐渐成长为独立的分支学科。最为关键的是，1983年国务院学位委员会颁布《高等学校和科研机构授予博士和硕士学位的学科、专业目录(试行草案)》，将“教学论”列为教育学一级学科下的二级学科、专业。1985年全国教学论专业委员会的成立和硕士点、博士点的设立，正式“亮明”了教学论的独立学科身份。教学论的界定也相应

---

① 此部分信息可从叶澜主编的《二十一世纪中国社会科学（教育学卷）》获取。

② 叶澜主编：《二十一世纪中国社会科学（教育学卷）》，上海人民出版社2005年版，第206页。

③ 叶澜主编：《二十一世纪中国社会科学（教育学卷）》，上海人民出版社2005年版，第205页。

地从教育学的一个组成部分转向了独立学科的概念描述，但是受前期大量借鉴美国、苏联、德国和日本教学论研究成果的影响，不同语种的词源和词义的概念术语都被画上等同状态，源于德国话语的教学论和源于英美话语的教学理论的混同表达也就此开始。如游正伦1982年编著的《教学论》中的描述是“教学论又译教授学（Teaching theory），源于拉丁语didactica，意思是‘教授术’”。[①] 钟启泉1988年编译的《现代教学论发展》也有类似表述：“教学论又译作教授学（Didaktik，teaching theory）。德语中的Didaktik，源出于拉丁语，意思是‘教授之技术’（或曰‘教授术’）。”[②] 王策三1985年著的《教学论稿》中的表述是：“教学论，或教学理论，英语为didactics（又称‘theory of instruction’），俄语为‘дидактика’；均来源于希腊文δυδατυco，即‘我教’的意思”。[③] 这句话在脚注中标注了其源于凯洛夫《教育学》的出处（事实上只有后半句是凯洛夫的原文表达，凯洛夫并没有将俄语“дидактика”与英语“theory of instruction”相对应），此后很多学者大多采用了这样的术语解释。但是，上述表述中存在三个隐性的不严谨表达：第一，“didactics”在英语中很少被使用，甚至有学者指出这一词汇在英语国家的教育领域中已经消失。[④] 与之相似，“didactica”是拉丁语，德国教育家拉特克最早使用，夸美纽斯也用其作为《大教学论》书名。第二，“didactics”不能又称“theory of instruction”，二者不是对应词汇，它们有不同渊源也有不同话语体系，且英美也承认自己学界没有“didactics”或“didaktik”。第三，“didactics”更多的是在德国本土使用。且“didactics”或“didaktik”在严格意义上来说是一个合成词，有着希腊语和拉丁语的共同来源，它的直接

---

① 游正伦编著：《教学论》，教育科学出版社1982年版，第1页。

② 钟启泉编译：《现代教学论发展》，教育科学出版社1988年版，编译前言。

③ 王策三：《教学论稿》，人民教育出版社1985年版，第1页。

④ Kurt Riquarts and Stefan Hopmann，“Starting a Dialogue：Issues in a Beginning Conversation Between Didaktik and the Curriculum Traditions”，*Journal of Curriculum Studies*，Vol. 27，No. 1，January 1995，pp. 3－12.

含义是“教的艺术”。[①] 在中国一般被译为“教学论”。上述分析表明，中国教学论在学科起步阶段，对教学论概念术语的翻译表述不够严谨规范（这也受苏联教学论概念界定争议的影响，达尼洛夫就此现象有过陈述，详见此章苏联部分），在词源考察上不够清晰明确，从而给概念认识带来了偏差和误导。同时学者们对美国教学理论的话语体系考察不够深入，不仅出现概念的普遍混同，还出现了学科理论体系拼接的现象，从而出现“既是这样，也是那样”、内涵和外延不够清晰、体系庞杂不能融合、范畴和边界模糊的理论发展困境。

20世纪80年代，以“教学理论”命名的著作多以探讨教学原理、原则和方法的研究内容为主，且数量较少。以“教学论”命名的论著在数量上逐年增多，在沿用苏联教学论学科理论体系的基础上，积极探索中国教学论学科理论体系建设的倾向较为明显，这也体现了中国学科建设和发展的需求。在教学论的学术著作中的“教学理论”主要出现在两种语境中，一种是“教学论即教学理论”，另一种“在教学理论上，加强了教学的心理学研究”[②]。后一种是将“教学理论”指向教学的理论研究或教学问题的研究；前一种是将教学论和教学理论都看作“研究教学一般规律的学科”。如游正伦编著的《教学论》认为“教学论是研究教学一般理论的一门科学”。董远骞等认为教学论是“研究教学过程的规律及其应用的科学”。[③] 王策三在《教学论稿》中认为“教学论不是具体学科的教

---

① 克罗恩在《教学论基础》中罗列了“didaktik”的希腊语和拉丁语词源。拉特克是最早倡导教学论的德国教育家，用“didactica”称自己的新教学技术，因此国内外学者也都共同认为“didactica”是“didaktik”的拉丁文。参见施良方、崔允漷主编《教学理论：课堂教学的原理、策略与研究》，华东师范大学出版社1999年版，第32页；Kurt Riquarts and Stefan Hopmann, “Starting a Dialogue: Issues in a Beginning Conversation Between Didaktik and the Curriculum Traditions”, *Journal of Curriculum Studies*, Vol. 27, No. 1, January 1995, pp. 3 – 12.; Pertti Kansanen, “The Deutsche Didaktik and the American Research on Teaching”, *TNTEE Publications*, Vol. 2, No. 1, 1999, pp. 21 – 35.

② 游正伦编著：《教学论》，教育科学出版社1982年版，第1页。

③ 董远骞等：《教学论》，浙江教育出版社1984年版，第3页。

学法，也不是具体的教学方法，它是关于教学的一般原理”，“教学论是一门科学，是研究教学一般规律的理论学科”[①]。由于这一论述得到了较多的认同，此后很多学者的教学论著作均采纳了这种表述。同时，王策三教授提出的“教学论科学化”也成为引领后续本土教学论研究的一个核心主题。关甦霞在《教学论》中解释了夸美纽斯《大教学论》和赫尔巴特《普通教育学》属于广义的教学论，而我们所说的教学论学科的研究对象应该既包括“教”，也包括“学”，同时研究“教”和“学”的一般规律。[②]彭永渭的《教学论新》、吴杰的《教学论——教学理论的历史发展》、陈光莲的《教学论概说》、钟启泉的《现代教学论发展》一致认为教学论是研究“教学的一般规律的学科”或“教学过程的规律的一门学科”。相比这一时期的其他教学论著作中将课程论与教学内容合并为一章来呈现，吴杰的《教学论——教学理论的历史发展》中课程论内容篇幅有明显增加，设为一编四章。

20世纪90年代以来，随着教学论学科建设进一步向成熟推进，理论研究进一步向深化推进，学者们对教学论、教学理论和课程论的认识开始出现分化。首先，认识分化体现在对教学论的研究对象和学科性质的争论上。在教学论研究对象的追问上主要围绕其研究对象到底是教学规律？是教学活动？是教学本质？还是教学活动和教学关系？在学科性质的争论上主要围绕教学论是理论学科还是应用学科？教学论是一门科学还是一门艺术？如有的学者就认为“教学论既是一门科学，又是一门艺术”[③]。也有学者认为“教学论的学科性质是一种理论研究为主，同时又将研究视点推向实践应用的兼具理论与应用色彩的类型”。[④]当然也有学者指出，教学论已经分

① 王策三：《教学论稿》，人民教育出版社1985年版，第2页。

② 关甦霞编著：《教学论教程》，陕西师范大学出版社1987年版，第11页。

③ 唐文中主编：《教学论》，黑龙江教育出版社1990年版，第13—15页。

④ 田慧生：《对教学论学科性质、地位与研究对象的再认识》，《教育研究》1997年第8期。

化出众多的学科，对于一般教学论而言，仍提供一般的图景、发展线索和原理原则，是理论学科，也必须是理论学科。[①] 还有学者认为："现代教学的研究对象与任务在于探讨教学的本质与有关规律，寻求最优化的教学途径与方法，以达到培养社会所需人才的目的。"同时提出"现代教学论应在阐明教学规律的基础上扩充阵地，向实际方面靠拢"[②]。还有学者认为教学论的学科特性包括理论性、整体性、综合性、动态性和实践性。[③]（《教学论研究二十年》对上述争论有集中呈现）其次，认识分化体现在教学论和教学理论概念的界定差异上。基于大量国外尤其是美国教学理论译介和多元视角的分析，教学理论在不同的学术著作中体现了概念和体例的多元化。例如，施良方、崔允漷将教学理论界定为："教育学的一门分支学科。它是研究教学情景中教师引导、维持或促进学生学习的行为，构建一种具有普遍性的解释框架，提供一般性的规定或处方，以指导课堂实践的一门学科。"[④] 他们认为，教学理论是关于教学即教师行为的理论，核心问题是"怎样教才是有效的"，尽管教学理论也会关注学生的学习，但对于学习的研究则让位给学习理论。在他们看来，无论是苏联还是中国目前的教学论体系，都是遵循了赫尔巴特的目的——手段范式所构建的教学系统的知识体系，但这只是"一种"范式。作者也承认并表明，为了摆脱"一种"范式的绝对化影子，他们尝试寻求"另一种"理论的知识体系。[⑤] 当然，《教学理论：课堂教学的原理、策略与研究》确实呈现出"另一种"新意和特色，但也明显体现了对美国教学理论范式和体系的借鉴与本

---

① 王策三：《教学论学科发展三题》，《北京师范大学学报》（社会科学版）1992 年第 5 期。

② 李秉德主编：《教学论》，人民教育出版社 1991 年版，第 8—9 页。

③ 李定仁、徐继存主编：《教学论研究二十年 1979 ~ 1999》，人民教育出版社 2001 年版，第 26—29 页。

④ 施良方、崔允漷主编：《教学理论：课堂教学的原理、策略与研究》，华东师范大学出版社 1999 年版，第 19 页。

⑤ 施良方、崔允漷主编：《教学理论：课堂教学的原理、策略与研究》，华东师范大学出版社 1999 年版，第 26 页。

土化结合。1997 年修订的《授予博士、硕士学位和培养研究生的学科、专业目录》中设置了“课程与教学论”二级学科，代替了原来的“教学论”和“学科教学论”。课程论研究开始迅速成长，但也很快引发了课程与教学论学科大讨论，课程与教学关系、课程论与教学论关系、课程与教学论的整合成为这一时期的热点话题。除此之外，对教学理论的一些重要主题进行深入研究的成果，也表现出了中国本土研究的特色，如杨小微的《教学模式论》、李如密的《教学艺术论》、罗正华的《比较教学论》、盛群力的《现代教学设计论》、王策三的《教学实验论》、石鸥的《教学别论》，等等。随着研究的深化，学者们也意识到了中国继承苏联教学论理论体系，与西方特别是美国课程论和教学理论存在很大不同，且往往把差异归结为教学论学科性质的两种不同观点，也就产生了技术取向的应用学科和学术取向的理论学科的争论。[①] 但毕竟教学理论在美国并不是一个分支学科，而是独立的研究领域，且有不同的内涵和范式，将其作为一种学科性质的取向并不妥当，因为理论的概念和取向是否能涵盖学科的概念和性质，这个问题还需要深入考辨。

2000 年以来，研究者自主研究意识逐渐增强，教学理论的“元研究”也越来越多，从不同视角和不同切入点对教学理论领域的重要问题进行了聚焦和分析，尤其是“如何对照分析、理解把握国外的教学理论，探讨其发展路径，寻求教学理论建设与发展的经验、教训，构建中国本土化的教学理论，逐渐成为教学理论研究者的专业诉求和精神渴望”[②]。这一时期学者们开始重新反思教学理论是什么和应当是什么，对“教学理论”有了新的理解，除了将其看作教学的原理、原则和方法或等同于教学论学科之外，在认识上的“新突破”主要有以下四种观点较具代表性：

---

① 田慧生、李如密：《教学论》，河北教育出版社 1996 年版，第 9—12 页。

② 路书红：《教学理论建设的方法论比较》，山东人民出版社 2010 年版，第 5 页。

第一种是将教学理论作为一种观念体系、认知体系或知识体系来进行理解。认为教学理论是人们在思考教学中所形成的旨在探讨、解释和预测教学现象的系统反映和理性思考，运用概念、判断、推理等逻辑形式所形成的观念体系。[①] 或认为教学理论是对教学实践活动进行理性思考或概括化认识的产物，是运用概念（范畴）、命题、判断、推理等所表达的，可以指导教学实践的认识体系或知识体系。[②] 第二种认为“不仅应把教学理论当作名词，看作一种静态的存在形态来理解，而且应把教学理论当作动词，看作一种动态的发展形态来考察”[③]。第三种是重新考察历史文化传统中的“教学论”“课程论”“教学理论”的关系，这种探究从20世纪90年代开始就展开了关于二者的全球性对话和研讨。中国学者也开始认识到德国教育学与美国教育科学之间的研究范式不同，[④] 由此也考察了教学理论和教学论、教学论和课程论在历史文化语境和研究范式方面存在的差异。第四种是从研究取向上对中国教学论研究和教学理论研究进行分析，通过研究发现，在改革开放后尤其是2000年以来，教学论和教学理论在共同关注国外教学理论和教学实践的基础上，尽管有同质化表现，但已经出现了一些较为明显的研究取向上的差异。[⑤]

在任何时候，我们都不能否认教学理论的重要性和必要性。教学实践首先需要被理性认识然后才能谈理论指导，正因为这种理性认识区别于日常认识，所以才更突显出理论的重要性。在任何时

---

① 徐继存：《教学理论反思与建设》，甘肃教育出版社2000年版，第13页。

② 李森：《教学理论与实践：转化方式探讨》，《课程·教材·教法》2002年第3期；迟艳杰：《教学领域中的理论与实践——兼论我国教学论学科面临的主要问题及发展选择》，《中国教育学刊》1997年第4期。

③ 郝志军：《教学理论应当是什么》，《教育理论与实践》2005年第3期。

④ 黄志成：《教育研究中的两大范式比较：“日尔曼式教育学”与“盎格鲁式教育科学”》，《教育学报》2007年第2期。

⑤ 陈晓端、毛红芳、王岚：《我国教学论研究热点知识图谱》，《当代教师教育》2017年第2期；陈晓端、咸富莲、哈燕：《改革开放以来我国教学理论研究知识图谱分析与可视化呈现（1979—2016）》，《教育研究与实验》2017年第3期。

候，我们都不能否认教学理论的民族性和本土性，教学理论的重要性和必要性只能而且必须是建基于本土教学实践之上，这既是教学理论价值和功能的体现“场域”，也是教学理论话语权的建立“源泉”。本土化的教学理论深化研究，必然是教学论学者今后无法绕开的研究主题。

第二节　语境对话中教学理论的异相与共相

教学理论尽管在德国、美国、日本、苏联和中国的历史文化语境中有不同的价值关切和概念内涵，其研究范式的差异也影响了教学理论的理论样态，但它们之间的差异不是截然对立的，而是存在共同对话的基础和共同的理论要素。梳理这些共同要素有利于我们在跨文化的视野中促进教学理论的共同发展和互动交流。

为了进一步论证教学理论在不同国家历史文化语境中的异同，本书根据上述内容归纳了不同国家教学理论的差异和共同要素，用表2—1罗列出对应关键词句以便更直观和清晰地呈现。

表2—1　　不同国家历史文化语境中教学理论的异相与共相

异同＼国家		德国	美国	苏联	日本	中国
异相	文化传统与话语体系	人性完善的“目的—手段”理论框架	为促进学生学习提供教学行动指导	开发学生发展潜力的理论体系	“教”与“学”双重行为和条件的问题研究	以道德为最高培养目的的“教”与“学”的各要素探讨
	学科地位与理论功能	为学校教育中“教化”任务落实提供理论指导	中间的处方式理论	教养与教学的理论	优化学习和教学的科学	学科意识和问题研究意识并重的理论类型

续表

异同＼国家		德国	美国	苏联	日本	中国
异相	研究领域与内容论述	教与学的内容、方式和依据	以学习理论为依据的教学指导方法	教什么、怎么教	教学过程的研究	教与学的关系、条件、操作和规律
	研究范式及方法论	理性思辨的人文价值关怀和解释学研究范式	过程—结果的实证研究范式	从研究现象转向实验研究	基于系统观察的量化教学研究和质化教学研究	理性思辨、经验描述、历史叙述与实证研究并重
共相	为促进人的发展的真善美追求	培养完整人格	促进学生认知、行为和情感的发展	全面开发学生的发展潜力	形成人的素质和能力	培养全面发展的人
	以教学问题为核心的主题研究	教学目的、内容、方法、因素和效果等研究	促进学习的教学改进与优化研究	教学目的、内容和方法等研究	教授和学习的内容、方法和实践方向的研究	教学目的、内容、关系、条件、过程和规律的研究
	对教学实践的理性关怀	认识、诠释并指导普遍意义的教学实践	指导并优化教学实践	研究教学实践及其改造	优化教学过程	理性认识教学现象，探寻优化教学的途径与方法
	与心理学和课程论联系紧密	教学计划、教育心理学	课程论 学习理论	发展主义课程论、儿童心理学	课程论 学习研究	课程论 教育心理学

一　语境对话中教学理论的异相

（一）文化传统与话语体系的差异

著名比较教育学者坎德尔曾说过："教育的问题和宗旨各国有不少类似之处，唯其解决方法各因其特有的文化和传习而异。"[①] 即

① 顾明远主编：《民族文化传统与教育现代化》，北京师范大学出版社 1998 年版，第 193 页。

使各国之间存在教育教学理论成果借鉴，也必然不会以相同的话语体系表征，因为，“一种话语体系中的概念，在原文化背景中即使没有被界定也不影响该文化背景中人们的相互理解与交流，而一旦被引入其他文化背景中，就需要对其进行明确的甚至是操作性的界定”①。德国教学论建立在人文主义和自由主义的文化传统上，并深受康德、赫尔巴特等人的哲学思想影响，它聚焦于提供一种综合的培养完整人格的角度来实现理论指导。实际上，康德对教育的思考逻辑，源于他对人性完善过程中教育所要发挥的重要角色而演绎出教育的可能性和必要性，以此为依托推演出教育的起点、方式、原则和终点。康德的这种思路直接影响了赫尔巴特，从而形成了具有德国特色的从教育目的推演出教育手段的教育学理论框架，这种“目的—手段”框架至今依然是占据主导地位的教育思维方式。②美国教学理论则建立在实用主义和个人主义的文化传统之上，作为独立研究领域而非独立学科存在，依托教育科学和课程理论学科，基于学习心理学为促进学生学习提供教学指导。苏联教学论则是在本土先进教学思想基础上，吸收了德国教学论，并逐渐发展成熟。苏联教学论也承载着本土民族主义和人道主义的文化传统色彩，强调教学人性化和教学论科学理论体系对全面开发学生发展潜力的使命。18 世纪俄国教学论开创时期的教育理论家在其著作中都对此有所体现，如诺维阔夫的《论儿童之教育和训导对于推行一般有益知识及公共幸福的关系》就是其中的代表。苏联教学论沿着夸美纽斯传统和革命人道主义，逐渐建立了独立的学科体系，形成了“教养与教学理论”的整体定位。20 世纪 70 年代后期，以关注儿童和教学实验为取向的教学理论成果使苏联的教学论更独具特色，并在教学实践中产生了广泛的影响力，使苏联教学论形成了发展性教学论和人道主义教学论两大流派。日本在不同历史发展阶段，受多维

① 刘庆昌：《教育话语转换中的认识适应》，《教育科学研究》2018 年第 8 期。

② 黄向阳：《康德与教育学》，载郑金洲主编《教育的意蕴——庆祝瞿葆奎教授八十五寿诞暨从教六十周年》，福建教育出版社 2008 年版，第 57 页。

价值观和现实主义的价值取向影响[1]，善于全面吸收先进国家的文化，在“扬弃”和“对话”中构建本民族的多元复合文化。日本教授学在早期更多地源于德国教学论的直接借鉴，强调教学论“首先要研究依据教育目标提出的教学课题，也研究与此相关的教学组织原理及组织方法问题”，“把目标研究、内容研究至于首要地位，应当成为教学论的基本立场”。[2] 基于这样的教学论研究原则，日本后期教授学研究注重与本土教学实践结合，既关注教授，也关注学习，同时关注遵照教学目标和课题来确立教学内容与范围，从而形成了日本自己的研究主题。

中国教学论和教学理论的发展历程最为特殊，因为从历史渊源来说，中国是教学思想研究最早的国家，但遗憾的是，国内的教学理论在发展和成熟中本土特色越来越不鲜明。尤其是对外来教学理论借鉴，采取“谦卑式”认同和寻求“中庸式”拼接方式，在探索和改革历程中存在以否定的态度舍弃原有文化传统问题。以教学论学科教材为例，除了在源流追溯层面，中国的教学理论和教学思想被呈现的篇幅普遍较少。当然，人们已经意识到现有理论体系的局限性，也进行了不同理论体系的建构，但本土成长的特色仍然不够鲜明。中国之所以同时有教学论、教学理论和课程论的不同理论体系并存状态，与“西学”主导氛围和优势理论引入的强势话语霸权争论有着很大关系，尤其是在中华人民共和国成立和改革开放后复兴的两个历史特殊时期，教学论学科建设和理论繁荣的“译介”方式成为最直接的捷径。尽管不同话语体系在中国教学论领域内部产生争论，但能够确定的是，教学论依然能够体现出以道德培养为最高目的进而探索教学各要素的理论框架。

（二）学科地位与理论功能的定位差异

“不考虑教学论的功能，不分析它的课题和它所利用的认识手

---

① 张德伟：《日本教育特质的文化学研究》，东北师范大学出版社 1999 年版，第 24 页。

② ［日］佐藤正夫：《教学原理》，钟启泉译，教育科学出版社 2001 年版，第 45 页。

段，就不能给教学论对象下定义。”[①] 对教学论或教学理论的定位取决于我们如何确立各自研究问题的思考。即使是 20 世纪 80 年代后期，也有学者并不认同教育学是一门学科。如英国学者赫斯特和美国学者舒尔曼更倾向于将教育学看作一个研究领域。此外，由于学科文化背景、研究方法影响的研究内容和取向不尽相同，从而很难建立一个一致的标准来对不同文化背景下的学科进行统一系统分类。[②]

在美国，教学理论之所以是独立研究领域而非独立学科，不仅因为以指导学生学习的教育心理学学科地位率先确立，而且对于美国学界而言，“教学理论更像是课程论的发展”[③]。史蒂芬·霍普曼认为杜威等人在学习德国赫尔巴特学说的时候，更多借鉴了教育心理学而不是完整的教学论，因为在当时赫尔巴特主义因机械式应用而受到德国本土批判和质疑，后续在推进教育学改造过程中提出了新的概念术语“didaktik”。但这一新的改革内容并没有被引入美国教育，“didactics”和“didaktik”也因此在英语的术语中消失，这也同时意味着两个国家不同发展模式所呈现的显著分化。[④] 美国虽然没有以学科的身份继承和发展“didactics”，但对于教育教学的关注和研究多是体现在教育科学、教育心理学和课程论的学科中。“theory of instruction”相对一致地被认为“是与优化学习过程相关的理论”[⑤]。它的角色被定位为“指导教学实践的中间理论”，也正如布鲁纳所指出的那样，教学理论是一种处方式的理论，其实践性最为明确。这就表明美国教学理论的产生与学科因认识需求和规律

---

① 北京师联教育科学研究所主编：《理论发展与斯卡特金〈中学教学论〉选读》，中国环境科学出版社 2006 年版，第 69 页。

② Pertti Kansanen, “The Deutsche Didaktik and the American Research on Teaching”, *TNTEE Publications*, Vol. 2, No. 1, 1999, pp. 21 – 35.

③ ［美］希尔加德：《教学论》，邵瑞珍译，《外国教育资料》1979 年第 3 期。

④ Pertti Kansanen, “The Deutsche Didaktik and the American Research on Teaching”, *TNTEE Publications*, Vol. 2, No. 1, 1999, pp. 21 – 35.

⑤ Richard C. Atkinson, “Ingredients for a Theory of Instruction”, *American Psychologist*, Vol, 27, No. 10, 1972, pp. 921 – 931.

探索而产生的前设并不相同，教学理论在美国的角色定位就是指导教学实践的"处方"，具有"多元式"，这是它作为理论的首要功能。英国教育学家穆尔也认为教育理论是一种实践性理论，指出它与描述性、解释性的科学理论在结构上不同。根据穆尔的观点，实践性理论是"一种处方"或"若干处方"。实践性理论必须始于目的或目标，然后确定希望达到的目标，提出实现目标的手段和有效方式。[①] 不同理论类型有不同研究方式。尽管学科是理论体系，但理论类型并不能直接决定学科类型。如果按照穆尔的观点和我们对教学理论、教学论不同文化传统的阐释，就不难理解为什么中国学者普遍很难接受把教学论看作"一种处方"的说法，认为教学论还包含描述和解释部分。[②] 实际上，英语的"教育"被看作一种"实践"，英美国家把教育理论和教学理论看作处方性的，更强调的是为了教育实践的理论，而不是教育的理论研究。[③] 但德国、苏联、日本和中国作为学科存在的教学论理论体系中，三种理论类型皆有，只是权重有所不同。

在德国，教育学之所以很早就成为一门独立的学科，在于它一直被赋予了一种培养完整人格的崇高使命，[④] 以学科身份存在的德国教学论也特别关注学科的"实践性"，但更突出"实践性"的"一般式"，而非"处方式"，这并不是说德国教学论疏离教学实践，或实践指导力不足。教学论从自身学科发展逻辑来看，其学科理论的首要功能或者说第一功能并不是直接的"处方"，而是满足人们认识教学及其本质或规律的需要。更重要的是，德国教学论并不是只关注教学本身的技术和方法的改进，而是承载着完整人格培养的"教化"任务的探讨，即教学论不能脱离培养人的教育目的来

---

① ［英］穆尔：《教育理论的结构》，崔允漷、孙绍荣译，转引自瞿葆奎主编《教育学文集教育与教育学》，人民教育出版社1993年版，第490页。

② 杨小微主编：《现代教学论》，山西教育出版社2004年版，第18页。

③ 黄志成：《教育研究中的两大范式比较："日尔曼式教育学"与"盎格鲁式教育科学"》，《教育学报》2007年第2期。

④ 王飞：《跨文化视野下的教学论与课程论》，山东人民出版社2014年版，第35页。

谈论教和学，也同样不能抛开教育目的去寻求之外的教学课题。德国教学论最初与教师教育和义务教育普及密切相关，其较高的学科地位确立和被需求背景联系紧密。概括来说，教学论在德国的普及和至高地位的确立，一是与国家在教师教育中设立该课程的要求分不开，二是因为教学论同时承担着为学校教育教学问题提供核心解决方案和核心理论模型的任务。[①]

苏联、日本和中国都按照学科的主流模式进行了各自本土的学科建设。其中，苏联尽管在早期的学科建设中对教学论的学科定位并不明确，也存在概念不清和性质模糊的情况，但随着学科理论体系的成熟，对教学论的定位逐渐体现为如斯卡特金所指出的："教学论越来越成为一门理论学科"[②]，并将教学论看作教养与教学的理论。20 世纪 60—70 年代后，"关注儿童"和"实验取向"的转向，使苏联教学论的学科体系得到进一步完善。日本在教学论学科发展过程中，经历了"拿来理论"所造成的不适后，开始走上了外国借鉴与本土革新"和合"之路[③]，教学论成为优化学习和教学的重要科学，学力理论就是这个过程中的主要产物，也是日本教学论突显其学科地位和本土理论优势的重要成果。在中国，教学论、课程论和教学理论在本土化过程中的"拼接"处理，造成了三者在功能定位上的争论，这一争论现象集中体现在 20 世纪 90 年代，有学者明确指出："教学论只能是理论学科，而且必须是理论学科。"[④] 也有学者进一步强调"教学论兼具理论与应用色彩的类型"，也就是说，"教学论既然坚持以理论研究为主，不断提高理论成果的抽象概括水平，又要在已有理论原理的指导下，开展必要的理论研究，解决

---

① Pertti Kansanen, "The Deutsche Didaktik and the American Research on Teaching", *TNTEE Publications*, Vol. 2, No. 1, 1999, pp. 21 – 35.

② ［苏］斯卡特金主编：《中学教学论——当代教学论的几个问题》，赵维贤等译，人民教育出版社 1985 年版，第 11 页。

③ 那明明：《文化传统影响下的日本教学论发展》，《太原大学学报》2012 年第 3 期。

④ 王策三：《教学论学科发展三题》，《北京师范大学学报》（社会科学版）1992 年第 5 期。

教学中一些带有普遍性的操作问题”[①]。还有学者在反思教学论学科性质分歧的同时，认为“正是这种认识上的分歧和模糊性，使中国教学论成为一个既含基本理论，又含教学实践；既有理论研究，又有应用研究的庞杂体系，它面面俱到而任何一面都难以深入到学科内容结构……”[②] 对此，有学者确认了教学论作为理论学科在中国具有普遍认同度，即可以看作“一般认为”的普遍状态。但问题的关键是，教学论的理论性应如何实现，理论性和实践性并不是二元对立的矛盾状态，理论性生成和发展的根基是教学实践。[③] 目前，国内对教学论或教学理论的定位既有学科意识，也有问题研究意识，但前者相对更为突出。

综观苏联、日本和中国，教学论作为学科在建设初期，往往容易出现性质与定位的争论，一是与学科建设处于起步阶段，与独立学科的理论体系还不够成熟有极大的关系。二是与外来借鉴的学科理论体系抽象程度较高，与本土教学实践的不适及融通矛盾也有一定的关系。即使是以“中间理论”定位的美国教学理论，也对教学理论的性质和必要性有过早期激烈的争论。随着学科和理论在本土改造和扎根，争论的焦点会不断变化。但需要强调的是，性质和功能不是停留在单纯的书面论证上，而是必须在现实需求中进行突显和渗透。

（三）研究领域和内容论述的差异

对教学理论或教学论研究内容的不同看法，反映了人们对教学理论及其性质的不同认识。德国教学论要回答三个中心问题，即“应该教和学什么内容？这些内容应该如何被教与学？为何这些内

---

① 田慧生：《对教学论学科性质、地位与研究对象的再认识》，《教育研究》1997 年第 8 期。

② 蔡宝来、王嘉毅：《现代教学论的概念、性质及研究对象》，《教育研究》1998 年第 2 期。

③ 李瑾瑜、徐继存：《也谈现代教学论的概念、性质及研究对象——与蔡宝来、王嘉毅商榷》，《教育研究》1998 年第 12 期。

容应该被教与学?”① 在美国及其他英语国家，教学论研究的这三个方面，分别由课程论（研究教什么的问题）、学习理论（研究如何学的问题）和教学理论（研究教的方法问题）三个分支研究领域分开来处理了。②

美国的教学理论和德国的教学论不能作为平行的领域进行评判，如果必须找一个对等的领域进行对比分析的话，将美国的课程论和德国的教学论进行对话是较为合理的。早在 1990 年就已经有欧洲学者史蒂芬·霍普曼开始发起教学论和课程论关系问题讨论，在 1995 年挪威奥斯陆大学教育研究所和 1996 年美国教育研究协会的年会上分别进行了国际性研讨。在德国，教学论领域的范畴相对较大，还包括很多哲学和理论的内容。教学论和教育心理学的领域界限非常明显，各自的领域有不同的代表学者。③ 而这一情况在美国就截然相反，美国的教学理论更多建立在学习理论基础上，其理论的代表人物或研究学者几乎也在同时从事教育心理学研究。基于此，德国教学论和美国教学理论在诸如教学过程中学习的角色等内容上就会存在观点分歧。美国教学理论对教学问题的关注主要集中在教师和教学的有效性上，④ 教学研究中的教与学的问题通常是结合在一起研究的，且很少涉及某种理论类型或流派。

很长时间内，苏联“教育学，特别是教学论，并不规定教学的具体内容（具体学科）。教学论只制定一些原则，在这些原则的基

---

① Rudolf Kunzli, “German Didaktik: Models of Re-presentation, of Intercourse, and of Experience”, in Ian Westbury, Stefan Hopmann and Kurt Riquarts, *Teaching as a Reflective Practice: The German Didaktik Tradition*, New York: Routledge, 2010, p. 43.

② 丁邦平:《“教学论”与“教学法”的关系探析——（跨文化）比较教学论的视角》,《教育学报》2015 年第 5 期。

③ Pertti Kansanen, “The Deutsche Didaktik and the American Research on Teaching”, *TNTEE Publications*, Vol. 2, No. 1, 1999, pp. 21 – 35.

④ Pertti Kansanen, “The Deutsche Didaktik and the American Research on Teaching”, *TNTEE Publications*, Vol. 2, No. 1, 1999, pp. 21 – 35.

础上组织教学的基本内容"。[①] 乌申斯基批判把科学分为实质科学与形式科学的德国理论，认为单独的实质发展理论和单独的形式发展理论都是片面的，都不能适应培养新人的任务。[②] 因此，关于"教养与教学的理论"，在20世纪50年代之前的研究领域和内容论述上逐渐突出了两条主线：教学大纲（教什么）和教学原则、方法、组织形式（怎么教）。但50年代后的儿童研究和教学实验转向，赋予了教学论新的内涵和使命。

杨小微在《现代教学论》中归纳了三种代表性教学论研究对象的观点论述，分别是"教学的客观规律""各种教学变量或教学要素""教与学的活动"，在此基础上他分别列举了支持每种观点的代表性论著或学者。[③] 从他的分类和归纳中，可以发现一个现象，苏联、德国和中国倾向于第一种观点，将教学规律看作教学论的研究对象，美国学者倾向于"各种教学变量或教学要素"。日本教授学主要对教学过程进行研究。研究内容包括教学目标问题、教学内容选择与组织问题、教学方法问题、教学效果问题等。田慧生认为第一种观点实际上是教学论的研究目的和任务，第二种观点是以最简单的方法罗列教学论研究对象，难见全貌。他提出教学论的研究对象是"教与学的关系""教与学的条件""教与学的操作"三个方面。[④] 这里要说明的是，正是由于不同语境中的教学论概念、性质理解不同，从而影响了研究对象和研究内容的差异。德国和苏联的教学论与美国的教学理论本身就置于不同文化传统和研究范式，中国学者把美国的教学理论翻译为教学论，并把美国教学理论的研究对象等同于教学论的研究对象和内容，实际上容易造成不同语境

① ［苏］洛尔德基帕尼泽：《乌申斯基教育学说》，范云门、何寒梅译，江苏教育出版社1987年版，第186页。

② ［苏］洛尔德基帕尼泽：《乌申斯基教育学说》，范云门、何寒梅译，江苏教育出版社1987年版，第188页。

③ 杨小微主编：《现代教学论》，山西教育出版社2004年版，第4—9页。

④ 田慧生：《对教学论学科性质、地位与研究对象的再认识》，《教育研究》1997年第8期。

的教学论和教学理论在中国概念体系中的混同，使二者在学科和理论间的界限不明、关系不清，也使各自在出发点就面对走向不明的尴尬境遇。

（四）研究范式及方法论的差异

通常，我们认为德国赫尔巴特之后的教学论发展是按照哲学和心理学两条发展脉络形成了不同的研究范式，实际上这一论断并不严谨。因为，"'日尔曼式的教育学'和'盎格鲁式的教育科学'，各自都有其发展的历史背景和文化传统，各自研究的侧重点和方法也不尽相同"①。虽然19世纪末美国在学习德国赫尔巴特教育学，但这一时期正是德国教育学的改造期，教学论作为改造期的新生概念使其在美国借鉴前的"出镜率"并不高，因此杜威等美国学者是对教育学中的教育心理学部分进行了借鉴，而没有借鉴"didaktik"，也就是这个词汇在英语中很少能被查到的原因之一。基于此，哲学和心理学两条脉络的说法并不科学严谨，因为分支并不是伴随教学论的发展过程产生，而是本身在源头上就是两条主线，一条是教育心理学，另一条是教学论。

德国也在强调教育学和教学论的"科学"性质，从康德开始，他就主张"教育艺术中的机械论必须转化为科学"②，康德所谓的"科学"不是实证主义的科学概念，只是强调对教育的认识应该是用"明确真实的概念"，使之成为一个专门的体系。赫尔巴特继承了康德对教育学"科学"的认识，使德国教育学在研究范式上体现出特有的"科学范式"：有明确概念体系、注重演绎和哲学思辨、注重培养完整人格的教育体系或学科。③ 因此，德国人文科学教育学属于理性思辨的人文价值关怀和解释学研究范式，传统方法概括

① 黄志成：《教育研究中的两大范式比较："日尔曼式教育学"与"盎格鲁式教育科学"》，《教育学报》2007年第2期。

② ［德］康德：《康德著作全集》（第9卷），李秋零译，中国人民大学出版社2010年版，第447页。

③ 王飞：《跨文化视野下的教学论与课程论》，山东人民出版社2014年版，第107页。

为解释学。[①] 德国教学论在性质上一直具有哲学思维，具有哲学意蕴的“教化”是教学论的核心概念，长期占有主导地位，即使教学论分化为不同流派，也没有完全脱离“教化”思想的影响。

德国教学论和美国教学研究存在背景和理论模式建构目的的差异，前者主要建立在关于人的哲学概念及其人的教育基础上，实证研究是必要条件但非充分和前提条件。美国教学研究的目的在于“研究”，也是教学理论主要是归纳性质，并建立在“过程—结果”实证研究范式基础之上的原因所在。[②] 概括而言，美国教学理论研究属于实用主义、科学主义范式。科学主义范式认为所有知识是基于实验的，科学是一切知识的基础。美国教育也深受实用主义思想的影响，强调教育主要是为了适应或改变现实状况的需要，更多体现为一种工具性作用。美国教育家帕特森也指出：“教学理论必须来源于数据和资料的基础，必须阐明实验和实验观察的结果。”[③] 美国不同类型教学理论的形成主要建立在实证研究和现实情况的考察基础上。相对而言，大部分的教学研究都是以实证和定量的方法进行的，[④] 近年来，这种过程—结果的范式不再占有绝对的主导地位，定性研究在美国也越来越多被应用。

苏联教学论研究范式和方法论存在一个重要的历史转折期，这个转折点也形成了传统教学论和现代教学论的重要分界线。1956 年 9 月《克服个人迷信在教育学中的后果》文章发表，批判了 20 世纪 30—50 年代的教学论研究以简单化、思辨性、经院式的形式描述和研究学校生活中的各种现象，教学论既缺乏对先进教育经验的理论研究，又缺少对现实教育实践的科学分析。至此之后，苏联教

① ［加］马克斯·范梅南：《生活体验研究——人文科学视野中的教育学》，宋广文等译，教育科学出版社 2003 年版，前言 1。

② Pertti Kansanen, “The Deutsche Didaktik and the American Research on Teaching”, *TNTEE Publications*, Vol. 2, No. 1, 1999, pp. 21 – 35.

③ ［美］帕特森：《教学论简论》，汪刘生摘译，《教育评论》1986 年第 4 期。

④ Pertti Kansanen, “The Deutsche Didaktik and the American Research on Teaching”, *TNTEE Publications*, Vol. 2, No. 1, 1999, pp. 21 – 35.

学论开始走进实验学校，基于教学实验展开理论研究，成就了赞科夫、巴班斯基、苏霍姆林斯基等教育家的教学理论及其在苏联和全世界的影响。当然，苏联的教学论研究除了建立在教育实验基础上，其综合化研究方法论的倾向也越来越明显，如系统论、控制论、信息论等一般科学方法的采用，哲学、心理学、逻辑学、社会学等学科方法的综合运用，① 优秀教师教学经验的理论升华和推广也被苏联纳入教学论研究的方法论之中。

日本教授学的研究主题倾向于教学要素的专题式研究，或是倾向于对教学过程的优化和教学效果的验证性研究。除了"教授学"理论本身的研究外，教学研究的课题包括教学本质研究、教材教法研究、课堂教学分析、教学技能策略、教学组织形式等。② 日本的教育学和教授学研究在 20 世纪之前主要表现为历史叙述体范式，20 世纪初期，伴随对德国教学论的批判，教育教学实证研究开始被介绍和论证，20 世纪 20 年代后，美国教育学的实证研究被日本借鉴，"量化"研究范式开始起步。③ 尽管战后日本教育学研究相对处于低谷期，但随着日本的批判性倾向于对忽视"人文性"的反思，教授学也相应地由教授技术的研究转向学习的研究，教授学研究在倡导"科学性"和"人文性"融合的同时，也形成了"量"和"质"并重的研究范式。

回顾和反思 20 世纪初到 21 世纪的中国教学理论研究历程，除了中国本土的经验描述和逻辑演绎的研究范式，以翻译和介绍为主的历史叙述体范式历时最长，从早期通过日本间接借鉴德国教学论成果，到 50 年代吸收苏联时期的教学论，再到 80 年代引介美国的教学理论，大都是以这种历史叙述的研究范式为主。从 21 世纪开

---

① 杜殿坤主编：《原苏联教学论流派研究》，陕西人民教育出版社 1993 年版，第 35 页。

② 钟启泉：《教学研究的两种范式——日本教育学者平山满义教授访谈》，《当代教育科学》2006 年第 13 期。

③ 娜仁高娃：《日本教育学研究的历史嬗变与发展走向》，《日本问题研究》2017 年第 2 期。

始尤其是近十年，教学理论研究“量”和“质”并重的研究范式才从理论层面的论证走向与实际的融合。

二　语境对话中教学理论的共相

探寻概念及其语境差异是为了更好地讨论、反思和借鉴，其终极目的不在于“公示”绝对不同，毕竟相同要素仍要大于差异权重，否则各国也就没有必要借鉴他国经验来发展本土理论了。所以在明晰话语体系差异的基础上，更重要的任务是寻求它们共同对话的基础，以期为中国教学理论或教学论找到更好的反思切入点。更何况从20世纪60年代开始，各国课程论和教学论都在发生着深刻变革，从某种意义上说，它们正在向趋同的方向发展。[①] 无论是教学论还是教学理论都共同关注教学问题，只是因不同传统文化、话语体系、历史条件、研究范式的影响而形成了不同的理论样态。归纳起来，不同语境中的教学理论和教学论的共同对话基础与共同关注主要有以下几个方面：

（一）为促进人的发展的真善美追求

一种理论或一个学科的产生都是基于其独特性、重要程度和满足现实认识需求的目的，教学论或教学理论同样也承载着解释教育现象、探索教育规律以更好地使教育促进人的发展的目的和诉求。尽管不同时期落实培养目标体系的表述不同，但都渗透着教育要促进人的整体发展，增进人的幸福的本真目的。无论是德国和苏联强调的“教育性教学”，即教学承担实现教育目的的责任，还是美国强调旨在促进学生学习的教学，或是日本以“学力论”为理论指导的教学，都体现出教学要落实形成人的素质和能力的教育目的。尽管不同国家在不同发展时期，社会发展的要求都会影响教育方向，但无论何时都不能否认教育是人的教育，教育的目的是促进人的全面发展。这个根本诉求会在时代要求下产生具体内容变式，但其教

① 王飞：《跨文化视野下的教学论与课程论》，山东人民出版社2014年版，第51页。

育的本质从未改变过。教学作为教育的中心，承担着教育目的实现的责任和使命，这是教学的纯粹性和道德性，是任何人都不能忽视和遗忘的。那么，作为“教育”在德语中的含义源于“教化”“创造”“形象”“塑造”，是塑造人性并提升人的智力技能的过程和状态。几乎所有的教育理论都普遍认同教育就是描述塑造人性、提升人的智力技能，并反映它们之间及其和其他事物之间的关系。[①] 这里需要指出的是，“Education”在德语中和英语中的表达意思不尽相同，尽管各个国家对教育的概念界定不一定完全相同，但不影响现代教育共识的达成：教育是人发展的终身过程，是人的精神、文化、生活技能、个性的和社会的技能得到扩展的终身过程。即使是在美国实用主义主导的教育理论或教学理论，也不会忽视教育的这一普遍意义。杜威将哲学看作教育的一般理论，认为教育研究不应该忽视对哲学的关注。他曾与同事共同翻译过黑格尔和赫尔巴特的著作，以此获得指导教育的一般理论。近年来美国教学理论打破了以往基于实证研究的教学改进，对质性研究和哲学的关注越来越多。[②]

乌申斯基把教育理解为人的智力、道德与体力成长的统一的、有组织的和有目的的过程，强调教学的发展性目的，在他看来，教学是儿童智力发展与道德发展的统一过程，一方面要保证以必要的基本知识和技能来丰富学生的头脑；另一方面又要发展思维能力、记忆、意志和全面发展的完整个性的其他品质。[③] 教学作为教育的基本手段，应该承担两个任务——教养任务和教育任务。其中教学的教育任务在于形成学生的世界观，并要求教学不仅影响知识的增长，而且要影响人的信念。[④] 巴班斯基指出：“属于教学的教育性目

① Talk：Bildung，https：//en. wikipedia. org/wiki/Talk：Bildung. 2017 - 8 - 25.

② 王飞：《跨文化视野下的教学论与课程论》，山东人民出版社 2014 年版，第 80 页。

③ ［苏］洛尔德基帕尼泽：《乌申斯基教育学说》，范云门、何寒梅译，江苏教育出版社 1987 年版，第 191 页。

④ ［苏］洛尔德基帕尼泽：《乌申斯基教育学说》，范云门、何寒梅译，江苏教育出版社 1987 年版，第 187—188 页。

的或教育性任务，与学生的思想政治教育、道德教育、劳动教育、美育和体育方面，有着密不可分的联系，这些任务的顺利完成将对一个人的世界观的形成和积极的生活态度产生重大影响。”[①] 可以看出，“教养”或“教育性教学”尽管有德国和苏联的文化传统，但并不是与美国教学理论中教学的任务不能融通。

德国侧重于用教学论的规范和价值取向来影响教学行动，英美则倾向于关注教学理论对学习过程的直接指导作用。德国教学论研究的基本问题是如何通过教学影响人的发展，由于德国教育学传统着眼于促进完整人格的养成，因而教学论作为独立学科的责任和使命也更关注人的整体培养。美国教学理论由于只是独立研究领域而非独立学科，因此其研究的基本问题是如何通过教学促进学生的学习，从而使学生在认知、行为和情感等方面获得发展。但这样的定位仍然能够突显出教学促进人发展的使命。日本尽管在教授学研究主题上倾向于关注教学过程优化，但这些主题探讨仍然是建立在形成人的素质和能力的目标前提下。中国教学理论无论从学科视角还是从问题研究视角，也都离不开对人的发展性尤其是以道德培养为最高教育目的的关怀。

无论采取哪种研究范式来建立教学理论的概念逻辑，都不能回避和否认教学理论作为以培养完整人格为目的的规范性、实践性理论。但对于完整人格的普适性目的确定，是不可能完全按照理性和价值中立的方式进行量化确定。具有价值取向的哲学推论是各国确定教育目的都要经历的逻辑思维演绎，只是由于达到目的的内容、过程和方法不同，而影响了教学理论概念的不同镜像。

（二）以教学问题为核心的主题研究

正如许多教育学者（克拉夫基、韦斯特伯利等）所指出的那样，教学论与课程论共同关注如下问题：“教与学的目标；与目标

---

① ［苏］巴班斯基：《教学教育过程最优化》，吴文侃译，教育科学出版社 2001 年版，第 7 页。

一致的主题和内容；组织形式和教学方法及程序；教学媒体；前提因素、干扰因素和非有意辅助影响；控制与评价学习结果及形式的途径。”[①] 提尔·奥切指出，“教学论和课程论确实解决许多相似的问题，如教与学的目标，内容，组织形式、方法和程序，教与学的媒介，教学的前提条件、干扰因素等，控制与判断教学结果和教学形式的方式等”。[②] 芬兰学者 Pertti Kansanen 通过术语比较建立起德国“Didaktik”和美国“Research on Teaching”之间的概念交流桥梁。首先，如果从“Didaktik”的词义直接解释，它可以翻译为“教的艺术”，但由于缺乏学习方面的内涵，所以这种解释并没有覆盖教学论所应有的全部内涵。其次，如果从教学论的描述性层面，那么“研究”就应该成为这一概念的核心，教学论可以被解释为教学研究。反过来，“Research on Teaching”可以翻译为德语“Unterrichtsforschung”，它的中心是侧重于心理学和社会心理学的课堂研究，主要以实证研究为主。当然，如果按照目前的解释，“Unterrichtsforschung”是 Didaktik 的一部分，具有描述性质，在内容上包含课堂研究的实证结果，在方法上以不同哲学为背景运用各种可能的手段和原则。[③]

各国教学理论尽管有不同侧重，但都共同指向了教学的问题。布鲁纳认为教学理论应以智力发展为关注中心。他指出：“教学理论所关注的是怎样能最好地教会人们想学的东西，它所关注的是促进学习而不是描述学习。”[④] 布鲁纳之所以倡导教学理论为一种中间理论，就是因为仅仅依靠学习理论来达到促进学习的效果是有限

---

① Ian Westbury，“Teaching as a Reflective Practice：What Might Didaktik Teach Curriculum?”，in Ian Westbury，Stefan Hopmann and Kurt Riquarts，*Teaching as a Reflective Practice：The German Didaktik Tradition*，New York：Routledge，2010，p. 16.

② 王飞：《跨文化视野下的教学论与课程论》，山东人民出版社 2014 年版，第 104 页。

③ Pertti Kansanen，“The Deutsche Didaktik and the American Research on Teaching”，*TNTEE Publications*，Vol. 2，No. 1，1999，pp. 21 – 35.

④ A. Dudley Curry，“Toward a Theory of Instruction by Jerome S. Bruner”，*Studies in Philosophy and Education*，Vol. 7，No. 4，1972，pp. 280 – 290.

的，教学理论应该成为指导学生更好学习的“处方”。希尔加德在叙述教学理论的产生时，也明确说明了“过去关心学习理论或认知发展阶段的心理学家，在教材和指导性学习都受到检验的时候，把他们的注意转向于改进教学，使教学最优化”①。既关注学习又注重发展是教学理论的使命。乌申斯基明确指出，在教学论中，首先要从解决教学目的应当是什么，以及整个教学应当在哪些方面发展学生这一问题的角度出发来研究教什么的问题。② 赞科夫曾对《教学论指南》和各种教学论问题的著作进行了分析，发现这些著作通篇都是关于教师在教学生时应该如何做的指示和建议。③ 日本教授学所关注的教学过程优化也正是围绕影响学习效果的教学过程展开的。中国教学理论所关注的教学目的、内容、关系、条件、过程和规律，同样也都是围绕这些要素在现实中所产生的问题来进行论证和研究的。

（三）对教学实践的理性关怀

德国教学论即使在方法论上呈现了哲学思辨的传统，但并没有忽略对教学实践的理性关怀。德国教育理论家对实践的重视和旨趣并不直接体现在指导实践上，而是从诠释学的角度强调对认识起主导作用的理论及其体系的建构，这种倾向与实践和经验并不对立或矛盾。它被解释为对作为教育学和教学论的理论建构基础的实践加强，即情境的、日常的和普遍历史—社会的实践。④ 而且，随着德国教学论流派的分化，教学论特别是教学设计领域越来越重视实证研究，也越来越关注整体教学计划及其实施过程。有学者指出德国普通教学论和美国教学设计理论有明显相似之处，且有共同的认识

---

① ［美］希尔加德：《教学论》，邵瑞珍译，《外国教育资料》1979 年第 3 期。

② ［苏］洛尔德基帕尼泽：《乌申斯基教育学说》，范云门、何寒梅译，江苏教育出版社 1987 年版，第 186 页。

③ ［苏］赞科夫：《教学论与生活》，俞翔辉、杜殿坤译，教育科学出版社 2001 年版，第 141 页。

④ ［德］F. W. 克罗恩：《教学论基础》，李其龙等译，教育科学出版社 2005 年版，第 85 页。

基础，即都把教学看作促成学习的过程，认为这两个领域可以达到相互学习的可能，并列举2000年后出现的“折衷教学论”和“决策导向的教学设计”就是其中的代表。① 赞科夫指出“科学的教学论应建立在研究教学的实践及其改造的基础上，这是无可争论的真理”②。他认为对实践的研究可以有多种形式，无论是经验的还是实验的，都是为教学实践而服务的。日本教授学从关注教学过程中的内容和教授技术转向学习研究，实质上体现了对教学实践关怀的视角转变。日本学者佐藤正夫也指出，近代前期教学论发展的重点从教学内容的研究转变为教学技术与方法的研究。这里的教学技术与方法的研究，并不是直接等同于我们当前的方法和技术层面，前者更强调遵循儿童的天赋本质与自然的发展过程，自然地发展人的本性或他的本质与能力。教学论研究经历了由知识传递的教学内容转向促进人之自然发展的方法探究过程。③ 中国教学理论对教学实践的关怀，除了表现为理性认识教学现象，还致力于建构解释、规范和引导教学实践的图景。

（四）与心理学和课程论联系的紧密程度

不同历史文化语境中的教学论或教学理论，所关注的问题都不会脱离教学、课程、学习、教师、学生等核心关键词，只是不同关键词在理论体系中呈现的结构模型不同，因为理论研究通常使用概念术语并截取部分教育过程和经验进行研究，同时也重视课堂之外其他形式的教育认识。因此，教学论或教学理论所关注的教学过程和整体经验一方面不会等同于教学实践中教师对教学过程和整体经验，另一方面也受研究视角、研究内容、研究假设和研究范式的影

---

① Klaus Zierer and Norbert M. Seel, “General Didactics and Instructional Design: Eyes Like Twins a Transatlantic Dialogue About Similarities and Differences, About the Past and the Future of Two Sciences of Learning and Teaching”, *SpringerPlus*, Vol. 1, No. 1, August 2012, p. 15. http://www.springerplus.com/content/1/1/15.

② ［苏］赞科夫：《教学论与生活》，俞翔辉、杜殿坤译，教育科学出版社2001年版，第141页。

③ ［日］佐藤正夫：《教学原理》，钟启泉译，教育科学出版社2001年版，第45页。

响而形成不同结构的理论模型。上述教学、课程、学习、教师、学生等核心关键词在不同语境的理论体系中都呈现密切的关系论述，当然各自的侧重点和关键词所占理论权重的差异是客观的也是必要的。

美国教学理论仍然延续了课程研究将学习心理学作为理论基础和理论依据的传统。以“处方式”身份存在的教学理论对课程和学习的关注既体现了教学理论的主要功能和定位，也潜在表明了课程论和学习论作为美国教学研究的主要理论依据。如以布鲁纳为代表的认知主义学习理论、教学理论和课程改革主张就是其中最有力的例证。布鲁纳强调：“没有包含教学理论的发展心理学，与忽视儿童成长本质的教学理论一样，都是空洞无物的东西。”[①] 即使是在德国，教学论的研究在与教学实际联系的同时，也要求回顾与教学论相关的理论，如学习理论、课程理论、媒介理论、人类学理论以及社会理论。以实践为一方面和理论为另一方面的这种双重关系是教学论的典型特征。[②] 此外，尽管美国的课程论在 20 世纪 60 年代以后才被借鉴进入德国，但德国教学论中的课程研究在此前并没有缺失过。早在 18 世纪和 19 世纪初期，德国曾用教学计划作为国家课程，所列出的教学内容往往是源自文化传统的权威性内容。20 世纪 60 年代以后受美国影响，课程一词又被借鉴和重新使用，但在内涵上已然发生了变化，课程更关注学生个体及其一切学习经验，而教学计划则更倾向于教师组织学科教学活动和选择教学内容的计划。与英美“客观化”结构课程观不同的是，德国“主观化”结构课程更鼓励学生去探寻自己与社会和文化世界的主观化联结。[③] 课程讨论已成为德国教学论发展的一种必然研究取向，如果不考虑

---

① ［英］布赖恩·西蒙：《英格兰为什么没有教学论》，转引自 Jenny Leach，Bob Moon 编《学习者与教学》，陈耀辉等译，香港公开大学出版社 2003 年版，第 60 页。

② ［德］F. W. 克罗恩：《教学论基础》，李其龙等译，教育科学出版社 2005 年版，第 205 页。

③ Brian Hudson，“Approaching Educational Research from the Tradition of Critical-constructive Didaktik”，*Pedagogy，Culture and Society*，Vol. 11，No. 2，2003，pp. 173 – 187.

课程的内涵来分析教学论是不现实的。[①] 苏联在20世纪50年代后，发展主义课程论和儿童心理学，为教学实验和儿童为先的教学论研究转向提供了重要理论支撑，赞科夫的发展性教学理论就发轫于维果斯基的心理学理论。同样，这种类似的支撑也存在于日本和中国的教学论发展历程中，且表现出不同的研究特色。

---

① Pertti Kansanen, "The Deutsche Didaktik and the American Research on Teaching", *TNTEE Publications*, Vol. 2, No. 1, 1999, pp. 21 – 35.

第三章

教学理论概念重构与本体追问

对教学理论的概念界定不能简单采用“关于教学的理论”这样的概括方式进行陈述。对“教学”和“理论”的理解，会直接影响人们对教学理论的定位和价值的理解。作为教学理论概念中的核心要素，它们的认识基础不同会形成不同的概念界定。正如我们经常谈到认识基础、知识基础一样，概念形成也需要“基础”。“基础”是“根据人的要求或设计，被奠基的事物可通过有限步骤由它构造出来。砖、瓦可在人的设计下，通过有限的步骤构成一座房屋，因而它们是房屋的基础。”① 概念的定义有助于联结理论与研究。概念基础的明晰，不仅有利于概念本身的范畴界定，同时也有利于澄清概念的性质和定位，依此重审教学理论的概念及其概念要素的逻辑关系，在此基础上对教学理论的建构与运用进行元研究，以强化教学理论研究的理性自觉。

第一节　人文社会科学理论的概念与要素

概念建设是理论或学科必然要面临的内在逻辑问题，概念建设在理论体系和学科体系中具有重要地位和意义。无论是教学理论还是教学论，关于其性质和定位的争论一直在持续，因此有必要分析

---

① 黄正华：《人文社会科学方法论》，社会科学文献出版社 2016 年版，第 15 页。

理论、研究、知识、科学、学科等概念及其相互关系，同时进一步明确人文社会科学理论的要素，进而重审教学理论作为一种人文社会科学理论应然的概念逻辑。

一 理论及相关概念辨析

（一）理论

理论的内涵极其丰富，且在不同背景和学科中的概念应用不尽一致。什么是理论，理论应该具有什么样的形态和特质，这两个问题的解答会影响教学理论基本面貌的判定，同时也会“直接影响到发展理论、检验理论和应用理论的逻辑和路径”①。《现代汉语词典》中“理论”指的是“人们由实践概括出来的关于自然界和社会知识的有系统的结论”②。英文中，“theory”来源于希腊语“theoria”，解释为对一种行为的思索和考虑，或通过一些方法对所了解的材料的归纳和整理，并且能够描述、规定、预言和解释，是一些能够加以检验的系统的思想等。③ 美国《哈珀柯林斯社会学词典》中关于理论的定义分为两种：（1）由逻辑的或数学的陈述所连接的一组假设或命题。它对经验现实的某一领域或某一类现象提出解释。（2）在不太严格的意义上，有关现实某一领域的任何抽象的、一般性的陈述都可称为理论，它通常是指对一般性概念的详细阐述。④ 这两条定义中，第一条更偏向于自然科学中的理论限定和表述；第二条更偏向于社会科学中的理论表述，相对前者，后者对理论的内涵界定更为广泛且模糊。随着20世纪科学哲学的兴起，理论及科学理论已成为其研究主题之一。库恩认为“理论”是基本理论元素和多种理论网络的组合。基本理论元素指一个理论的核心及

---

① 曹伟：《理论概念反思与应用性社会科学研究逻辑重构》，《甘肃社会科学》2014年第2期。

② 《现代汉语词典》（第五版），商务印书馆2011年版，第835页。

③ ［美］C. H. 帕特森：《教学论简论》，汪刘生摘译，《教育评论》1986年第4期。

④ David Jary and Julia Jary, *The HarperCollins Dictionary of Sociology*, HarperCollins Publishers, Ltd., 1991, pp. 519 - 520.

其预期应用，是理论的本体，理论网络指基本理论元素与其他理论元素的关系。还有学者从语义学角度划分了七类理论：建构了变量之间关系的一般性的命题或命题系统；对特定社会现象的因果联系和解释，它包含若干“要素”和“条件”，可对其进行反事实的检验；相比于解释经验现象，更侧重寻求具有诠释学味道之问题的解答；理论学者们的文本学说；与认识论和本体论有关的看待、把握、回应生活世界的概念化或语义化的解说；具有词源学意义上的分析、观察、沉思、想象之意；对“微观—宏观”“结构—能动”“秩序整合”等问题的社会理论领域内的讨论。[①] 英国著名分析教育哲学家奥康纳总结了理论的四种不同用法。(1) 理论指相关问题的问题体系。(2) 指高度系统化和一体化的概念体系。(3) 在日常用语中，理论则又用来与实践形成对照。理论指一整套或一系列的规则或一组用于指导各种行动的原则。(4)“理论”一词更具有技术上的含义。奥康纳把第四种意义上的“理论”立为典范。他认为，从理论这个词最严格的意义上看，一种理论乃是一个确立了的假设，或者更常见一些，乃是一组逻辑地联系着的假设，这种假设的主要功能在于解释它们的题材。[②] 依据这样的理论标准，也就有了奥康纳认为“教育理论”并非严格意义上的理论，只是一种“尊称”的判定。

著名学者孙正聿认为，任何一种真正的理论，都具有三重基本内涵：其一，它以概念的逻辑体系的形式为人们提供历史的发展着的世界图景，从而规范人们对世界的自我理解和相互理解；其二，它以思维逻辑和概念框架的形式为人们提供历史的发展着的思维方式，从而规范人们如何去把握、描述和解释世界；其三，它以理论所具有的普遍性、规律性和理想性为人们提供历史的发展着的价值

---

① Gabriel Abend, “The Meaning of Theory”, *Sociological Theory*, Vol. 26, No. 2, June 2008, pp. 173 – 199.

② ［英］奥康纳：《教育理论是什么?》，转引自瞿葆奎主编《教育学文集·教育与教育学》，人民教育出版社 1993 年版，第 467 页。

观念，从而规范人们的思想与行为。理论的三重内涵表明：理论不仅是解释性的，而且是规范性的；理论不仅是实践性的，而且是超实践性的。[①]

尽管“理论”概念的界定立场不同，被解释为一种观点、一种学说或一种取向等，但透析各类界说的共同点，可以发现学者们对“理论”的界定初衷在于解释某种现象，提供某种“规范”和“标准”以获得和检验各类理性认识。因此，“理性认识”“系统性”“规范性”和“通约性”应是理论的主要特征，理论来源、假设、概念、命题系统、形式化规则和理性认识等应是理论的主要界说要素。概括起来，“理论”必须体现以下几个方面内涵：（1）理论是系统化的理性认识，是对经验世界中我们所思考的事物、关系等方面理性的、系统的认识；（2）理论能够将这种理性认识进行概括和表征为知识体系。这种概括通常以概念的逻辑体系所组成的命题及命题网络来体现；（3）理论是人们认识活动的工具和思考的产物，理论的目标是对事物和现象进行描述和解释，并对人们的行为和思想进行引导和规范。

就理论形成的过程而言，首先，理论是科学论证的，基于研究结果所形成的一般化的思想和结论。理论与假说不同，假说是一个未经检验的陈述或观点，当假说经过理性论证或转换为命题假设被检验后，才有可能提升为理论。并不是所有的假说都会转化为理论，理论的形成还受很多因素的影响。理论可以作为理解、解释和预测事物的工具，但理论只是概念框架，并没有包括实践内容。[②]其次，理论既是研究的结果，理论也要对问题给予解释和提供指导方向。当然理论的解释在不同时期的可接受性不同。社会科学研究中普遍将理论的构成要素划分为概念、变量、命题、假设和陈述。理论的这些要素以内在逻辑相关的体系进行表征。例如，德国教学

① 孙正聿：《理论及其与实践的辩证关系》，《光明日报》2009 年 11 月 24 日第 11 版。

② Difference Between Theory and Research，https：//www. differencebetween. com/difference-between-theory-and-vs-research/.

论在概念建立和概念之间逻辑关系建立的过程中，内含思辨演绎的特征，使德国教学理论的独特性得以体现。[①] 以不同主导概念形成的教学论学派的理论体现了多元类型的发展趋势，但这并没有从根本上影响德国教学论学科的整体地位和研究范式，德国自己也认可实证研究是必要的，但并非是绝对的学科条件。

（二）研究

海德格尔曾说："我们今天称之为科学的本质乃是研究"，而"研究的本质在于：认识把自身作为'程式'建立在存在者领域中。'程式'在这里不单单指方法和程序，因为任何程序事先都需要一个它借以活动的敞开区域。而对这样一个区域的开启，恰恰就是研究的基本过程"。[②] 从某种意义上来说，"研究本质上在于使存在者成为确定性的表象可加以认识"。[③] 研究是一项系统性的创造性工作，旨在增加人类的知识存量，并利用这些知识进行新的应用。研究是解决问题的一种系统的、实践的方法论。一般情况下，人们在问题研究之前会进行假设，这个假设代表了人们在试图理解和解释事物现象的一种猜想，研究是要围绕假设运用方法来论证假设的正确与否。假设可以是对或错，如果假设被研究结果证明是正确的、积极的，那么假设就可能会在经验规律总结之后的理性认识中升华为理论。任何研究都应该是科学的、可重复的。社会科学研究的目的在于认识和理解社会世界。这种认识和理解的过程，首先是要对社会事物或现象进行准确的描述，即经验研究；然后再对这种社会现象产生的原因做出解释，即理论建构。经验研究是理论建构的准备，理论建构是经验研究的发展。[④] 研究是一个可重复的过程，且研究论证的形式不是唯一的，需要根据目的、方法论选择不同类型或多种类型的交叉运用，如量化

① 路书红：《教学理论建设的方法论比较》，山东人民出版社 2010 年版，第 142 页。

② ［德］海德格尔：《林中路》，孙周兴译，上海译文出版社 1997 年版，第 74 页。

③ 周昌忠：《科学的哲学基础》，科学出版社 2013 年版，第 109 页。

④ 林聚任、刘玉安主编：《社会科学研究方法》，山东人民出版社 2004 年版，第 45 页。

研究、质性研究或是规范研究。

（三）科学

“science”的词源是拉丁语“scienetia”，意思是“知识体系”，用以解释和预测世界，这个知识体系是通过科学研究所获取的结果。[①]《现代汉语词典》（第6版）和《辞海》中的解释相对一致：“反映自然、社会、思维等客观规律的分科的知识体系。”对于“科学”的界定和说法同样也存在使用语境或特定语言共同体的实践差异。亚里士多德认为，规范科学的证明是精心研究的结果，是遵守逻辑推理模式而清晰明了的。[②]有学者认为“科学是理论知识”，或者认为“科学必须建立在观察和实验的结果基础上并接受其检验的认识的争论”。[③]也有学者认为科学是指“获取知识的学问或存在于学问中的知识”，此时“科学是知识”，但科学与知识并不是完全等同的关系，因为“不是所有知识都是科学”，那些缺乏相互联系或孤立出现的日常知识就不能称为科学。[④]那么，哪些知识可以称为科学？对此，罗素曾把“科学”规定为诉诸人类理性的“确切的知识”。贝尔纳将科学限定为“一种方法，一种积累的知识传统”。《韦伯斯特新世界大辞典》中的界定是“科学是从确定研究对象的性质和规律这一目的出发，通过观察、调查和实验而得到的系统的知识”[⑤]。尽管至今对“科学”还没有一致的共同认识，但从上述解释中，都共同表达了科学是“知识体系”，且科学存在分“科”的不同领域，即知识会分属于不同科学。

早期人们对科学的界定限定在自然科学层面，随着研究领域的不断分化，科学的分类逐渐多元化。从不同标准和不同角度对科学

---

① https：//www. britannica. com/science/science，2017 - 10 - 1.

② ［美］克里斯托弗·希尔兹：《亚里士多德》，余友辉译，华夏出版社2015年版，第97页。

③ ［美］戴维·林德伯格：《西方科学的起源》，张卜天译，湖南科学技术出版社2016年版，第1页。

④ 黄正华：《人文社会科学方法论》，社会科学文献出版社2016年版，第11页。

⑤ 林聚任、刘玉安主编：《社会科学研究方法》，山东人民出版社2004年版，第2页。

的认识，不仅影响其概念本身的理解，还会影响分类的概括。第一种代表性观点是将“科学”分为基础科学和应用科学两类，或称为纯科学与应用科学。基础科学包括经验科学和正规科学，经验科学依赖于经验的观察所形成的知识，具体又包括社会科学和自然科学。诸如逻辑学和数学被单独归类为正规科学，工程学和医学等被归类为应用科学。应用科学把学术研究运用到人类具体的需求中。[①] 第二种典型观点将“科学”分为自然科学（基础科学、应用科学和开发科学）、社会科学、思维科学、人体科学、边缘科学、哲学、科学学。[②] 第三种观点的分类是自然科学和人文社会科学，或自然科学、社会科学和人文科学。一般认为，社会科学是对“人组成的社会关系或社会环境”的研究，而人文科学直接以“人自身”为研究对象。[③] 尽管人们已经试图对科学进行明确分类，但依然难以给出明晰的区分标准，因为它们都是与“人”密切相关的学科，只是各自的关注倾向不同，尤其是社会科学所关注的是人的社会，而不是纯粹的社会。人文科学所关心的人，也一定是社会中的人或具有社会性的人。正如皮亚杰指出这种人为的分类很难做出本质上的区别，“只有当人们能够在人的身上分辨出哪些是属于他生活的特定社会的东西，哪些是构成普遍人性的东西时，这种区分才有意义”。[④] 同样，对于教育学、教学论的学科，我们很难明确区分哪些是属于社会科学的研究对象范畴，哪些又是人文科学的研究对象范畴。为了使问题简单化也避免过多争议，这里将教育学看作人文社会科学。

无论何种争论，我们都不能否认，科学建立的两大支柱是逻辑（或理性）与论证（或验证），二者缺一不可，其中逻辑既需要已

---

① Branches of Science，https：//www. sciencemirror. com/branches-of-science-the-complete-list/#Themainbranchesofscience.

② 梁福军：《科技语体语法、规范与修辞》，清华大学出版社2016年版，第112—117页。

③ 刘鸿武：《文史哲与人生——人文科学论纲》，云南大学出版社2010年版，第31—32页。

④ ［瑞士］皮亚杰：《人文科学认识论》，郑文彬译，中央编译出版社2002年版，第1页。

有科学理论的支撑，也是描述和处理问题联系和形成新的科学知识和理论的基础；而论证的研究过程则旨在提供证明问题之间的关系存在与否的手段。因此，科学具有三层含义：一是科学作为名词，科学指知识的主体，即科学知识；二是科学作为形容词，即科学所产生的知识的强大和可靠的作用；三是科学作为动词，即科学也指知识发现的过程，这个过程一直在持续进行而不会终结。当然，自然科学和人文社会科学在科学研究中对问题的分析单元、方法和可检证性都会有不同倾向的差异。

（四）知识

关于知识的概念界定有多种，国外字典中按名词形态的释义就有9种：（1）事实、真理或原则；（2）特定的学科或学习分支；（3）通过视觉、经验或报告获得的认识；（4）认识或事实、真理；（5）知道、认识或意识；（6）可能已知事情或信息；（7）随着时间积累的真理和事实的主体；（8）已知的集结；（9）古语用法。[①] 即使是在西方哲学认识论中，对知识的界定也并不相同。传统知识论的“三元定义”，源于柏拉图将“知识”定义为一种确证了的、真实的信念，即知识由信念、真、确证这三个要素组成。以培根为代表的经验主义哲学将知识看作经验的结果。以笛卡尔、斯宾诺莎为代表的理性主义哲学将知识界定为理性思维的结果。[②] 在中国，“知识是人类认识的成果或结晶”是最为普遍的一种解释。《哲学大辞典》中除了有类似的界定外，还补充了知识分为经验知识和理论知识的类型，并且指明知识通常以概念、判断、推理、假说、预见等思维形式和范畴体系表现自身的存在。[③]《中国大百科全书·教育》中认为，知识是客观事物的属性与联系的反映，是客观世界在人脑中的主观映像。当这种映像是认识主体对事物的感性知觉和表

① https：//www. merriam-webster. com/dictionary/knowledge，2017 - 12 - 21.

② 周险峰主编：《教育基本问题研究：回顾与反思》，华中科技大学出版社2016年版，第76页。

③ 《哲学大辞典（分类修订本）》，上海辞书出版社2007年版，第45页。

象，属于感性知识；当这种映像是关于事物的概念和规律，则属于理性知识。知识的“经验—理论”结构是由认识主体的“感性—理性”结构决定的，从而将知识划分为观察概念和观察命题以及理论概念和理论命题。[①] 当然，也有学者从知识系统论和知识的载体角度认为，“知识就是信息化、客观化的本体；知识系统就是意识化、符号化和结构化的信息系统”[②]。

对于什么是知识的问题理解，我们需要从知识的本质来看待其概念核心，对知识本质的理解之所以重要，是因为这决定了我们如何看待世界。首先，不能否认知识是认识者认识事物的结果，也就是说“知识”是通过“认识”或“知道”来表达的。在梵语的古语中，“认识”是“经过”。也就是说，“经历”了或体验了的事情才是所“认识”的。其次，知识源于认识事物或经验，但确定知识之所以为知识的基础是超越时空、具有客观性的一类陈述，并且这一类陈述是真陈述，是通过整理、概括、推理显现和表达出来的陈述，通常表现为一系列概念、原理或范畴体系等。最后，尽管知识是认知主体对事物的主观反映，但知识具有客观性，因为认识的结果作为一种陈述而成为知识，不只是某个认识者接受它，也必须是众多认识者共同接受的结果。因此，知识不仅因其反映客观事物而具有事实客观性，也因其被共同接受而具有接受客观性。

（五）学科

在《辞海》等各类汉语词典和互联网百科中，对“学科”有普遍一致的两种解释：（1）学术的分类，指一定科学领域或一门科学的分支。如社会科学中的教育学、社会学等。（2）“教学科目”的简称。在第一种解释中，学科和科学含义相近，学科是按照学问的性质而划分的门类，即学问门类，其产生、发展是伴随知识的演进而进行的。例如，“X 学”（如物理学、化学等）中的“学”既

---

① 周昌忠：《科学的哲学基础》，科学出版社 2013 年版，第 104 页。

② 李喜先等：《知识系统论》，科学出版社 2011 年版，第 5 页。

可指“知识体系”（X 科学），又可指“学问门类”（X 学科），具体含义指向取决于具体的语境或所要表达的语义。① 当然，如果要把学科和科学区别开来的话，一是学科是科学的领域或分支，二是学科更突出知识的门类。具体而言，专门化的研究活动总是在特定的、有限的领域进行，从这个角度来说，研究所形成的知识可以说是学科知识，同时，从知识本身所属门类的角度而言，也可以说是科学知识。因此，在知识层面，学科和科学的概念差异不大。

然而，学科概念随着知识传播和大学组织建制，其内涵也比上述原初的知识领域或学问分支要丰富。中国有学者对现代学科概念内涵进行了归纳，认为学科的含义实际上可以分为四大部分：（1）逻辑范畴和知识体系；（2）浸在其中的学科精神和学科制度、规范；（3）学科的具体社会组织，如学院、学系、研究所等；（4）更广泛意义上的学科的社会分工、管理、内部交流机制等。② 正是因为学科概念内涵的复杂，对于衡量一个学科成立和成熟的标准相当困难。即使是现有的学科评估指标体系，也不能完全平息人们对一门学科的争论，也不能完全呈现一个学科之所以为学科的内在本质要求。正如华勒斯坦所说：“称一个研究范围为一门‘学科’，即是说它并非只是依赖教条而立，其权威性并非源自一人一派，而是基于普遍接受的方法或真理。”③ 对此，有学者对学科成立条件进行了系统分析，认为研究对象的独立性和独特性；相关学科的建立、成熟；社会需要；为人类整体的幸福和发展服务是学科成立的条件。④

当然，符合成立条件的科学领域并非一开始就是学科的，即使学科成立后还需要经过一定的发展才能成熟，对学科成熟的判断依

---

① 梁福军：《科技语体语法、规范与修辞》，清华大学出版社 2016 年版，第 110 页。

② 刘小强：《学科建设：元视角的考察》，广东高等教育出版社 2011 年版，第 19 页。

③ ［美］华勒斯坦等：《学科·知识·权力》，刘健芝等编译，生活·读书·新知三联书店 1999 年版，第 13 页。

④ 刘小强：《学科建设：元视角的考察》，广东高等教育出版社 2011 年版，第 26 页。

据一方面通过成熟的理论体系和学科范式，另一方面通过认识程度和组织程度，如学会、研究院所、大学的学院、出版物和机构、图书序号等[①]。如果按照现代学科概念的解释和划界范围，学科是以独立研究领域的科学学术范畴为主，并具备完善的组织结构而发展起来的门类。

（六）相关概念关系辨析

上述概念分析，已然体现了理论、研究、知识、科学、学科之间非常复杂的交织关系。它们相互之间有着密切的关联，又不是完全等同的关系。一个概念的界定要么需要借用另一个概念来解释，要么需要作为界定这个概念的核心词汇。为了突出本书对“理论”的研究主题和研究兴趣，此处主要辨析“理论”与其他几个概念之间的关系。

（1）“理论”和“研究”的关系：理论和研究是不可分割的，但两者也存在区别和联系。首先，研究是扩大现有知识基础、创造新知识的一种途径。理论是一个广义的概念，是对事物的解释。理论由研究成果构成，但研究结果的陈述并不能直接等同于理论，因为研究结果的陈述通常是单称陈述，且研究结果本身属于经验规律，而理论则是全称陈述且是理论规律。其次，理论是一种服务于规划、检验研究和研究成果的基础文本，研究是产生新知识的创造性工作，理论可以用来推导经验性研究中的假设。[②] 再次，理论不包含实践要素，研究则是一种实践方法。最后，理论也影响研究者的已有知识和前理念，研究又是构建新理论的基础和途径，如果研究结果证明假设是积极的、正确的，研究假设就可能会成为理论，理论是在一系列研究结果基础上形成的。[③] 概括而言，理论既需要

---

① 费孝通：《关于社会学的学科、教材建设问题》，《西北民族研究》2001 年第 2 期。

② ［德］F. W. 克罗恩：《教学论基础》，李其龙等译，教育科学出版社 2005 年版，第 108 页。

③ Difference between Theory and Research，https：//www. differencebetween. com/difference-between-theory-and-vs-research/.

通过研究结果来建构，也可以成为研究的指导依据和研究条件。

（2）“理论”与“科学”的关系：所有科学领域都有理论。因为科学最终寻求的一是获得抽象的和陈述规范的理论，二是通过经验事实检验可信程度。[①] 人类在长期的社会实践中对客观规律的认识积累，在理论上不断总结与概括，就构成了科学的发展过程。美国学者杰弗里·亚利山大指出：“理论的确是科学的核心。尽管理论总是涉及活生生的‘现实’并与之密切相关，但是，在社会科学的实践中，正是理论自身产生了检验事实的实验，正是理论构造了社会现实，即科学家研究的‘事实’。”[②] 科学研究的目的是获得理论，科学发展同样需要理论的概括和总结，理论的形成反过来又需要建立在科学研究的基础上，进行假设、分析、思考、推理并最终形成结论。“理论可以既被看成科学认识过程的结果，又可以被看成该过程的条件。这些特点形成了理论在科学中的中心地位。”[③] 英国哲学家拉卡托斯主张以理论系列代替单个理论来说明科学的发展，认为理论系列是区分科学与非科学、评价科学进步的基本单元。[④]

（3）“理论”与“知识”的关系：由于“认识主体总是凭借理性范畴而把知识对象作为客体整体去认识的，这就决定了知识总是采取理论的形态”。换句话说，“知识作为研究成果，总是结体成理论，以之作为独立完整的形态单元”。[⑤] 理论由知识组成，组成理论的知识不仅具有科学性，也应具有理论性，知识只有上升到理论层次，并具有客观性、可靠性和验证性才能成为科学知识，知识才能

---

① ［美］乔纳森·H. 特纳：《社会学理论的结构》（第7版），邱泽奇、张茂元等译，华夏出版社2006年版，第2页。

② ［美］杰弗里·亚利山大：《社会学二十讲：二战以来的理论发展》，贾春增等译，华夏出版社2000年版，第3页。

③ ［德］F. W. 克罗恩：《教学论基础》，李其龙等译，教育科学出版社2005年版，第108页。

④ 冯契主编：《外国哲学大辞典》，上海辞书出版社2008年版，第318页。

⑤ 周昌忠：《科学的哲学基础》，科学出版社2013年版，第106、111页。

够被提炼和积累，进而用以解释社会事物和社会现象。理论是知识的自我表现，即知识的科学语言阐述，理论也是科学知识的基本单位。[①]

（4）“理论”与“学科”的关系：第一，如果说理论是知识体系，学科就是知识体系的门类。理论是构成一门学科的基础，体现着学科的性质。即“学科是一个领域的理论的集合”[②]。一个领域可以有非常多的理论，比如教育学领域有教学理论、课程理论、德育理论等。第二，理论和学科不是对等的，除了概念范畴不同，还在于理论是跨学科的，不仅表现为理论可以凭借某种方法上的有效性而进入众多学科里，而且体现在理论仍是众多学科用以分析问题的有效工具。[③] 如认知主义、人本主义不只关涉教育研究，也是教育研究和反思的理论工具，而且也是众多人文学科用以探析问题的理论依据。第三，学科独立和形成与研究领域理论的成熟并不是对等关系。学科的独立需具备研究对象、研究方法、重要程度、实践需求等必要条件，而学科的成熟必须依靠学科理论达到体系结构的成熟。理论研究与学科独立并不一定是同步的，不是所有的理论都会纳入学科体系中，也不会因学科走向独立而停止各自的发展脚步。第四，理论和学科有着各自独特的发展逻辑，学科因学科责任和使命的特殊性而具有自己独特的学科体系，理论也会在“归属感”的基础上推进研究的深化进而体现学科独立后的发展要求。第五，学科的成熟和发展不是直线式的状态。在这个发展过程中，理论在滋养和充实学科内容的同时，也会受其他学科影响而逐渐出现理论的分化和独立，当分化出来的理论逐渐达到学科成立的条件时，就形成了分支学科。如此，理论和学科不断循环交织，相互渗

---

① 李振伦：《理论·理论性·理论检验》，《河北学刊》1987年第5期；Harold I. Brown, “A Functional Analysis of Scientific Theories”, *Journal for General Philosophy of Science*, Vol. 10, No. 1, 1979, pp. 119 - 140.

② 钱小一：《思维工程导论》，上海社会科学院出版社2015年版，第224页。

③ 邢建昌：《理论是什么——文学理论反思研究》，人民出版社2011年版，第17页。

透，相互推动理论的发展和学科的成熟。二者既不是平行关系也不是包含关系、拼接关系或等同关系，而是有着共同愿景的、复杂的、立体的、交织的“共同体”。

综上，理论、研究、知识、科学和学科之间的关系是复杂的交织关系，明确它们的概念内涵对于我们确定教学理论的属概念，认识和理解哪些知识、哪些研究结果可以称为教学理论，以及关于教学的知识在理论和学科之间的关系如何，如何看待教学理论的科学性等问题，都有着非常重要的认识基础。

二　人文社会科学理论的要素

在明确了理论的概念，特别是理论与相关概念的关系后，还需要进一步分析人文社会科学理论的逻辑要素，从而有助于强化对人文社会科学理论的认识和理解。科学认识的系统汇集组成复杂的理论，并不是不可知或不可判断的，基本元素之间的联系和结构仍然以某种逻辑关系可以被辨别、认识和陈述。“这种逻辑关系被视为系统控制的和有效的知识，并具备普遍有效性。”[①] 尽管对于学科理论所应具备的要素，存在自然科学领域和人文社会科学领域认识上的差异，但一般来说，相对一致的共同要素有：

（一）假说

理论总是内置假说，是建立理论解释所必需的一个未经检验的出发点或信念。因此理论中的假说经常是隐性的或未直接阐明的。对于研究者而言，如果要深化认识和理解，就必然要确定理论所依据的假说。例如，关于“书”的理论假说是借助纸张、系统写作、可以阅读。如果缺少这个假说，“书”的观念也就缺乏意义。这里的假说不同于命题的假设，假说强调的是提出一个确定的但未经证明的预设或前提假设，有的理论明确提出，有的理论是隐性内置

① ［德］F. W. 克罗恩：《教学论基础》，李其龙等译，教育科学出版社 2005 年版，第 108 页。

的，假说把事情看作确定的，不强求证据的支持；假设强调的是根据已知事实提出并有待于进一步论证或研究的假说。① 假设往往是对一组尝试性命题陈述，具有直接的检验性。假说则并不一定是显性的命题的陈述方式，也并不一定可直接检验，但是具有可检验性。

（二）概念

概念是理论的最基本要素，是构筑理论的"砖瓦"。爱因斯坦曾说："科学并不满足于提出经验规律；它倒是试图建造这样一个逻辑体系，这个体系……是许多概念的总体。"② 理论陈述正是通过概念来展开的，而概念之间相互联系就必然会形成一定的逻辑结构。概念包含两个部分：符号（词语或术语）和定义。概念的创立来源于个人经验、创新性思考或经验性观察、经典理论等方面，是对所认识事物和现象的一般和共同属性的抽取和概括。它体现了主观和客观、抽象和具体、共性和个性的对立统一。③ 概念会因抽象水平、（具体和抽象）、类型（单个和群）、复杂水平（简单和复杂）以及范围（狭义和广义）而产生差异。④ 这也表明，概念（尤其是抽象概念）以及特定概念分析单元的明确界定对于人文社会科学理论都尤为重要，概念有助于理论和研究之间的紧密联系，研究的目标价值之一就是澄清和提炼概念。

（三）关系与命题

除了提出假设和确定概念之外，理论也要具体说明概念之间的关系及其类型。理论在描述关系特征时，要明确指出概念之间的关系是属于紧密的还是微弱的，直接的还是间接的，即时的还是延后

---

① Difference between Hypothesis and Assumption，http：//www.differencebetween.info/difference-between-hypothesis-and-assumption. 2017－10－2.

② ［美］爱因斯坦：《爱因斯坦文集》（第三卷），许良英等编译，商务印书馆1979年版，第368页。

③ 范伟达、范冰编著：《社会调查研究方法》，复旦大学出版社2010年版，第39页。

④ ［美］威廉·劳伦斯·纽曼：《社会研究方法：定性研究与定量研究（英文版）》，人民邮电出版社2010年版，第54—57页。

的，互动的还是权变的等。这种对概念之间关系的理论陈述就是命题。研究者正是通过评价命题与事实经验和数据的一致程度来了解和判定命题的真实性。要完成这个工作就需要将命题演绎为假设，也就是说，假设是对理论命题的尝试性陈述，它还含有不确定性，需要通过研究检验过程进行证实、修正或否决。尽管假设不是理论命题，但假设经过不同情境的证明和验证后可以归纳为理论命题。

从标准化和确定性的角度，人们都希望理论是由确定性的元素汇集而成，这样就像数理逻辑中的集合那样更容易把握和评价。但事实上，理论如果作为集合，它的元素是无法完全确定的。首先，究竟要将集合元素定义为字符、句子还是词语的意义，或是它们的全部，理论不作这样的界定。其次，集合中元素的位置可以任意排列，而一篇文章的文字、句子、段落的位置都是固定的，不能随意调动。[①] 最后，理论可以把自身作为研究对象，这也是区别于数理集合的又一特征。

第二节 教学理论概念的逻辑重构

如前所述，对于教学理论的概念界定，不能在还未澄明核心概念的情况下，简单采用“教学+理论”的方式给出循环定义。除了要辨明“教学”（绪论中已界定）和“理论”的内涵，更需要明晰“教化”这个关键词。因为，教学理论不是镂空的方法和手段，也不是纯粹的因果理论。教学理论必须体现自身的逻辑，这其中就不能忽略教学的教育性目的和教育性过程，而“教化”正是连接教学与教育的重要因素，是教学理论概念界定必须考虑的价值前提。也就是说，教学理论不仅仅局限在解释教学现象，更要关注教学作为研究对象在自身实践逻辑上对人的成长的价值意义。各国教学理论也正是基于这样的价值立场，都将“教化”作为其中的重要概念来

---

① 陈志红：《相对性知识：理性沉思录》，广东人民出版社2002年版，第177页。

探讨。

一　“教化”的意义流变与概念分析

在德国、苏联、日本和中国的历史文化语境中，“教化”都被看作教学论的研究内容和核心关键词。它们共同源于德语词汇“Bildung”。这个词是德国教学论的核心概念，被看作教育的目的和过程，或者可以说“教化才是教育的根本目的，教育不过是促进教化的工具”。[①] 正是由于“教化”更多地体现了教育相对独立性的传统，并彰显了教育自身的逻辑，因而在后续借鉴德国教学论的国家都吸收了这一核心概念，只是在本土化处理中进行了不同词汇的对应性表达。相比创制概念的内涵本意，这个词汇在跨文化历史流变过程中，也相应地存在部分意义的流失。既然“教化”在教育教学自身逻辑中具有不可或缺的特殊地位，那么我们就有必要深入地梳理这一概念的内涵及其跨文化指向，以便于在教学理论的概念解释和界定中，至少能够完成对它的渗透性表达。

“Bildung”源自古德语单词“bildinge”，在词源上有四种拉丁语含义：形象；形式；灵魂的培养以及形成[②]，源于古代希腊主义的精神修养、灵魂培养和基督教教义的传统，因而在教育中的使用是一种隐喻，被赋予了一种神秘色彩。[③] 各国学者对其含义延伸和解释也不尽相同。即使是在英语中，学者们也认为“Bildung”是一个难以解释的概念，英美学者对此有多种翻译，如“受教育”“形成、塑造”“自我形成”“自我发展”“培养”“文化过程”。对于使用哪个词翻译更能体现原义，学者们的看法并不一致，史蒂芬·霍普曼等学者认为“形成、塑造”更能反映本意，且夸美纽斯

---

① 彭正梅：《德国教化思想研究》，《教育学报》2010 年第 2 期。

② Sven Erik Nordenbo，“Bildung and the Thinking of Bildung”，*Journal of Philosophy of Education*，Vol. 36，No. 3，2002，p. 341.

③ Sven Erik Nordenbo，“Bildung and the Thinking of Bildung”，*Journal of Philosophy of Education*，Vol. 36，No. 3，2002，pp. 342 – 343.

也曾使用过这一词汇。韦斯特伯里认为“形成”是最合适的解释，因为其内涵接近宗教或精神形式的概念。[①] 还有学者指出“Bildung”的词根是“Bild”，是“形象”的意思，其派生形式就是一种新的创造性习惯形成的过程。基于此，“Bildung”可以解释为一个人塑造和发展自己及其文化的创造性过程，并在这个过程中，不断寻求更高级的生活方式。[②] 史蒂芬·霍普曼认为，在这个过程中，无论做了什么或学了什么，都是为了发展自己的个性，展现自己的能力。[③] 石中英指出，德语“Bildung”并不与英文“Education”是对应词汇，德语“Erziehung”与“Education”相对应，都起源于拉丁文“educare”，是“引出”“牵引”“使生长”等意思。“Erziehung”一词经常与“科学”联用，指称教育学学科。[④] 国内学者对“Bildung”的翻译也不一致，主要翻译为“教养”“教化”“修养”“陶冶”“化育”等几种表述。其中多数翻译为“教养”。主要研究德国教育的学者彭正梅曾对德国教化思想进行过系统研究，并认为“教化”更接近德语“Bildung”和英语“cultivation”，且与中国传统教化思想有着一定的共通性。[⑤] 由于“教养”“教化”等词汇作为教育的术语与传统文化日常用语会出现某种界定上的不一致，因而也会影响其内涵的确切性使用，这也是为什么丁邦平、王飞等学者建议使用“化育”来指称“Bildung”。

---

① Brian Hudson, “Approaching Educational Research from the Tradition of Critical-constructive Didaktik”, *Pedagogy, Culture and Society*, Vol. 11, No. 2, 2003, pp. 173 - 187.

② Pauli Siljander, Ari Kivelä and Ari Sutinen, *Theories of Bildung and Growth: Connections and Controversies Between Continental Educational Thinking and American Pragmatism*, Rotterdam: Sense Publishers, 2012, pp. 2 - 4.

③ Stefan Hopmann, “Restrained Teaching: the Common Core of Didaktik”, *European Educational Research Journal*, Vol. 6, No. 2, 2007, pp. 109 - 124.

④ 石中英：《教育学的文化性格》，山西教育出版社 1999 年版，第 118 页。

⑤ 彭正梅：《德国教化思想研究》，《教育学报》2010 年第 2 期。本书选择“教化”作为概念分析的术语表达，也是考虑到这一种翻译既能较完整地反映“Bildung”创制本义，也能与中国传统教化思想具有共通性，从而使教化重回教育教学的逻辑核心具备了国内外共同思想源流。当然，使用“教化”而不是“教养”也是为了避免概念术语与日常用语之间的混同而影响概念理解的确切性。

在希腊语中，“Paideia”的概念与教育的概念密切相关。而有着古老历史渊源的“Bildung”在18世纪50年代就开始用于启蒙教育思想，并在18世纪末在教育中流行开来，它可以被看作“Paideia”的德语解释。[①] 赫尔德被认为是德国“教化”理论的奠基者。他认为教化专注于人体的内在自我发展和自我转化的过程，教化不是基于知识，而是建立在情感上的人性教化。赫尔德对“教化”的诠释奠定了德国教育学和教学论中对此概念应用的基础。在他的影响下，“教化”成为德国哲学、教育学都避不开的一个典型术语，洪堡继而成为教化理论的集大成者，他强调教化应该是一种普通的教化，是针对所有人的所有方面的教化。教化不仅仅是作为目的的教化，即人的整体性发展和自主性发展，同时教化也是作为过程的教化，是个体与世界相互作用中达到人的完整性发展。[②] 在德国教育传统中，培养或养育可以根据社会的要求，但一个人要获得教化，是需要在教育过程中积极主动地完成自我形成和发展。换句话说，教化强调一个人要想使自己和文化与实践建立联系，就必须是一个主动化的过程。这个过程突出了教化是要遵循人的发展本质。[③] “教化”在德国教学论中占有重要地位，以“教化”为主导概念的教学论学派坚持将这一概念作为教学论基本范畴的形式和实质因素。克拉夫基曾在1995年和1998年都明确强调过“教化”的三大要素：自我决策、共同决定和团结。[④]

“Bildung”在苏联被译为“образование”，其含义也相应发生了改变，这是因为苏联传统教学论中所说的教学，其职能比较单

---

① Talk: Bildung, https://en.wikipedia.org/wiki/Talk: Bildung. 2017－8－25.; Paola Giacomoni, “Paideia as Bildung in Germany in the Age of Enlightenment”, http://www.bu.edu/wcp/Papers/Mode/ModeGiac.htm. 2017－8－25.

② 彭正梅：《德国教育学概观——从启蒙运动到当代》，北京大学出版社2011年版，第81—82页。

③ Sven Erik Nordenbo, “Bildung and the Thinking of Bildung”, *Journal of Philosophy of Education*, Vol. 36, No. 3, 2002, pp. 341－352.

④ Brian Hudson, “Approaching Educational Research from the Tradition of Critical-constructive Didaktik”, *Pedagogy, Culture and Society*, Vol. 11, No. 2, 2003, pp. 173－187.

一、孤立，教学旨在向学生传授知识、技能和技巧，后来把教学的这一职能称为“教养职能”。[①]“教养”被看作教学的知识、技能传授任务。苏联对教养内容进行了“可视化”制订，包括教学计划、教学大纲、教科书、教学参考书等。在乌申斯基、斯卡特金和巴班斯基看来，教学论是教养和教育的理论。教学的目的和任务包含教养和教育两部分，巴班斯基认为，属于教学的这种教养性目的或教养性任务的，包括培养学生掌握各种社会的和政治的、人文科学方面的、自然科学和数学方面的、劳动、技术和其他方面的基础知识；培养他们具有各门学科的专门技能。完成这些任务，也就为学生科学世界观的形成奠定了基础。[②] 乌申斯基也同样指出“教学的教养任务在于以最简易的方法保证儿童掌握自然和社会的各种知识”[③]，斯卡特金认为“教养的社会职能，是传递前代人所积累的经验。这个经验是什么呢？是活动，具体体现在知识、技能、创造力和对待世界的态度上。”[④] 教养内容也就相应被划分为上述四种类型，[⑤] 认为它们是人类社会经验和文化的共同要素，这一观点得到了苏联教育界的普遍认同。因此，苏联教学论一直重视对教养内容进行科学论证，即编制教学计划、教学大纲、教科书的科学原理。由此可见，“образование”在苏联教学论领域的含义已明显不同于德国“Bildung”神秘主义色彩的内涵，尽管都关涉人的发展问题，但前者更为“直白”，对促进人发展的操作性教学内容的强调更为明确；后者则植根于德国哲学与文化，强调人与世界和文化的相互作用过程，强调在这个过程中人的整体性发展，从而达到人与世界

---

① 杜殿坤主编：《原苏联教学论流派研究》，陕西人民教育出版社 1993 年版，第 39 页。

② ［苏］巴班斯基：《教学教育过程最优化》，吴文侃译，教育科学出版社 2001 年版，第 7 页。

③ ［苏］洛尔德基帕尼泽：《乌申斯基教育学说》，范云门、何寒梅译，江苏教育出版社 1987 年版，第 187—188 页。

④ 杜殿坤主编：《原苏联教学论流派研究》，陕西人民教育出版社 1993 年版，第 193 页。

⑤ ［苏］斯卡特金主编：《中学教学论——当代教学论的几个问题》，赵维贤等译，人民教育出版社 1985 年版，第 8 页。

的相互联系。

日本将源于德语的“Bildung”译为日文“陶冶”或“教養”，意指依据模范或原型造就人，追求古希腊精神和身体统一的理想，即认为不仅仅是知识，还有素质和精神，能够让人类整体地发展和培育自己的本性。基于此，日本教授学重视并强调教学的教养素材——教材的重要性。[①] 日本学者佐藤正夫进一步指出，在学校教育中，构成有目的之教学内容的最重要因素是在各门学科中向学生传授的知识内容。它一般被称为“教养财富”或“教材”，是由各门科学的知识素材构成的。换言之，构成教学内容最重要的要素是教养财富，它是由各门科学的知识素材构成的。[②]

中国对“Bildung”的早期认识应该属于一种间接的“转道”式借鉴，即通过日本和苏联的术语转译。“образование”在国内被译为“教养”“教学”或“教育”；日文“陶冶”或“教養”因其接近汉语，被以最直接的方式翻译表述为“陶冶”或“教养”。这些看似简单的词汇翻译过程，实际上至少发生了两次概念意义流失，一次是日本和苏联对德语“Bildung”翻译时的意义流失，另一次是国内在二次转译时的意义流失。作为教育逻辑核心的“教化”，在这种跨文化的意义流变中也越来越被忽视了其中的特殊内涵。这也就是为什么我们在借鉴日本和苏联的教学论研究成果时，尽管接触和涉及了“教化”或“教养”的概念，但事实上已经缺失了“教化”在教学论体系中应有的核心位置，最终教学论以“关于教学的一般原理”或“研究一般教学问题的科学”的学科形象和定位被借鉴和传播。以沈颖等学者先后两次翻译凯洛夫《教育学》第二编第四章标题为例，1950 年新华书店版本表述为“教育

---

① ［日］佐藤正夫：《教学原理》，钟启泉译，教育科学出版社 2001 年版，第 23 页；佐藤正夫：近代における教授学の形成とその発展．『教育学研究』．1975，42（3）：179 - 189. https：//www. jstage. jst. go. jp/article/kyoiku1932/42/3/42_ 3_ 179/_ pdf/ - char/ja，2018 - 3 - 10.

② ［日］佐藤正夫：《教学原理》，钟启泉译，教育科学出版社 2001 年版，第 60—62 页。

和教学的内容”，而1953年人民教育出版社版本又表述为“教养和教学的内容”。由于这一标题下的内容包括教学计划、教学大纲和教科书，后来很多国内学者在借鉴过程中舍弃了原有表达，将其直接概括为教学内容，使教学内容脱离了“教育”或“教养”的顶层目的和理念。当然，这也与学者们对俄语中的很多词汇混译有很大关系。因此，有学者认为舍弃德国或苏联“化育”（教化）的核心概念，只留下作为手段的教学概念，或许是中国教学论总是沦为一种技术性工作的原因之一。[①] 在词汇翻译上，“Bildung”被译为“教养”的频次最高，这样翻译的本意是为了更好地还原德国哲学传统渊源，然而遗憾的是，用中国传统文化概念中的“教养”作为释义，并没有表达“Bildung”关于“教育培养”和“人的全面和谐发展”的全部内涵，反而引来了很多曲解或误解。人们往往会将学术用语“教养”所指向的“Bildung”误认为是对日常用语“教养”所指向的“道德文化素养”或“文化品德方面的修养”，从而使教学论中的教化往往被缩水为“德育”层面的内容。此外，中国学者将俄文“образование”解释为“教养”的具体指向也不尽相同，有译者将其等同于“教学”或“教书”，认为苏联教学论中的教养和教育职能可以被理解为“教书育人”，[②] 有的译者认为“教养”就是适合汉语习惯的“教育”。[③] 即使是在凯洛夫《教育学》版本修订过程中，也出现翻译不确定、与“воспитание”词义互换的现象。[④] 事实上，教学是教育的中心，教学承载着教育目的的实现，因此教学具有教育性。赫尔巴特所说的“不存在没有教育性的教学，也不存在不依托教学的教育”，正是表达了这样的意思，由于赫尔巴特把教育的目的概括为德行，因而突出教学对德行这一教

---

① 王飞：《跨文化视野下的教学论与课程论》，山东人民出版社2014年版，第192页。

② 杜殿坤主编：《原苏联教学论流派研究》，陕西人民教育出版社1993年版，第39页。

③ ［苏］达尼洛夫、叶希波夫编著：《教学论》，北京师范大学外语系1955级学生译，人民教育出版社1961年版，第1页。

④ 南致善：《凯洛夫“教育学”中译本校订者南致善先生的来信》，《人民教育》1952年第1期；陈侠：《凯洛夫「教育学」中译本第二次修订述要》，《人民教育》1953年第3期。

育目的的实现。苏联将“教育性教学”理解为运用教学手段对学生进行思想政治教育、世界观教育和道德教育等（总称德育）。[①] 国内很多学者就此误认为“教育性教学”就是对教学的德育目标的要求，同时又将“教养”等同于道德，并将其误解为“教育性教学”的核心，而忽略了“生存和生活能力的广泛发展”的内涵。

总的来说，无论“教化”在跨文化语境中如何被具体解释，但都不应否认它聚焦的是促进人的完整性发展这一核心释义。德国之所以将其作为教育、教学、教育理论和教学理论的核心概念，就在于秉承“教化是一个动态的领域，一种生命的推动力”[②]，能够发挥这种力量从而在人实现自我的过程中体现出教育教学的自身逻辑和相对独立性。就此而言，我们对教学理论的认识不应停留在一般方法原理或问题原理的形象上，教学和教学理论都不应只关注技术性层面的问题解决，更要反映促进人完整性发展的整体性宗旨。

本书之所以强调“教化”的内涵重新回归到教学理论的概念界定中，旨在体现教学理论所承担的——如何通过教学促进人的完整性发展——宗旨和使命，但为了避免“教化”“教养”与已有传统日常汉语词汇的混同，或是因抽象和神秘而引来更多误解，教学理论概念界定中将使用“教化”释义后的表述——促进人的整体性发展。

二 教学理论概念的逻辑重构

概念随处可见，也被随时使用，而描述概念尤其是抽象概念本身却是一件难事，但绕开概念直接对理论进行反思又容易缺少评判的基础。因为概念不仅是理论的最基本要素，还是构筑理论的“砖瓦”，更承担着陈述、解释、表明、交流的功能。同样，对于教学

---

① 杜殿坤主编：《原苏联教学论流派研究》，陕西人民教育出版社 1993 年版，第 19 页。

② Paola Giacomoni, “Paideia as Bildung in Germany in the Age of Enlightenment”, http://www.bu.edu/wcp/Papers/Mode/ModeGiac.htm. 2017 - 8 - 25.

理论而言，只有在明确“什么是教学理论”的基础上，才能进一步探析“教学理论是什么”的问题。

（一）本土语境中教学理论概念定义的局限

关于教学理论概念定义的争议主要有两种倾向，一是把教学理论看作科学理论，二是把教学理论看作人文理论。即使作为科学理论，也存在不同研究范式的差异，如德国深受古希腊哲学家亚里士多德“科学”概念及思辨哲学传统的影响，把凡是由严密的概念和范畴体系构成的知识体系和建立在这种体系的活动都称为“科学”。而英美则受经验主义、实证主义、分析哲学的影响，认为“科学”是建立在一些事实、资料、数据、符号、公式基础上的陈述系统。[①]二者相比，德国偏重于科学的精神、体系方面，英美则偏重于科学的技术、方法方面。[②]

现实中，“教学理论”在中国作为概念的使用频率很高，但往往在使用中对这个概念的界定不够明确，存在因概念的意义模糊性、使用多义性以及缺少共享性而出现交流融通的困境。从绪论及第二章国内学者们对“教学理论”定义或解释中可以归纳，现有概念定义的局限或不足主要有以下方面：（1）将教学理论看作教学原理、原则和方法，不仅将理论混同为原理、原则，具有片面化的倾向，也缩小了理论的概念范畴。（2）将教学理论解释为教学论或教学规律的学科，一是忽视了理论和学科各自产生的逻辑框架；二是容易在不同语境的理论借鉴过程中很难促成教学理论和教学论学科的融通，造成学科理论“拼盘”现象。（3）将教学理论理解为教学问题的研究或教学的理论研究，尽管突出了理论产生的科学路径，但没有体现教学理论的特殊性，也容易使教学理论陷入纯粹的事实性因果关系研究。（4）将教学理论看作“一般性规定或处方”。这一概念直接借鉴了美国教学理论的概念内涵，但更多突出

---

① 王飞：《跨文化视野下的教学论与课程论》，山东人民出版社2014年版，第31页。

② 石中英：《教育学的文化性格》，山西教育出版社1992年版，第7页。

了理论的功能和作用，而不是概念本身的解释。同时这种“处方”的功能定位只是强调了教学理论的功能之一而非全部属性。(5) 将教学理论界定为人们在思考教学中所形成的旨在探讨、解释和预测教学现象的观念体系，或是界定为对教学活动系统化了的理性认识，是人们借助一系列概念、判断、推理表达出来的知识体系。可以肯定的是，这两类定义不仅与传统学科概念进行了认识上的区分，同时也遵循了社会科学理论的界定逻辑，有其合理性且抽象水平较高。然而，如果把教学理论看作一种“观念体系”，忽略了理论本身的“属概念”特征，容易使教学理论被误解为教学观念的体系。如果把教学理论界定为一种“知识体系”，具有了正确的属概念归属，但这种界定更多的是对科学理论的“平移”，突出教学理论的客观性和封闭性，且相对缺少了教学理论概念的独特意义，而这一独特意义是由教学的自身逻辑和相对独立性所派生出来的，也是凸显教学理论特殊性和必要性的质的规定。此外，参照科学理论的“平移式”教学理论概念往往与教学理论存在的实然形态无法实现逻辑自洽，因为无论是他国文化语境还是中国本土文化语境中的教学理论内容和形态都很难直接与这类概念达到全部匹配，多年来，对教学理论的性质、定位和困境的争论就可以充分说明这一点。

赫尔巴特曾形象地表达了概念的重要性：“假如教育学希望尽可能严格地保持自身的概念，并进而培植出独立的思想，从而可能成为研究范围的中心，而不再有这样的危险：像偏僻的被占领的区域一样受到外人治理，那么情况可能要好得多。”① 教学理论作为认识对象要获得对话基础，就要达到概念的共识，并且要打破传统按照经验性的名称理解，遵循规定性概念的方式来界定。

（二）教学理论概念重构的逻辑理路

对教学理论的概念进行重构，并不是对已有定义的全盘否定，

---

① ［德］赫尔巴特：《普通教育学·教育学讲授纲要》，李其龙译，人民教育出版社 1989 年版，第 9—10 页。

而是在概念意谓的谱系上，对抽象概念的概念化和再概念化的过程，从而使概念的解释和理解从更丰富、更深刻的意义层面追问概念的本义或真义。[①] 这实质上体现了教学理论作为抽象概念的开放性和发展性的应然与实然。概念化和再概念化的过程是对教学理论概念解构与建构的过程，因而有必要先对教学理论概念的界定逻辑进行梳理，明晰概念是如何被定义的。

（1）概念结构与定义规则

一般认为，概念就是揭示或反映事物的本质。但这种概念解释往往关注的是具体事物的概念，对于虚概念（例如“神”）和抽象概念的解释则存在一定局限性。首先，概念是一种思维形式，是思维主体用以确定思维对象的思维形式。其次，这种思维形式是通过词语来表达的，与判断和推理具有思维逻辑的一致性。

概念由名称、属性、定义组成。其中概念名称不是经验性名称，概念名称作为一个词语必须能指代一类事物的属性。概念属性又称为关键特征、定义性特征或标准特征，反映事物结合在一起的共同属性，决定概念的抽象水平。概念定义是使用句子对概念的共同属性进行概括。

要保证定义准确严密，需要遵循以下几个规则：第一，定义必须相称。即定义的外延不能过于宽泛或狭窄；第二，定义不能循环或同语重复。也就是说定义概念不能直接或间接地包含被定义概念。第三，定义不能否定。否定形式的定义不能直接说明概念的属性。第四，定义不能比喻。比喻的形式无法直接体现概念的属概念和本质意义。[②]

（2）教学理论概念的重新界定

在明确了概念的结构和定义规则基础上，我们按照概念定义常用的“属＋种差”的方式，对教学理论的概念重新定义，主要从以

---

① 金生鈜：《教育研究的逻辑》，教育科学出版社 2015 年版，第 249—251 页。

② 胡怀亮主编：《逻辑学教程》，民族出版社 2015 年版，第 28—31 页。

下三个步骤展开分析：

首先，提取"邻近属概念"。找出与概念最相近的概念类别，将概念置于其中。教学理论属于人文社会科学理论范畴的知识体系，因此教学理论的邻近属概念是"知识体系"，即"'知识体系'意义上的知识不再强调个人的心理状态，是一种不需要知识者的知识"。[①] 这也符合本章在第一节对理论和科学以知识体系表征的分析结论。

其次，寻找种差。分析出概念属性（关键特征、定义性特征），即概念的独特意义，只有与相近概念比较，才能凸显这个概念的意义。[②] 这里要参照科学理论的概念逻辑，但又要避免概念的直接"平移"或"套用"。要寻找教学理论定义"种差"，必须以第二章语境对话中教学理论的共相分析为基础，对教学理论的共同属性或共同诉求进行剖析，主要可以概括为以下几点：①教学理论以探讨教学如何更好地促进人的整体性发展为理论建构目的；②教学理论主要围绕教与学的问题展开教学现象、教学事实和教学存在的研究；③教学理论是对教学实践的理性关怀；④教学理论与心理学和课程论关系密切。这里需要对后两句进一步阐释，一是教学理论对教学实践的理性关怀，强调二者关系并不是单方面线性的来源和指导关系，而体现为教学理论对教与学问题的理性认识，对教学实践的科学规范和批判引导。二是教学理论要依据并吸收相关理论的内容，尤其是与学生的学习和心理发展、与课程内涵相关的成果。如果将上述四点提炼为"种差"，可以凝练为"促进人的整体性发展的教学现象、教学事实和教学存在研究""教学理论是对教学实践的理性认识""教学理论有助于教学实践的规范和引导"。

最后，整合成单句。按照逻辑顺序或规律确定陈述语序，整合陈述语句。把上述教学理论概念的"种差"按照对象、方式、过

---

① ［英］理查德·普林：《教育研究的哲学》，李伟译，北京师范大学出版社 2007 年版，第 77 页。

② 金生鈜：《教育研究的逻辑》，教育科学出版社 2015 年版，第 252 页。

程、关系和结果的逻辑顺序进行陈述，得到如下概念定义：

> 教学理论是人们通过研究和辩理对促进学生整体性发展的教学现象、教学事实和教学存在形成系统化的理性认识，旨在建构解释、规范、批判和引导教学实践的知识体系。

（3）教学理论的概念分析

这里的概念分析，除了对概念本身的重构逻辑进一步阐释外，也有必要与以往教学理论概念进行对比分析，以此突出重构概念的合理性。

第一，明确了教学理论是“知识体系”的“属概念”，使教学理论的概念有清晰、明确的类归属，也澄清了以往将教学理论看作“原理”“方法”“学科”或“观念体系”认识的局限性和模糊性。当然，从“原理”“方法”到“知识体系”的属概念过渡和转变，并不是直接否定“原理”“方法”作为有用知识的价值，而是通过明确它们的“属概念”进一步强调现代教学理论的科学视角。

第二，改变了类似“教学的理论”定义循环和内涵定义笼统、模糊的概念界定。也就是使教学理论的共同属性即“种差”在教学理论语境对话的基础上，将定义中的对象、方式、过程和结果等概念“种差”都得到具体完整的确定。

第三，限定了教学理论的认识和研究对象。首先，“促进学生整体性发展的教学现象、事实和存在”作为研究对象有助于打破以往将“教学现象”“教学实践”“教学活动”“教学规律”作为研究对象的争论。教学是具有价值引导的人的给予性实践，具有生成性，不可能像自然事物那样具有纯粹的客观性和规律性，所以教学理论不是一个群概念，它是对教学领域的人、事件、关系、行动等问题进行抽象选择和经验分离后的理性认识。既要避免放大教学理论找寻教学本质或教学规律的意义，同时也不能将教学理论的对象仅仅局限在看得见的教学现象问题，教学事实和教学存在也是教学理论研究的必要领域。此外，理论是基于研究产生的，而研究总是基于问题而展开的理性回答或解释，这样的“种差”表述更能体现理论产生的逻辑基础。其次，“促进学生整体性发展的教学现象、事实和存在”作为研究对象的陈述，避免了人们对教学理解的多义性进而将教学理论只看作美国式的“处方”理论，或教的技术原理或容易忽视教学生学的问题，这些认识倾向都会影响人们对教学理论概念的内涵理解。因此，有必要在教学理论概念界定时就解决可能因教学的认识争论而派生的教学理论概念理解的模糊问题。最后，“促进学生整体性发展的教学现象、事实和存在”作为研究对象的陈述，突出和强调了理论问题缘起都是围绕如何促进学生发展的价值引领而展开的，因为教学问题不是单纯的因果问题或关系问题，教学总是取决于教育目的并具有教育作用。[①] 教学问题的探讨必然离不开教学作为教育的核心途径所要承载的这个教育性问题，而这个教育性问题就体现为教学是否更有效地促进人的发展的理性实践，教学理论也必然是对这种合乎伦理的理性实践的求真、求善和求美的理论性解释、检验、评价或说明。当然，这也是对教学论学科发展中一直将“教化”作为教学目的和教学过程的回应与继承，本书在概念重构时采用了“教化”的直接意义陈述，以防止其词源隐喻多义性理解而引起的认识混乱。

第四，澄清了教学理论是“理性认识”的方式和“系统研究”的过程。首先，教学理论不是对教学现象和教学实践的经验系统化反映，也不是直接对教学现象和教学实践所有内容进行“概括化”认识。其次，对教学实践的认识不是绝对的客观反映，也达不到绝对的普遍性。教学理论的认识主体是具有独立思维和有意识参与的人，人的认识具有选择性和抽象性，也具有追求客观性和普遍性的愿景，以问题为切入口所进行的系统研究不仅有助于达到对教学实

① ［苏］洛尔德基帕尼泽：《乌申斯基教育学说》，范云门、何寒梅译，江苏教育出版社1987年版，第201页。

践的理性认识，也有可能表征为知识体系，从而使教学理论对教学实践的认识具有了相对的客观性和普遍性。最后，以往教学理论概念中的“概念、判断和推理”不能代表教学理论形成的过程。一方面，“概念、判断和推理”是“理性认识”三种形式，在概念重构时就需要舍去这部分循环定义。另一方面，教学理论需要“理性认识”的思维形式，但教学理论的形成首先建立在系统研究的过程基础上，以此达到“理性认识”与“系统研究”的形式与过程的统一。

第五，表明了教学理论与教学实践的关系。教学理论与教学实践的关系是一个历久弥新的话题，解释二者关系的争论和教学理论实践性，恰恰需要从教学概念本身就给予必要的澄明。以往概念中“指导教学实践”的陈述，参照了“理论指导实践”的普遍经验性认识，容易陷入理论与实践的“二元对立”或“线性关系”思维，使理论与实践过多限定在“理论源于实践，理论指导实践”的理解层面。实际上，理论与实践有着各自发展逻辑，二者之间的关系有着更丰富的内涵。重构概念中，“教学理论描述、解释、规范、批判和引导教学实践”，是对教学理论概念中体现二者关系的“种差”给出具体明确的说明。

三　教学理论与教学论的关系再澄明

教学理论与教学论的关系是相互联系基础上的相对区别，二者不可能截然分开。因此，对于二者关系的明晰，目的不在于划分概念大小归属，而是有助于我们在澄清各自“开端”基础上，更好地反思教学理论的发展问题和教学论学科体系建设问题，突出各自的价值。本书没有将教学论作为命题对象，是考虑到学科建设与发展不仅仅是知识成熟问题，还受很多复杂因素影响。而以教学理论为反思对象，可以为教学论学科建设提供合理选择的依据。但鉴于教学理论与教学论混同的现有研究现状和文献资料全面搜集的需求，本书在文献检索的同时关注教学理论与教学论，在文献整理和分析过程中，诊断那些单纯关注学科建设的教学论研究并将其排除在研究范围之外，保留一般意义上的教学理论文献资料。

对教学论和教学理论的关系辨析，有助于进一步理解和把握教学理论概念的本真意义。尽管本书已经在上一章节阐释了不同历史文化语境下的教学理论或教学论的概念，分析了其中的内涵差异和共同诉求，但是要重构中国本土的教学理论范畴，还不能停留在语境概念区分阶段。我们仍有义务在本土语境下对教学论和教学理论范畴进行划分，以便为后续教学理论本体问题的研究奠定基础，并为后续研究者提供更为清晰的范畴认识。如果抛开语境，单纯从语用的角度来说，我们可以说教学论就是教学理论的简称，但这种脱离语境的语用概念使用又是不现实的，当然，教学论和教学理论在同一语境中的语用功能没有被明确清晰地区分，也是因为我们不能否认二者有着紧密的交叉关系，正如没有脱离教学理论研究的教学论，也没有脱离教学论的教学理论研究。因此需要特别强调，我们对二者关系的剖析主要基于历史文化语境视角及由此而产生的学科意识和理论研究指向的语用视角，即教学论是学科的视角，教学理论则是理论研究的视角。

（一）历史文化语境中的关系

如果从教学理论作为教学的理论研究或教学问题的研究这个角度来说，中国的教学理论自古就有，而且是“世界上最早研究教学理论的国家”[①]，《学记》就是很典型的代表论著。但作为学科，教学论在中国是从 20 世纪 80 年代后从教育学中独立出来的。无论是教学理论还是教学论在理论和学科发展过程中，都深受“强势”的国外教学理论的影响，这其中也直接影响了教学理论或教学论概念定义，进而也影响了本土语境下教学理论和教学论范畴、性质、结构的混同，由此也引发了学科发展的自身困境。在不同历史文化语境中，教学理论和教学论的词源及其流变不同，具有不同的话语体

① 关甦霞编著:《教学论教程》，陕西师范大学出版社 1987 年版，第 2 页。

系和研究范式，但二者仍具有特殊的历史渊源和共同对话的基础。

（二）学科意识和理论研究层面的关系

教学论指向的是一种人文社会科学或学科身份，教学理论指向的是研究理论身份。“教学理论是教学论的构成与实体，其生命强度和发展趋势事关教学论学科的生死存亡。”[①] 作为学科的教学论还具有课程、科目的身份，也包含学科发展、教学思想、教学传统、教学常识和教学观念等不同内容，同时呈现教学论的学科地位、学科性质、学科作用，与其他学科的关系等方面的内容。教学论学科的所有论述，其性质和有效程度均需要经过反复深入的思考，且常常通过科学论证的方式提出个人论点，同时还会引用个别的意见或广泛一致的意见，以及个体或他人的教育经验。将教学理论看作学科并没有充足的科学依据，即使在美国也没有受到普遍认同。以学科界定教学理论容易割舍其应有内涵，因为教学理论源于教学实践，且“在不同历史条件下，由于教育理论（包含教学理论）代表人物所处的历史地位、责任感、特殊要求和教育目标各不相同，其教育理论的主题或重点也就各异”[②]，这也就是不同教学理论流派产生的原因所在。

早在德国教学论著作中，二者之间的关系在教学论代表性概念定义中也有相关表述，如“教学论是教和学的科学”，“教学论是教学的理论或科学”。[③] 这也证明了德国对于教学论的理解存在广义和狭义之分。从广义上来讲，教学理论和教学论不能完全等同，从狭义上来讲，教学论也通常是指教学理论和教学科学。学科发展呈现螺旋式上升的特点，理论的演进构成了学科上升发展的周期。[④]

---

① 赵鑫、李森：《教学论研究实践转向和理论创新的历史自觉》，《西南大学学报》（社会科学版）2013 年第 3 期。

② ［德］朔伊尔、施密特：《教育学》，转引自北京师联教育科学研究所编译《（当代）教育与教育学基本理论发展与论著选读》（中），中国环境科学出版社 2006 年版，第 150 页。

③ ［德］F. W. 克罗恩：《教学论基础》，李其龙等译，教育科学出版社 2005 年版，第 37 页。

④ 郑旭东：《教育技术学的逻辑起点及其理论结构》，《电化教育研究》2004 年第 8 期。

教学理论是教学论学科建设的必要条件，但非充分条件。也就是说，教学论学科建设要依靠教学理论的贡献和支撑，但教学论学科论述的有效程度并不是只靠教学理论支撑和完成的。教学论学科的成熟与发展离不开教学理论的丰富与深化。教学论学科需要理论支撑，具有理论性；教学论学科源于客观现实，具有实践性。这种实践性一是体现在满足认识客观现实的需要上，二是表现在反映客观现实和指导客观现实上。理论就其来源或是旨趣，往往不仅仅只与本学科相关，也是跨学科的或超学科性。教学理论具有学科归属，但教学理论研究可能在本学科范畴中开展也可能是跨学科进行，而且并不是所有的教学理论都会被纳入学科知识体系中。因为教学论作为一门科学或学科，必然要经历“发展、检验、拒绝、修正或保留理论的相当缓慢的过程，目的是要获得较好的理论”[①]，教学论和教学理论要经历一个伴随发展的过程，但教学论学科中的教学理论并不是永恒静止的“真理性”状态，也不是全盘接收的方式。教学理论和教学论学科既要为实践提供行动依据，也要为新理论的形成和发展提供理论依据。教学理论和教学论学科有各自的发展逻辑，但并不是平行的也不是重叠的状态。

（三）“一般性”和“实践性”特征上的关系

从帮助教学实践的角度来看，教学论在一定程度上与教学理论一样，有着同样的问题范畴。这也似乎是人们往往将二者等同和混用的出发点所在。事实上，教学理论与教学论学科都具有“一般性”和“实践性”，二者的特征表现及其指向不尽相同。首先，教学理论和教学论学科的“实践性”特征不完全相同，教学理论的“实践性”更突显“多元化”，而教学论学科的“实践性”更体现“一般化”。无论是教学理论还是教学论学科，对教学实践的指导都不是“一对一”的“复制—粘贴”模式。其次，教学论学科是通

① ［美］乔纳森·H. 特纳：《社会学理论的结构》（第7版），邱泽奇、张茂元等译，华夏出版社2006年版，第2页。

过教学理论对教学实践提供行动依据，教学论学科的一般性需要转化为教学理论的多元性，然后与教学实践进行结合研究后的成果才能作为教学实践指导的直接依据，这个转化过程和研究过程有时简单有时复杂，但却是必不可少的。源于教学实践的教学理论并不是对教学实践完整和全过程的还原与体现，同时也不会只体现某一个特殊、偶然情境的实践与问题。教学理论不能直接进行对等式的指导，任何指导教学实践的教学理论必须经过聚焦具体实践情境的研究过程转化，否则“机械套用”或“盲目复制”都会对教学理论和教学实践本身造成困惑和干扰。

综上，教学论和教学理论的区别主要存在于不同国家历史文化语境中。二者除了学科和理论的语用指向以及特殊历史文化语境中的话语体系指向外，一般意义上不需要刻意做出使用上的区别，因为教学论研究也是理论研究，教学理论也是教学论学科范畴的理论。概念辨析的目的在于更好地澄清认识和严谨规范的使用，而不是为了制造更多的困境和使用负担。

第三节　教学理论的本体承诺与内在规定性追问

在教学理论概念重构和分析的基础上，有必要进一步探析教学理论的本体承诺与内在规定性，即教学理论之所以为教学理论所具有的质和量的规定性。其中，质是教学理论区别于其他理论和认识形式的内在依据——本体承诺，这种内在的质又可以“表现于外”，即与其他事物的关联中表现出各种各样的“属性或特征”。

一　教学理论的本体承诺

从认识论的角度看，教学理论是通过认识主体的研究活动获得的，而“认识主体是知识的源泉。这就提示了知识的属人性”[①]。从发生学的角度看，教学理论与教学是派生和本源的关系，即没有教学，也就没有关于教学的理论。教学是人的实践行动，它本身承担着教育的价值目的和伦理义务，具有目的、缘由、过程、方式和价值。既然我们认同教学是以促进人的整体性发展为目的的伦理性实践，那么对教学的合理性反思就必然包括求真、向善、尚美的理性认识、解释、检验或评价。其中，教学理论的三重目的中，向善是最根本的，求真的最终目的还是向善，教学理论的这种“善”实质上就是对如何促进人发展的理性认识的探索。所以说，对实践的合理性反思和理性认识，从来都不是只关注纯粹技术考量的工具理性，而是更注重人性的存在理性。一方面，教学具有道德理性。康德之所以从人的理性（先天的能力）中区分出理性（纯粹理性）和实践理性（道德理性），认为理性在形而上学方面的思辨的使用必然同理性在道德方面的实践的使用是统一的，[②] 就在于强调实践不是纯粹的程式化的、技术性的实践，必然包含人的道德实践理性。教学作为以人的发展为目的的实践活动，不能缺乏自觉意图，也不能缺少预期目的，这其中就必然涉及人的意识和意志的参与。另一方面，教学理论本身既是一种实践，更是一种“求真”“向善”的理性实践。理论也可以被看作实践。维特根斯坦曾指出“哲学不是理论，而是活动”[③]。法兰克福学派代表之一霍克海默提出“批判的理论”，在他看来，“理论不是一种在象牙塔里的谈玄或思辨，而是一种积极介入现实的力量”。[④] 教学理论不是停留在静态的知识堆积上，而是不断追寻和验证教学现实“真善美”的动态意义，致力于教学实践的完善。英国学者穆尔认为教育理论包

① 周昌忠：《科学的哲学基础》，科学出版社 2013 年版，第 108 页。

② ［德］康德：《任何一种能够作为科学出现的未来形而上学导论》，庞景仁译，商务印书馆 2011 年版，第 157 页。

③ ［英］维特根斯坦：《哲学研究》，陈嘉映译，上海人民出版社 2001 年版，第 72 页。

④ 邢建昌：《理论是什么——文学理论反思研究》，人民出版社 2011 年版，第 53 页。

含了一定的假定：（1）目的假定；（2）受教育者本性的假定；（3）知识的性质以及有效教授方法的假定。[①] 穆尔将各种教育目标和受教者人性的假定看作教育理论的必要假定，指明正是因为目的假设的不同决定了教育理论之间的差异，突出教育理论作为一种特殊的实践性理论是属人的，不仅仅因为人是理性认识活动的主体，更重要的是通过对人的假设来验证教育理论的合理性与合规律性。此外，夸美纽斯之所以在《大教学论》中开篇就表明"将一切事物教给一切人们的全部艺术"，以及教学论学科既被看作科学也被看作艺术，并不是指向形式上的艺术，而是在一定意义上也强调人们对教学和教学论（教学理论）的道德理性的认同。

教学理论的本体承诺属于元教学理论的问题。本体承诺是指理论或话语实际承担的承诺，无论明确承认与否，理论或话语必须做出这样的承诺，它所表达的是理论存在的意义，或本体预设。[②]"这种承诺其实是一种约定，即我们在一个理论体系中到底约定了或承诺了什么东西存在"。[③] 基于上述分析，我们可以将教学理论的本体承诺概括为：对促进学生整体性发展的伦理性教学实践的理性认识。

美国社会理论学家史蒂文·赛德曼强调"反思得以确立的前提，是任何一门社会学的理论，都根源于一定的社会历史，根植于相应的道德信仰之中"。[④]"教育和人性的完善天然地联系在一起"，人尤其是未成年人总是处于未完成状态，"在完善人性的最初努力

---

① ［英］穆尔：《教育理论的结构》，崔允漷、孙绍荣译，转引自瞿葆奎主编《教育学文集 教育与教育学》，人民教育出版社1993年版，第492—494页。

② Ontological Commitment，https：//plato. stanford. edu/entries/ontological-commitment/. 2018－1－2.

③ 胡玻：《论奎因对形而上学本体论的解构》，《四川大学学报》（哲学社会科学版）2004年第1期。

④ ［美］史蒂文·赛德曼：《有争议的知识——后现代时代的社会理论》，转引自邢建昌《理论是什么——文学理论反思研究》，人民出版社2011年版，第5页。

中需要他人的帮助和指导，这就是教育”，“教育以人类个体的未完成状态为起点，以人的向善倾向和人类已有的发展状态为依托，以人性的完善为目的。教育是一个引导人的自我完成的过程”[①]。教学理论必须关注并说明教学过程与人的发展的内在联系。德国教育理论家之所以将“教化”作为教学过程的中心概念，目的也就在于追问和论证人及人的发展在教育过程中的意义。美国“处方式”教学理论也必然存在穆尔所指涉的教育目标和人的假定。就此而言，任何教学理论的构建都显性或隐性地基于特定的哲学前提——关于人的观念。作为教学理论，它必然包括了从一定的教育目的演绎出的“应该如何”对教学实践的规范和引导。[②] 因此，教育教学实践不是也不可能是独立存在的价值中立活动，促进学生发展既是教学实践活动的伦理性价值理由，也是论证教学实践合乎理性的价值标准，因而教学实践必须理论性地明确合乎理性的价值理由和价值标准是什么和为什么。当然，我们可以就教学实践的目的、价值、原则和标准的理由发表自己的意见，但意见与理论不能等同。因为发表意见不是来自普遍立场，没有经过理性的质疑、辩理、论证等一系列系统检验。

现实中，无论采取哪种研究范式来建立教学理论的逻辑体系，都不能回避和否认教学理论以善存在的形式，在关切人的心智和心灵的改善与健全化。这明显地体现为教学理论对教育教学目的解释、对教学过程与人的发展的内在关系的反思上，但这种解释和反思不可能完全按照理性和价值中立的方式进行量化确定。这也是为什么各个国家在确定教育教学目的时，都要经历具有价值取向的哲学推论的逻辑思维演绎，只是由于达到目的的内容、过程和方法不同，而影响了教学理论存在的不同镜像。

---

① 黄向阳：《康德与教育学》，转引自郑金洲《教育的意蕴——庆祝瞿葆奎教授八十五寿诞暨从教六十周年》，福建教育出版社 2008 年版，第 56—57 页。

② 路书红：《教学理论建设的方法论比较》，山东人民出版社 2010 年版，第 149 页。

二 教学理论的内在规定性

世界上的万事万物尽管形形色色，但是它们都形成了各个不同的种类，而一个种类就其自身而言总有其“是其所是”的东西，这就是本质。[①] 本质是一个事物必然具有的规定，在定义中区分事物，认识事物的本质或者内在规定性，是亚里士多德留给我们的一个认识事物的基本思想。[②] 著名学者孙正聿先生在理论三重内涵分析的基础上，确定了理论不仅是解释性的，而且是规范性的；理论不仅是实践性的，而且是超实践性的。[③] 这些性质可以看作理论的一般性规定。教学理论作为一种人文社会科学理论，其理论的内在规定性，既要体现人文社会科学理论的一般性规定，也要在此基础上突显教学理论的特殊性规定。

（一）教学理论具有抽象性和伦理性，是人们对教学存在之“真善美”的意义追问和理性反思

理论必然是抽象的。罗姆·哈瑞认为“理论是真实世界的实体、结构、过程、属性的理想化表征，理想化的表述旨在突出理论的虚拟性和建构性”[④]。哈瑞所描述的理论的理想化属性建立在三个条件基础之上：“经验的充分性”“本体论的似真性”“操作的有效性”。理论不是对具体现象的经验性描述和总结，而是通过普遍性理据所形成的具有逻辑联系的命题表征的知识体系。理论的抽象性不是说理论脱离实际，与日常理解和实践情境的连续性断裂，而是指理论所关注的普遍历史—社会的实践。教学理论的抽象性一是指教学理论概念及概念体系的抽象水平较高；二是指教学理论同其他人文社会科学理论一样，其理论陈述要与具体实践情境相分离，是抽象的、普遍的、相对不受背景影响的；三

① 张家龙：《论本质主义》，《哲学研究》1999 年第 11 期。

② 邢建昌：《理论是什么——文学理论反思研究》，人民出版社 2011 年版，第 23 页。

③ 孙正聿：《理论及其与实践的辩证关系》，《光明日报》2009 年 11 月 24 日第 11 版。

④ 李晶：《罗姆·哈瑞科学哲学思想初探》，《自然辩证法研究》2015 年第 5 期。

是指教学理论必然包含对教学存在意义追问的抽象性。当然，这种抽象性与教学理论的真理性是结合在一起的。因为，正是由于教学理论能够将教学表象转化为认识对象，并进一步通过专门化的研究活动转化为知识，从而具有了知识的确定性或者基本概念和原理的确定性之后，教学理论也因概念体系符合认识对象领域的本体而具有了真理性。

教学理论的伦理性是由教学理论的本体承诺直接决定的，是教学理论的特殊规定性。教学理论研究不是单纯收集事实或技术性的考察方法和效果，而是要说明教学过程与人的内在关系，解释教学存在的意义，并且追问或论证教育行动与观点的理由与原则。换言之，教学理论不仅关注教学合乎理性的普遍性“真”的理据，也在论证教学合乎理性的普遍性“善”和“美”的理据。“‘真’是真理的价值，但又不止于真理的认识价值，还包括真理的实践价值。”① 雅斯贝尔斯曾指出，“如何使教育的文化功能和对灵魂的铸造功能融合起来，成为人们对人的教育反思的本源所在”。② 反思不仅仅是对教育理论（含教学理论）“真”的理性反思，更包含“善”和“美”的理性追问，教学理论的合乎理性正是验证“真善美”是否达到普遍性一致和统一。因此，教学理论不能仅仅满足于工具性和逐利性的需求，还要强化人文精神和理性精神的渗透，既要对人类灵魂教化的纯粹形式的想象，也要对永恒而普遍的教育价值的重新阐释。③ 无论是教学理论陈述还是教学理论思维都不可能是道德上中立的经验性表征或活动。第斯多惠的教育理论的中心概念可以概括为发展、激励、和谐。德国围绕教学论实践性问题的讨论由两个向度展开：①教育学和教学论思维在教化概念中有哪些共同作用，教育过程对教学论理论和实践的根本意义是什么；②强调

---

① 李德顺：《价值论》，中国人民大学出版社 1987 年版，第 173 页。

② ［德］雅斯贝尔斯：《什么是教育》，邹进译，生活·读书·新知三联书店 1991 年版，第 1 页。

③ 金生鈜：《教育研究的逻辑》，教育科学出版社 2015 年版，第 26、139 页。

教育过程的物质方面，强调文化价值、教育内容和教育成分的重要性及其在教学大纲中的组织意义。[①] 美国“处方式”的教学理论也类似地说明如何使学生倾向于学习和促进学习的理由，这在布鲁纳对教学理论心理倾向、结构、序列和强化四个特征的论述中就有明确定位。从上述分析中，我们可以判断出教学论或是教学理论的实践性、抽象性和伦理性并不是矛盾的，而是逻辑自洽的，共同渗透在教学理论关注教学过程与人的内在关系和教学实践行动合乎理性的“真善美”是怎样被解释、追求、实现和改进等过程中。

（二）教学理论具有客观性和普遍性，是人们对教学现象、事实的理性认识

理论的客观性意味着真实的状态与品质，与认识主体个人的偏见、情感无关。理论的普遍性是指理论具有适用于不同事物的能力，即它能适用于某一特定范围的事物。[②] 教学理论必然致力于客观性、普遍性知识体系的建构，否则教学理论研究结论不是建立在客观性认识和普遍性理由的论证基础上就很难站得住脚，教学理论和教学观点、教学主张也就不存在区别了。教学理论是对教学现象、事实和存在的理性认识，理性认识不是产生于主观感受或猜想，而是源于现实并建立在公正的判断和推理之上。即使是价值判断的论证也不是纯粹个人内在不可检验的主观判断或主张，研究者要想使自己提出的主张合乎理性并被他人理性认可，就必然要提供客观的理由、事实证据或普遍理据，使其研究结论是普遍意义上为真的事实命题，具有普遍指导力的规范性知识或具有普遍性的启示或参考。[③] 因此，理性认识即合乎理性，教学理论是一种理性认识，蕴含着对教学事实普遍性的“真”和客观性的“实”的追求，是人们自觉能动性的体现。

---

① ［德］F. W. 克罗恩：《教学论基础》，李其龙等译，教育科学出版社2005年版，第84—85页。

② 黄正华：《人文社会科学方法论》，社会科学文献出版社2016年版，第56页。

③ 金生鈜：《教育研究的逻辑》，教育科学出版社2015年版，第211—212页。

这里还需要承认并澄明的问题是，一般来说，相对于自然科学理论，人文社会科学理论的客观性和普遍性相对较低，接受人群的范围较小。这是因为人文社会事实的客观性本身就比自然事实的客观性和普遍性低。我们不能期望教学现象的客观事实等同于自然事实，而忽略了教学是人的复杂性多元化实践，需要人的意识参与和调控的历史性与情境性。同时，我们也不能因教学理论等人文社会科学理论实然存在的认识共同体接受的有限性，而质疑或否定教学理论的客观性和普遍性。要检验教学理论适用的特定范围，关键取决于适用教学现实的数量比较。从这个意义上来说，教学理论的客观性和普遍性也同时具有相对性、历史性和地域性，因为教学不是标准化实践，复杂性、多样性以及特定时期和特定地域都会影响教学理论的解释范围和应用限度。

（三）教学理论具有逻辑性和系统性，建立在辩理论证的研究活动基础上

教学理论源于人们对实践的认识和思考，但认识或由认识所产生的感受和意见、观点不能直接等同于理论。教学理论之所以为教学理论，一方面要凸显对教学伦理性实践的认识活动，另一方面要突出辩理论证的研究活动。认识必然要经过研究活动才有可能成为理性认识，也才有可能提炼上升为理论。我们从已有教学理论概念解释中所看到的“运用概念、判断、推理所形成的观念体系或知识体系”以及“教学理论是由一定的概念（范畴）和命题所组成的逻辑系统”，实际上都在强调教学理论是建立在系统的学术研究活动基础上，或者说是一种系统化的论证或辩理。“教学理论的逻辑系统是促成教学理论区别于一般的教学思想、教学经验、教学主张或观点的理论标志。”① 离开逻辑性和体系性，教学理论就无法建构关于教学实践的应然图景，无法以一系列知识组织的方式呈现给他人认识，相应地也无从规范和引导教学实践活动。

---

① 郝志军：《教学理论的实践品格》，教育科学出版社2008年版，第24页。

教学理论的逻辑性和系统性也是相互结合、相辅相成的，是通过学术研究来完成和体现的。现实中，一提到学术研究，往往指涉的是实证研究的量化和质性研究。然而，学术研究是一种辩理、论证的认识活动，其中可能包括说明、描述、理解、解释等，也可能包括分析、综合、论证、推理等。[①] 即使是对教育教学的哲学研究，也可以利用文献研究、话语分析、政策分析、个别访谈、叙事研究等科学研究方法提供研究的初级材料，然后通过抽象法、批判法和论辩等方法进一步系统理性加工。[②] 理论源于认识，但不是停留在对事实的纯粹列举上，要从所发现的事实中或者从现实的基本特征中找出它们之间的某种联系并提出依据，其中内含一定规则或规则体系操作，这些规则操作相对于日常认识更加科学、准确和精确，不仅包含了认识过程的条件和结果的整个方法性操作，[③] 也包含了建立理性认识所必需的分析、证明、证实等论证辩理方式，同时还包含了以概念和命题所进行的系统化解释或说明，最终达到以逻辑方法为依据对现实进行陈述的知识体系。

（四）教学理论具有解释性和规范性，既包含事实性描述也包含价值性规范

如上所述，理论研究通过辩理论证的方式提出合乎理性的认识，在合理性论证基础上将新观点以概念系统或命题系统表征，提炼升华为理论。辩理论证的方式包括验证性的经验研究的证实、证伪的描述或说明，也包括辩证性的规范研究的证明或诠释。因此我们可以建构关于经验事实的、规范价值的理论。[④] 美国著名学者西蒙曾提出了 4 条划定人为科学的界限：人为事物是由人合成的；人为事物可以模拟自然事物的某些表象而在某一方面或若干方面缺乏

---

① 金生鈜：《教育研究的逻辑》，教育科学出版社 2015 年版，第 16 页。

② 石中英：《作为一种教育哲学研究方法的“论辩”》，《清华大学教育研究》2017 年第 5 期。

③ ［德］F. W. 克罗恩：《教学论基础》，李其龙等译，教育科学出版社 2005 年版，第 107 页。

④ 金生鈜：《教育研究的逻辑》，教育科学出版社 2015 年版，第 3—4 页。

后者的真实性；人为事物可以用其功能、目的和适应性变化来刻画；对人为事物的讨论，通常既用描述性的方式，也用规范性的方式，特别是在设计人为事物的过程中。[①] 这不仅表明了人为科学与自然科学的区别，也明确了人为科学既包含事实“是什么”的解释性陈述，也包含目的“应当如何”的规范性陈述。作为人类所特有的教学实践活动，它本身就内含属人的、应然的本质和价值规范性的特点。基于此，教学论学者徐继存提出完整的教学理论由叙事论、关系论和价值论三个要素有机构成，叙事论完成了对教学实际的客观描述和说明，关系论揭示了教学现象之间的内在联系，价值论确定了教学实践活动的理想目标。[②] 教学理论的三要素不是人为预设的，而是由教学实践存在的现实基础和价值理由来确证的。教学理论正是按照教学实践本身去认识并揭示教学事实的本质或缘由，阐明或辨明教学实践的价值理由，审思并评价主导教学实践的观念和行动理由。我们需要理论性地辩理和论证教学实践的合理性及合理性理由，即解释、检验或评价教学实践的各种行动和观念，也需要说明各种教学规范性的目的、价值、原则、标准的理由。理性认识是通过研究实现的，但研究不是简单地运用某种方法收集资料回答问题，更重要的是通过思考以说理、释理、辩理的方式回答问题[③]，最终使研究结论通过辩理实现理论化，使教学实践的伦理性得到合理性解释、验证、评价和引导。

对于教学理论而言，其解释性和规范性是互补的，不是互斥的。对教学现象、事实和存在的关注和研究，总是离不开“是什么和不是什么”与“为什么是这样和为什么不是这样”以及“该怎样和不该怎样”等问题的论证和辩理。在这些问题的研究中，解释离不开价值规范的辩证说理，价值规范也建立在事实解释基础之

---

① ［美］赫伯特·A. 西蒙：《关于人为事物的科学》，杨砾译，解放军出版社 1985 年版，第 6 页。

② 徐继存：《教学理论反思与建设》，甘肃教育出版社 2000 年版，第 18 页。

③ 金生鈜：《教育研究的逻辑》，教育科学出版社 2015 年版，第 5—6 页。

上。我们不能因强调教学理论对教学现象的解释，而忽视了或者否定了教学理论对教学目的、教学观念、制度、原理等理据的价值规范辩理的合理性。任何时候，我们都不能离开和否认价值判断和价值依据，因为教学实践是“人为的”和“为人的”伦理性实践，教学实践的伦理性和自觉理性一定是有价值依据的。简单来说，教学实践一定是向善的，一定是追求有意义、有效的实践，因而也就具有规范性的价值取向。教学理论需要对教学实践目的与方式的伦理原则进行确认，对教学行动“应然”的理想形式或本真、本质形式展开想象，对教学实践的目的、方式及结果进行价值判断。美国哲学家阿德勒认为，对普遍性的善事物或善行动的价值判断，同样涉及真实性的问题。[①] 因此，教学理论的规范性研究并不是人们所批判的主观建构，其合理性必然与真理性和普遍性是相关联的。脱离对教学实践的价值取向和行动方式的价值反思，而纯粹考察教学现象和实践行为的技术理性，不仅仅是一种只注重事实性描述而否认规范性价值的倾向，更是一种忽略了教学理论的伦理性本体承诺的表现。

（五）教学理论具有批判性与引导性，对教学实践批判性反思和理想性引导

教学理论的实践性并不是简单的指导与被指导的关系，也并非彼此独立或相异关系。为了更丰富地呈现教学理论与教学实践的关系，同时避免人们用以往“二元对立”思维对教学理论的实践性做单一规定性的定位，本书试图将教学理论实践性的多重内涵进行完整的呈现，即除了上述的描述性、解释性和规范性，教学理论的实践性还表现为批判性和引导性，其中教学理论的批判性和引导性依托其解释性和规范性。

实践只有作为人类有意识进行的活动才是可以被理解的，活动本身就预先隐含了自己的理论原则与信念。从这个意义上说，实践

① 金生鈜：《教育研究的逻辑》，教育科学出版社 2015 年版，第 21 页。

是受理论的制约。[①] 伽达默尔曾在《赞美理论》中说过“一切实践的最终含义就是超越实践本身”，“理论就是实践的反义词”。对第一句话的理解不难，第二句所指涉的并不是大众所认为的理论与实践的对立关系，而是在说明“在实践自我超越的历史过程中，理论首先是作为实践活动中的新的世界图景、思维方式、价值观念和目的性要求而构成实践活动的内在否定性。这种内在否定性就是理论对实践的批判性反思与理想性引导”[②]。同样，教学理论并不是对教学实践的对等式经验概括，其中必然包含着超越实践的间距性批判反思和理想性引导，并通过这种批判性反思和理想性引导促进教学实践的自我超越。教学理论的批判性是指教学理论能够利用已有的理论成果、普遍性规律和概念体系的相互规定去反观和反思实践活动。教学理论的引导性是指教学理论以“事实阐明”和“价值规范”的方式提供系统化的实践图景和价值坐标，构建“做什么和不做什么”的实践图景，确立教学实践“真善美”的价值向度，并给出合理性的评判标准和解释原则，从而实现教学理论对教学实践在自我判断、价值选择和价值理想等方面体现“自我否定”和“规范引导”的作用。

综上，教学理论作为人文社会科学理论中最为特殊的理论，其内在规定性不是人为预设的，而是反映了教学理论所承载的本体承诺和“属＋种差”的规定性。教学理论的本体承诺和内在规定性既是其区别于其他科学理论的主要依据，也是判定教学理论之所以为教学理论的主要依据。

---

① 石中英：《育学的文化性格》，山西教育出版社 2001 年版，第 325 页。

② 孙正聿：《理论及其与实践的辩证关系》，《光明日报》2009 年 11 月 24 日第 11 版。

第四章

教学理论本体领域与内容构成

哲学体系中，“本体”即“在”，“在”与“在者”的探析是追寻本体的主要逻辑线索。在海德格尔看来，把在者当存在来描述，是传统哲学没有触及存在的根本原因。他要求通过一种特殊的在者（人的存在即此在）来领悟存在的意义，从而把“存在”本身进行解构，把“存在”的意义落实到显现、敞开、领悟的过程之中。[①] 这也表明，片面地追求本体（存在）是普遍性的概念、自明的预设或者现成的“存在之物”，终将会使存在成为不可知的黑洞。要探寻最根本的内涵和意义，还需要人作为“此在”来领悟、显现。如果按照这样的逻辑思路来追问“教学理论是什么”，就不能将其限定在某种实体的形而上学的回答，也不能设定为知识论命题推论，而应该将其作为一个与人的历史性“此在”密切相关的问题来探讨，对教学理论整体性的样态进行揭示。因此，“本体不是玄学理论，而是蕴含着时代发展的正当合法性要求”，[②] 教学理论的本体问题不仅仅是阐释教学理论的根本和本源，也是揭示教学理论的整体性，还是呈现教学理论的应然性、目标性和价值性。

---

① 邢建昌：《理论是什么——文学理论反思研究》，人民出版社 2011 年版，第 25 页。

② 朱旭东：《民族国家和比较教育研究》，安徽教育出版社 2008 年版，第 43 页。

第一节　元素：教学理论的成分

第三章阐述了人文社会科学理论的一般要素，包含假说、概念、关系和命题。这样的要素划分与一般意义上科学理论（尤其是自然科学理论）的概念、变量、陈述/格式[①]的逻辑要素有一定的差异，前者相对来说更能凸显人文社会科学领域的特殊性，减少过分强调变量的量化关系，以及使用量化关系的格式解释概念之间的关系和命题陈述。既然人文社会科学理论需要在参照一般科学理论要素的基础上，体现其理论要素的特殊性，那么各个具体学科领域的理论要素也必然在一定程度上会体现其具体化和特殊化表达。探寻不同领域的理论要素和结构也是学者们在进行元理论研究中所必然要关注的内容之一。在教育理论领域，分析教育哲学代表奥康纳认为："教育理论是由处于不同逻辑系统的三种要素组成，即'形而上学'的要素、'价值判断的'要素和'经验概括的'要素。在一个人的作品中，这三种要素往往混杂在一起。"[②] 尽管奥康纳不是参照科学理论的要素框架，而是根据历史中已经存在的教育理论或教育思想书籍来对教育理论的要素进行的归纳，但也在一定意义上突出了历时性的教育理论要素的特殊性。然而，我们在认同和吸收上述观点的基础上，要探明共时性教育理论（包括教学理论）的要素成分，还需要站在人文社会科学理论的立场来分析教学理论的特殊元素，因为在奥康纳看来，教育理论只是"尊称"的判定，与当前教育理论作为人文社会科学理论的身份已然不符。作为一种特殊的人文社会科学理论，教学理论要体现自身逻辑和相对独立性，其逻辑元素应主要包括关于人性假设的信念体系、教学场域中的概念、

① ［美］乔纳森·H. 特纳：《社会学理论的结构》（第7版），邱泽奇、张茂元等译，华夏出版社2006年版，第5页。

② 沈剑平：《论教育理论的结构》，转引自瞿葆奎主编《元教育学研究》，浙江教育出版社1999年版，第153页。

概念的关系及理论陈述。

一　关于人性假设的信念体系

教学理论不同于自然科学理论，它被归类为人文社会科学理论，不仅是因为教学理论无法达到公理化的程度，更在于教学理论不是冷冰冰的“坚硬”理论，其中内含对人性的假设，这既有奥康纳所划分的“形而上学”的要素，即坚信教育对于“人性”或“灵魂”的改善，也与穆尔对实践性教育理论中关于受教育者本性的假设相关，是对教学论学科中的核心概念“教化”的体现。简单来说，人们对教学的认识和认同基础是：教学是人的实践活动，教学可以促进人的整体性发展，教学承担着这一目的性承诺。基于此，教学理论同样也必然坚守着教学要促进且能够促进人的整体性发展的理想愿景，依此来关注教学实践，这其中也就必然蕴藏着人性问题，具体表现为“人”“人性”“教学与人的关系”以及“教学的价值论”等问题。对这些问题的认识就会建立教学理论的人性假设的信念体系。德国教育学家本纳强调对教育学自身的逻辑考察应该建立在实践概念上，实践是专属人的，人性源于、形成于实践。[①] 叶澜教授曾指出“有怎样的‘人’的观念，就会有怎样的教育学理论”[②]。休谟在《人性论》导论中指出，“任何学科不论似乎与人性离得多远，它们总是会通过这样或那样的途径回到人性”“关于人的科学是其他科学的唯一牢固的基础”[③]。萨顿也认为，“无论科学可能会变得多么抽象，它的起源和发展的本质却是人性的。每一个科学的结果都是人性的果实，都是对它的价值的一次证实”。[④] 同样，“教育理论（同样包含教学理论，作者注）只有建立

---

① 彭正梅：《教育和教育理论的自身逻辑的寻求：本纳实践学的教育建构》，《全球教育展望》2009 年第 1 期。

② 叶澜：《教育创新呼唤“具体个人”意识》，《中国社会科学》2003 年第 1 期。

③ ［英］休谟：《人性论》，关文运译，商务印书馆 1980 年版，第 6—8 页。

④ ［美］萨顿：《科学史和新人文主义》，陈恒六等译，上海交通大学出版社 2007 年版，第 48 页。

在人性这一基石之上，才能受到普遍的尊重”,[①] “人”和“人性”不仅是教学理论的逻辑起点，也是教学理论的对象性内容和教学理论研究主体的价值立场，教学理论研究过程和结果都需要聚焦并回归到这一问题上。教学理论之所以被社会现实需要，正是体现了人们对自身认识和成长的“真”“善”“美”的追求，教学理论要解释教学的事实和规律的“真”，但其最终还是要追求教育和教学如何促进人的成长和幸福这一“善”的价值旨归。无论显性表征，还是隐性表达，教学理论都蕴藏着人性的信念体系，当然不同的理论价值取向，其关于“人”或“人性”的具体假定也会不同，但都无法规避教学要促进人和人性发展的“善”的追求。

例如，赫尔巴特的教学论是以“可塑性”和“理性人”的人性假设为基石。《教育学讲授纲要》绪论的第一条就表明，“教育学的基本概念就是学生的可塑性”，“我们只能从人身上看到意志转化为道德的这种可塑性”，且“可塑性并不依赖于心灵最初显现的各种能力之间的关系，而是依赖于已经获得的观念之间的关系”,[②] 即形成观念统觉团。这是教育和教学存在的前提，道德是内心自由的观念，教学的目的正是由“使你完美”这个基本原则决定的，辅助教学进行的训育目的则是“道德性格的力量”。[③] 由此，“可塑性”和“理性人”的人性假设内含了人性的转化性、向善性、主动性和导向性。可以说，赫尔巴特对“可塑性”和“理性人”的论证奠定了教学理论的人性假设的基本立场，此后的不同流派教学理论在此基础上进行了不同重心或倾向性的发展。杜威的教学理论中人性假设可以概括为未成熟性和行动人，首先，人性具有未成熟

① 胡金木：《启蒙与教育：中国教育现代化进程中的启蒙问题研究》，教育科学出版社2015年版，第172页。

② ［德］赫尔巴特：《教育学讲授纲要》，李其龙译，人民教育出版社2015年版，第3、17页。

③ ［德］赫尔巴特：《教育学讲授纲要》，李其龙译，人民教育出版社2015年版，第80页。

性、可塑性。其次，人性具有生成性、社会性和道德性。[1] 布鲁纳的结构教学理论不仅认同人具有理性和生成性，而且更强调人的学术理性，在“可塑性”和“理性”的人性假设基石上演绎出儿童认知的结构发展过程。赞科夫的教学理论人性假设则更侧重于自然和谐的理性人成长。罗杰斯的非指导性教学理论的人性假设，既内含了人本理性而“善”，也包含了人本能动，可以概括为善而能动、自我实现的人。[2]

概括来说，任何一种教学理论的建构初衷，都是在论证和解释教学事实、教学现象和教学存在的“客观性”和“普遍性”的基础上，勾勒并论证教学能够促进人发展以及如何促进人发展的主导作用的理论图景。

二 教学场域中的概念

如同科学理论，概念同样是教学理论的基石，也是教学理论的抽象化指标和基本逻辑元素。无论何种类型的教学理论，都需要概念来进行支撑，由此也就有了前述的部分学者将理论看作概念体系的观点。从另一个角度来说，这种观点立场也表明了两层含义，一是概念在理论中的存在形式往往不是单个概念或者单称表述。概念总是以组合的形式，一个抽象概念的界定或解释需要相对抽象层次较低或相对具体的概念来建立组合。二是概念之间会形成复杂交织的关系体系。概念具有抽象性，但它与现实仍然有着密切的联系，也就是说概念可以转换为现实中可论证或可观察的对象。当然，由于概念本身存在抽象程度的差异，概念的可论证与可观察的层次和距离也相应地存在差异。

一种理论区别于另一种理论，首先要在概念的领域范围内形成相对界限，即使是联系紧密的学科领域，这种相对界限也是理论相

---

① 庞庆举：《教育学的人性假设与理论建构的关系初探》，博士学位论文，华东师范大学，2008 年，第 33—34 页。

② 胡斌武：《教学伦理探究》，四川教育出版社 2005 年版，第 31 页。

对独立的基本防线。对于教学理论而言，教学场域中的概念是其作为必要、独立和独特理论的首要指标。例如，美国教学理论从教育心理学和课程论中分离和独立，也经历了概念领域的界限划分，本书在国外研究现状部分所论述的教学理论需求和建构的过程，实质上也就是教学理论概念体系构建意义、内容和标准的论证过程。再如，20 世纪 80 年代之后，中国对国外课程论研究成果的借鉴以及国内课程论领域研究的迅速崛起，同样也是完成了概念及概念体系的相对界限划分，只是在这个界限划分中最终走向了“课程与教学论”的整合。此外，教学理论在不同时期或不同国家的概念界限并不是固定的或一致的，第二章所论述的不同国家历史文化语境中教学理论的概念界定就存在着差异。当然，教学理论的概念界限是相对灵活，不是绝对僵化；是核心坚守，不是封闭固守。其中的核心坚守就是指核心概念的坚守，如行为主义教学理论的“刺激—反应”，布鲁纳学科结构教学理论的“认知结构”“发现式教学”“学科结构”等。赫尔巴特教学理论中的“观念”“统觉”“教育性教学”“教化”“德行”等。详见表 4—1。

教学理论之所以为教学理论，必然不能缺失教学场域中的概念。教学理论研究中，对同一个概念的界定可能会存在很大差异，这主要是受概念本身的抽象程度所影响的。如图 4—1 所示，概念越抽象，人们对概念的言语意义理解和界说差别也会越大，相应的言语意义的重叠就会越少，共享意义就会越低。反之，概念越具体，意义重叠越多，共享意义越高。例如人们在界定“年龄”和“媒体使用”两个词，就会出现后者的词义重叠程度远低于前者的词义重叠程度，这是因为后者的抽象程度更高。[①] 再如，“课本”“教材”的抽象程度较低，共享意义越高。一般而言，与可直接观察的实体概念相比，无法直接观察的非实体概念的抽象

---

① James. H. Watt and Sjef Van Den Berg, *Research Methods for Communication Science*, Boston: Allyn & Bacon, 2002, p. 13.

程度更高，其概念的共享意义较低。教学理论所包含的教学场域中的概念必然也涉及概念的共享意义高低问题，“教学”“课程”“教学理论”等高度抽象的概念存在多种界定，也是这些词义重叠程度差异的表现。对于人文社会科学而言，概念的界定无法完全复制自然科学中数学公式的表达形式，以确保语言中立和避免词义重叠的差异。尽管我们不能强求所有抽象概念都必须达成高度一致的共享意义，但人们正是在努力精确界定概念文字含义、追求共享意义的一致的过程中，逐渐形成对教学现象和教学事实的理性认识。教学理论需要共享意义较高的抽象概念，但不是停留在抽象概念的自身推理和演绎上，即使是抽象程度很高、与现实距离较远的概念也需要转换为语言意义等同、抽象程度较低、相对具体易于理解的层级概念、操作性定义或经验内涵，使其具有在教学场域中可论证和可观察的潜在可能性。否则，教学理论很难有明确而清晰的身份表达，也很难体现其客观性、普遍性的理论特征和共享意义。

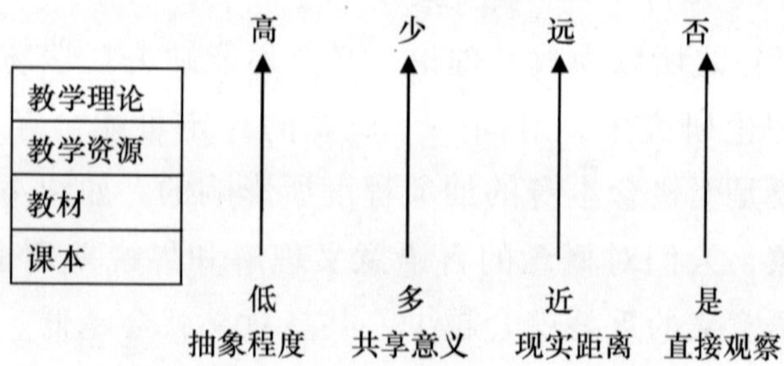

图 4—1　教学场域中概念特性示意（列举）

三　概念之间的关系

理论通过描述概念之间的关系来实现解释和预测。在自然科学中，这种概念关系被称为变量关系，尽管教学理论不可能完全转换为数字公式化的陈述形式，但不能因此而否认教学理论中概念关系之间“变项”的客观存在，更不能因此而否定教学理论作为理论的科学性。教学理论对概念关系的描述也会形成命题，反过来说，教学理论的命题也同样要描述教学场域中概念之间的变化关系。我们要打破一种认识，即认为教学理论所描述的教学场域中的概念之间是一种静态固守的关系，或认为已有对概念关系的解释不存在“量”或“度”的变化。例如，人们在解释教学有效性的理论描述中，经历了有效教学、高效教学和卓越教学的探索过程，这其中所涉及的概念之间的关系不仅存在范围的变化，更存在概念的变化程度。再如从班级授课到小班教学、走班制，或是从班级授课到慕课、翻转课堂都存在着教学场域中概念之间“量”或“度”的关系变化。

概括起来，教学理论对概念之间关系的命题陈述存在因果关系、零关系、共变关系和目的—手段关系。前三种关系与科学理论具有相同的命题关系，第四种关系能够体现教学理论所特有的命题关系。

首先，无论是一般科学理论还是教学理论，命题所反映的很多概念关系是因果关系，具体表达为原因的概念和结果的概念是如何以及为什么联系的命题陈述，这是理论科学性的一般化陈述方式。如赞科夫围绕教学与发展的关系问题进行教育实验研究，“揭示教学与发展关系中客观存在的教育规律性”，也可以说是为了“揭示教学的结构与学生一般发展的进程之间客观联系的性质”，“探索和论证那些能够使学生达到理想的一般发展的教学途径”。[①] 概念的因果关系不会仅限于两个概念之间，教学理论研究者会通过逻辑、洞察力、观察或辩理的方式增加新的概念，以便于更好地完成对教学理论的解释。

其次，概念之间关系的命题陈述还有“零关系”和“共变”

① ［苏］赞科夫编：《教学与发展》，杜殿坤等译，文化教育出版社1980年版，第18页。

两种关系，[①]“零关系”是论述两个概念之间并不是日常所预设的关系，这对于教学概念之间的认识同样至关重要，有助于澄清一些主观认识或某些误解。“共变”关系是论述两个概念之间有关联，但并不是用一个概念直接解释另一个概念变化的因果关系，也就是说一个概念的结果变化并不是另一个概念的变化直接导致的，但是这两个概念存在共变的关系状态，要想对这种共变关系的原因进行探明，还需要进行相关概念关系的验证。

最后，教学理论中还包含目的—手段关系的命题陈述形式。如赫尔巴特认为教学的最终目的存在于德行这个概念之中，但为了达到这个最终目的，教学必须特别包含较近的目的，这个较近的目的可以表达为“多方面的兴趣”。[②]他指出“兴趣”标志着智力活动，这种活动应由教学引起，因而他倡导教育性教学，即任何教学都应当是教育性的，而任何教育都需要把教学作为其主要手段，因为教学能使儿童建立正确的精神生活。[③]

教学理论研究不仅仅是“是什么”和“为什么”对象性思维的演绎，还包括“如何做”“应该如何做”和“不应该如何做”批判性思维的辩理论证。除了对“应然”的“内在原理”和“桥接原理”的论证外，教学理论还包括从“实然”的视角审视教学实践，并提出相应的“桥接原理”和“导出原理”。[④]这些原理的命

---

① James. H. Watt and Sjef Van Den Berg, *Research Methods for Communication Science*, Boston: Allyn & Bacon, 2002, p. 23.

② ［德］赫尔巴特：《教育学讲授纲要》，李其龙译，人民教育出版社 2015 年版，第 31 页。

③ 《赫尔巴特文集 3 教育学卷一》，李其龙等译，浙江教育出版社 2002 年版，第 362 页。

④ 内在原理、桥接原理是由美国著名科学哲学家卡尔·伽斯塔乌·亨普尔提出的关于科学理论建立所包含的两组原理，中国学者林定夷认为科学理论结构除了这两组原理外，还应包括亨普尔排除在外的导出原理。内在原理是由理论假定说明实体和过程及其所遵循的理论性定律。这些实体和过程本身都是不可观察的。桥接原理能够从内在原理中导出经验规律。桥接原理具有科学的解释力。导出原理是从内在原理和桥接原理中导出的可以进一步接受检验的规律。一个理论可能需要经过多次的桥接和导出才能达到可实验观察的经验规律。参见李海峰《西方科学哲学经典理论教程》，吉林人民出版社 2009 年版，第 105 页；林定夷《论科学中观察与理论的关系》，中山大学出版社 2016 年版，第 128—129 页。

题陈述除了包含上述因果关系、零关系、共变关系外，还包含目的—手段关系。也就是说，教学理论所论述的教学原理除了客观的科学研究结论和经验规律外，其结论和建议往往都要从教学实践的层面，回归和观照教学目的实现的实践原理。处方式教学理论、教学科学理论或是教学哲学理论都会包含不同类型的概念关系论述，也会包含实践原理的概念关系陈述，只是概念关系的倾向性、抽象层次以及与实践问题的距离不同。

为了更清晰地描述和理解教学理论所内含的成分，并凸显不同教学理论的人性假设、概念和概念之间的内在联系，此处列举五个不同派别的教学理论进行分析说明（见表4—1）。

表4—1　　不同派别教学理论内含成分的列举说明

理论成分 / 理论派别	人性假设	教学场域中的概念	概念之间的关系（部分）/主要命题列举
赫尔巴特的教学理论	人具有可塑性、理性人	观念（知识）、统觉、教育性教学、教化、德行、兴趣的多方面性	教学的最终目的存在于德行概念之中，教学包含较近的目的是“多方面的兴趣”；只有教学才能满足平衡地培养广泛的多方面性的要求；统觉是新观念被旧观念所吸收和同化的过程，教学过程就是使学生在旧观念的基础上掌握新观念的过程①；任何教学都应当是教育性的，任何教育都需要把教学作为其主要手段；教学能否正常进行，取决于教师，同时也取决于学生与教学内容②；教学阶段：清楚、联合、系统和方法。

① 李森：《现代教学论纲要》，人民教育出版社2005年版，第12页。

② ［德］赫尔巴特：《教育学讲授纲要》，李其龙译，人民教育出版社2015年版，第59、72页。

续表

理论成分 理论派别	人性假设	教学场域中的概念	概念之间的关系（部分）/主要命题列举
杜威的教学理论	未成熟性行动人	儿童、生长、经验、活动教学、做中学、反省思维	教育就是经验的改造或改组①；教学应从学生的经验和能力出发，使学校在游戏和工作中采用儿童、青年在校外所从事的活动类似的活动形式；教学方法是一种艺术的方法，是受目的明智地指导的行动的方法；教师的任务，在于了解学生和教材的相互影响；② 教学过程就是解决问题的思维过程，与反省思维一致的教学五步：暗示、问题、假设、推理和验证。讲课是刺激、指导儿童思维的场所和时间③。
布鲁纳的学科结构教学理论	生成性、具有学术理性的人	成长、认知、认知结构、发现学习、学科结构、学习准备、螺旋式课程、直觉思维、序列	教学就是试图促进学生成长或者塑造学生成长的活动④；在儿童智力发展的每个阶段，儿童都有他自己的观察世界和解释世界的独特方式；任何科目都能够按照正确的方式，交给任何年龄阶段的任何儿童，其任务就是按照这个年龄儿童观察事物的方式去阐述那门学科的结构；在提出一个学科的基本结构时，可以保留一些令人兴奋的部分，引导学生自己去发现它；结构的理解能使学生从中提高直觉地处理问题的效果；⑤ 教学理论应当详细规定所由来的学习材料的最有效的序列，它影响着学习者在达到成熟掌握时将会发生的困难⑥。

① 《杜威教育论著选》，赵祥麟、王承绪编译，华东师范大学出版社 1981 年版，第 159 页。

② ［美］杜威：《民主主义与教育》，王承绪译，人民教育出版社 2001 年版，第 211、186、199 页。

③ ［美］杜威：《思维与教学》，转引自陈晓端《国外教学论基本文献选读》，北京大学出版社 2013 年版，第 88—90 页。

④ ［美］布鲁纳：《教学论》，姚梅林、郭安译，中国轻工业出版社 2008 年版，第 1 页。

⑤ ［美］布鲁纳：《教育过程》，邵瑞珍译，文化教育出版社 1982 年版，第 6、49、39、73 页。

⑥ ［美］布鲁纳：《布鲁纳教育论著选》，邵瑞珍等译，人民教育出版社 1989 年版，第 442、448 页。

续表

理论成分 理论派别	人性假设	教学场域中的概念	概念之间的关系（部分）/主要命题列举
赞科夫的发展性教学理论	人的一般发展、自然和谐的理性人	学生的一般发展、实验教学论体系、教学结构、实验教学大纲、实验教学原则	一般发展，不仅发展学生的智力，而且发展情感、意志品质、性格和集体主义思想①；只有当教学走在发展的前面，才是好的教学；揭示教学与儿童心理一般发展关系中客观存在的教育规律性；以尽可能好的教学效果来促进学生的一般发展；教学结构是学生发展的一定过程发生的原因；实验教学大纲给予儿童以广泛、深刻、多方面的知识，这些知识在他们的一般发展和教养上起着重大作用；实验体系的教学原则：高难度、高速度、理论知识起主导作用、使学生理解学习过程、使全体学生都得到发展②。
罗杰斯的非指导性教学理论	善于能动、自我实现的人	自我、自我实现的人、学习者为中心、促进者、有意义的自由学习、非指导性方法	自我是个体的主观体验以及这种体验的内在同化机制③；任何个人都具有自我实现的倾向，这种倾向是人要实现其固有能力的需要。教学作为促进自我实现的工具，其目的是培养对变化开放的、灵活的和适应的人，学会怎样学习并且因而能不断学习的人；④ 非指导性方法的三个条件，即真实、接受和移情性理解；⑤ 有意义的自由学习是把逻辑与直觉、理智与情感、概念与体验、观念与意义等结合在一起。当我们以这种方式学习时，我们就成了一个完整的人⑥。

注：理论陈述具有系统性、丰富性和复杂性特性，很难以表格形式呈现，但可以通过部分概念关系和主要命题判断和理解这一理论成分所体现的理论核心内容。

① ［苏］赞科夫：《和教师的谈话》，杜殿坤译，教育科学出版社 1980 年版，第 142 页。

② ［苏］赞科夫编：《教学与发展》，杜殿坤等译，文化教育出版社 1980 年版，第 20、21、43—49、68 页。

③ 李森：《现代教学论纲要》，人民教育出版社 2005 年版，第 15 页。

④ 吴文侃主编：《当代国外教学论流派》，福建教育出版社 1990 年版，第 302—303 页；方展画：《罗杰斯“学生为中心”教学理论述评》，教育科学出版社 1990 年版，第 77 页。

⑤ 方展画：《罗杰斯“学生为中心”教学理论述评》，教育科学出版社 1990 年版，第 103 页。

⑥ 施良方：《学习论：学习心理学的理论与原理》，人民教育出版社 2000 年版，第 385 页。

四　理论陈述

理论需要以陈述的形式进行外在的表达和表征。理论所要求的陈述必须具备对事实、现象的解释、理解或预测，并且具有可检验性，如若一个陈述不具备上述特点，那么就不能称之为理论。陈述是“说明概念所指的事物相互之间的关联方式，及其相互之间怎样和为什么相互关联”[①]。也就是说，理论陈述不仅仅说明概念的关系类型，还包括概念组织体系的陈述。美国学者乔纳森·H. 特纳将社会学理论陈述划分为元理论模式、分析模式、模型模式和命题模式四种类型，对于教学理论同样具有一定的借鉴价值。这四种类型模式中，命题模式相对而言是理论陈述使用最多的一种，但其他三种陈述模式也都具有不同的重要性。（1）元理论模式，往往不解释具体的事物，而是解释理论必然涉及的一些基本问题。（2）分析模式的概念是对总体进行切割，对社会世界的基本特性进行分类，并陈述这些特性之间的相互关系。（3）模型模式就是以模型图示或数学公式等中性语言来描述概念、关系或过程。（4）命题模式陈述的是一个概念的变化如何导致另一个概念的变化。[②] 由于命题的构建材料是概念，而概念本身存在抽象程度的不同，同时要表达的命题关系也有一定的差异，这也就使得命题陈述本身又包含不同类型，主要包括假设、经验概括和公理型命题：①假设，往往是一种尝试性陈述，即以一种可检验的形式，对特定概念关系进行预测的命题。这里需要进一步说明两个方面，一是假设不能直接等同于命题，假设是命题陈述的一种形式，也是最为常用的命题形式。二是并非所有命题都能直接转述为假设，如果理论包含的抽象命题，在经过科学合理的逻辑演绎导出概念化命题，并经过操作性定义转述

---

① ［美］乔纳森·H. 特纳：《社会学理论的结构》（第7版），邱泽奇、张茂元等译，华夏出版社2006年版，第7页。

② ［美］乔纳森·H. 特纳：《社会学理论的结构》（第7版），邱泽奇、张茂元等译，华夏出版社2006年版，第8页。

后才能成为可检验形式的命题假设，而且会形成一组多个命题假设。②经验概括，也要陈述关系，但不是预先设定再做检验的过程，而是通过几个事例观察到某种关系的存在，然后予以概括，指出所观察到的这种关系存在于一切（或大多数）场合。[①] 经验概括型命题陈述往往适用于实地研究难度大或试验性假设确立困难的情况，通过一定数量的代表性个案来进行研究和经验概括，并形成普遍化的理论陈述。③公理型命题主要有公理和定理两个层级。其中公理要求高度抽象和精确，定理可以通过公理进行规律的推演。公理和定理的抽象概念可能是不可直接观察或测量的，但要求必须具有间接的可检验性。

第二节　本源：教学理论的建构

已有关于教学理论的建构可以概括为三种代表性观点：第一种观点认为教学理论源于教学实践，关键要对教学理论的实践性生成进行逻辑论证。第二种观点强调教学理论应该具备科学理论的实证性特征，认为教学理论必须包含可验证的假设和因果关系的陈述。第三种观点则从语言形式逻辑的角度强调教学理论是由概念、判断、命题的逻辑形式所形成的规范性文本形态的陈述。实际上，上述三种观点并没有在本质上全面揭示教学理论的建构过程，第一种观点尽管突出了实践是理论的来源或起点，但没有揭示出从实践的认识如何逐步形成理论的内在过程，容易产生理论是建立在实践的经验认识或经验总结基础上的误解。第二种观点实际上是将教学理论按照一般科学理论尺度来对待。第三种观点更倾向于反映科学理论文本陈述的逻辑结构要素。应该承认，教学理论的生成和建构的确是一个极其复杂的系统化过程，除了理论要素、目的、结构和方

---

① ［美］肯尼思·D. 贝利：《现代社会研究方法》，许真译，上海人民出版社 1986 年版，第 55—58 页。

法论等逻辑因素外，还受多种因素、多种思维形式影响，既要体现教学理论作为人文社会科学理论建构的一般性特征，更要凸显教学理论建构过程中的自身逻辑和相对独立性。

一 教学理论核心问题的建构

尽管在科学哲学中，对科学理论结构的理解有三种代表性视角：句法观（公理化的句子集合）、语义观（语言模型集合）、语用观（样本、问题、标准、技能、实践和取向），[①] 但上述三种理解都未能完整揭示人文社会科学领域或者更确切地说是教学理论生成的本源或核心。理论是一个系统，理论的生成会始于一个核心。系统的核心是系统形成过程中最早出现的部分，核心出现之后，经繁衍伸展，系统才会逐渐形成。英国哲学家拉卡托斯提出“理论硬核”的概念可以用来诠释理论的核心问题。拉卡托斯认为，一个理论体系的基础和核心也就是理论的“硬核”，对整个理论系统起决定性作用，是由一系列基本的陈述和命题组成，它是约定的、不容反驳的和不可改变的。[②] 他强调“一切科学研究纲领都在其‘硬核’上有明显区别”[③]。硬核既是理论独创性的根本标志，也是理论的灵魂所在。“理论的核心问题是社会事实作用于人的意识并通过特定社会文化的表象系统产生的独特抽象问题。抽象问题引出一般意义上的假设，导致理论硬核的形成。”[④] 拉卡托斯说明了理论的硬核并不像雅典娜出自宙斯之头那样一出现就是全副武装，它要通

---

① Rasmus Grønfeldt Winther, “The Structure of Scientific Theories”, The Stanford Encyclopedia of Philosophy, Edward N. Zalta (ed.), (Winter 2016 Edition), https://plato.stanford.edu/archives/win2016/entries/structure-scientific-theories/. 2018 - 2 - 1.

② 冯契、徐孝通主编：《外国哲学大辞典》，上海辞书出版社 2000 年版，第 820 页。

③ ［英］拉卡托斯：《科学研究纲领方法论》，兰征译，上海译文出版社 1986 年版，第 67 页。

④ 秦亚青：《国际关系理论的核心问题与中国学派的生成》，《中国社会科学》2005 年第 3 期。

过长期的预备性的试错过程缓慢地发展。[①] 同时，理论的核心问题不仅仅是社会事实的镜像反映，也不仅仅是社会事实作用于人脑所产生的意识，它还是人在实践活动中通过意义网络完成的社会性建构。需要指出的是，理论的核心问题与研究的问题不一定对等，理论的核心问题不一定是单个问题，一般是多个相互关联的研究问题转化为验证假设后的集结所支撑的核心。换言之，理论的核心是人在认识社会事实过程中所产生的独特抽象问题，这一抽象问题被建构为一般意义上的假设，假设验证转化为普适性命题，依此形成理论的硬核。如行为主义理论的核心是刺激与反应的联结，认知主义理论的核心是人的认知结构的建构；人本主义理论的核心是完整人的发展。理论生成的核心涉及特定因素和特定条件，教学理论对教学现象、事实或存在的镜像反映也不可能是彻底的全部，还要取决于历史的时间特征、地理的空间特征和民族地域的文化特征对理论研究者意识的作用。如行为主义、认知主义、人本主义心理学，以及教育学和教学理论的核心问题，都是来自时间和空间交汇作用于理论研究者意识所产生的认知反应，并通过特定文化的意义网络和表象系统成为当时学界的核心理论问题。

在某种意义上，理论的核心问题渗透了理论的合目的性特征。同一个事实表象可能在一个理论中被界定为“硬核”，但却是另一个理论所批判的对象。即使是同一个理论流派的不同理论，对各自理论假设和具体问题的陈述也有差异，但并不影响这一流派理论“硬核”的内在一致性对流派的“灵魂”的体现。理论流派或学派的形成依赖于理论的主导话语的形成，当理论的核心问题是重大的、独特的，并具有深刻的学理意义时，理论才可能成为范式，并形成一种主导话语。这种主导话语界定了理论研究的议程，而围绕

① ［英］拉卡托斯：《科学研究纲领方法论》，兰征译，上海译文出版社 1986 年版，第 57 页。

这种主导话语也就形成了所谓的“话语联盟”或理论学派。[①] 此外，当主导话语确立时，理论的核心问题就会根据理论研究议程的关键因素派生出理论的具体研究问题，而不再是抽象和独特问题。这些相对具体问题研究所形成的理论会逐渐形成理论硬核的层级理论保护带，层级理论体系越丰富，对理论硬核的保护就越坚实，同时理论硬核也从层级理论体系获得滋养，显现越来越强大的解释力和生命力。如果理论受到批判和质疑时，处于保护带的层级理论就会先作出回应或修正，以保护理论硬核的坚韧和不容反驳，这个过程反过来也会间接转化内在力量推动理论硬核的生长和层级理论保护带的扩展。但当具有抽象的独特意义的核心问题再产生并得以繁衍伸展为系统时，则可能导向科学革命和新学派的建立。

需要明确的是，不是所有问题都能成为理论的核心问题，也不是关注某个问题就能建构理论的核心问题。理论核心问题的建构需要符合三个标准：（1）理论的核心问题是独特的，亦即起始于时间和空间上特定的一个交汇点。这是理论核心问题的社会实践向度。（2）理论的核心问题是具有学理意义的。它通过特定社会文化的表象系统成型，导向一般性的理论命题。这是其知识向度。（3）核心问题必须具有前瞻意义。即目的向度。[②] 理论核心问题的三个标准是建构理论的衡量指标，并不是教学理论类型的判断依据。无论教学理论是科学理论还是实践理论，都必然要内含理论的核心问题，只是这一核心问题随着理论研究议程的推进，抽象问题逐渐向具体问题过渡，但并不是消失。正如20世纪60年代，布鲁纳在倡议美国需要教学理论时，对“处方式的中间理论”进行了论证，这就可以看作一个初始理论的核心问题，起始于当时美国历史时间因素和空间因素上的一个交汇点，同时具

---

① 秦亚青：《国际关系理论的核心问题与中国学派的生成》，《中国社会科学》2005年第3期。

② 秦亚青：《国际关系理论的核心问题与中国学派的生成》，《中国社会科学》2005年第3期。

有学理意义和前瞻意义。当这种理论被独立并具有主导话语时，对教学理论的必要性、要素、结构、标准等由核心问题延伸的抽象问题的论证逐渐转向具体问题的研究，美国教学理论在主导话语下的多元化发展仍然渗透着核心问题的目的向度即合目的性特征。再如，20 世纪 50 年代后，苏联教学理论话语体系的转变也是依托“儿童研究”“方法论”理论核心问题的提出，在理论系统化的过程中，主导话语也在发生转变。日本也同样经历着类似的过程，“学习共同体”“学力”等核心问题的提出和系统化，也代表着日本教学理论主导话语的确立和研究特色的形成。从上述分析可以得出的启示是，各国在借鉴并引入国外主导话语教学理论时，可借鉴但不可复制。学者们之所以持续强调国外教学理论应用的限度，正是因为本土文化语境下，理论核心问题必须本土建构，缺少了本土特定时间和空间的交汇，即使学理意义和前瞻意义再突出，理论也难以完成本土化，更难以形成原创理论的系统化生成。这也就是说，中国要形成本土化特色的话语体系和主导话语，没有借鉴和复制的捷径，只能通过理论核心问题的建构来系统化生成。教学理论的核心问题是什么，如何建构，除了要符合上述三个标准，还取决于时空“交汇点”对研究者意识的反映，即核心问题是客观事实的主观意识，二者缺一不可。近年来，本土学派如“生命·实践教育学派”“主体教育理论”的产生都显示了各自理论区别于他者的独特，同时也体现出 90 年代中国时间因素和空间因素共同聚焦“人”的问题，只是研究者基于“交汇点”所构建的核心问题不同，进而所生成的理论体系也就不同。不容否认，这些本土学派理论话语体系的影响逐渐显现。

二　教学理论的建构逻辑

教学理论的核心问题建构不等于全部理论陈述的完成，理论的核心问题也并不一定伴随认识和具体问题同步产生，理论的核心问题确立有可能是在理论假说阶段，也有可能是在理论陈述前的理性认识阶段对其进行提炼和精确化。教学理论的建构需要经历一个过程，这个过程必然蕴藏着一定的建构逻辑。

（一）教学理论始于认识和对问题的认识

人类认识的发生就是源于对周围事物为什么会产生和如何产生的思考。无论是理性认识还是日常认识，缺少了认识的追问往往是一种习以为常的不自知状态，也就不会产生困惑与自觉寻求解惑。同样，教学理论发端于人们对客观教学活动的困惑和寻求解答的自觉意识，它与生俱来就有怀疑的性质。[①] 任何时候人们的认识不是无目的的，基于认知旨趣所产生的问题就是研究和理论形成的基础。哈贝马斯在《认识与兴趣》中认为，任何一个认识都起源于知识旨趣，他提出了人类认知旨趣的三种类型："经验—分析"的科学研究，包含技术的认知旨趣；"历史—解释学的科学研究"，包含实践的认知旨趣；具有批判倾向的科学研究，包含解放的认知旨趣。[②] 波普尔指出，科学只能从问题开始，而不是开始于观察。当我们的认识预期落空或已有理论陷入困难、矛盾之中时，问题也就产生了。一种理论对科学知识增长所能做出的最持久的贡献，就是它所提出的新问题。波普尔也依此认为科学知识的增长永远始于问题，终于问题。他认为不存在与理论无关的纯粹观察，观察渗透理论，且理论先于观察。知识的进步不是从观察到理论的积累，而是从理论到理论——通过对先前知识的修改而获得新的知识。他提出知识增长图式：P1→TT→EE→P2。在这个图式中，P1 表示问题，一切科学讨论都始于问题 P1；TT 表示对问题的某种试探性的解决，即提出一种试探性的理论 TT；EE 表示清除错误；然后这个过程重新开始，理论及其对理论的批判又导致新的问题 P2 产生。波普尔对这个图式的概括就是："科学从问题始，以问题终。"另外，这个图式当中 TT→EE 是关键步骤，表示的正是猜想与反驳。[③] 理论源

---

① 徐继存：《论教学理论的批判》，《教育评论》1999 年第 2 期。

② 谢立中主编：《西方社会学名著提要》，江西人民出版社 2001 年版，第 360 页。

③ 李建会、李亚明：《科学哲学读本》，金城出版社 2014 年版，第 63 页。

于认识，产生于由理解和解释所引导的认识过程。尽管理论是对现象的知识解释系统，并且解释也是衡量和判断理论质量的指标之一，[①] 但理论不是停留在日常认识对经验事实的纯粹列举，理论力求"从所发现的事实中或者从现实的基本特征中找出它们之间的某种联系并提出依据"，[②] 这个依据也是问题化的过程，这个过程要比日常认识过程更加精确。

尽管"问题取向"从90年代前后在中国成为教育研究的主流，由此也引发了"理论研究取向"和"问题研究取向"的争论，即人们在学科体系建构中产生现实问题解决与学科知识积累的两种声音。[③] 然而，这里的问题所指仅仅是聚焦现实现象问题或实践需要解决的困难等，而不是理论生成所指向的认识问题化。反过来说，如果我们承认问题研究是从问题开始的，那么理论研究又是如何开始的？问题研究的结论是直接解决问题的方案吗？理论研究的结果仅仅是满足自身体系建构的知识吗？要知道，任何研究都不可能直接解决问题，问题解决的关键是行动，研究只能为行动提供策略参考而不是直接行动方案。同时，教学理论也不会是实践经验的直接总结，教学理论永远不会缺少对实践的关怀，但教学理论生成有着自身的逻辑，尽管因目的和方法论的差异而形成不同形态的理论，但不能否认理论源于认识和对认识的问题化过程，否则教学理论很难作为独立领域而彰显其科学性、合理性与合目的性。美国学者亨利·吉鲁指出"所有的合理性模式都包括一个问题取向，问题取向是一个概念结构，任何一种合理性模式都可能被视为一个理论框架"。[④] 美国社会学家华莱士也曾提出社会研究的逻辑模型，即著名

---

① Burke Johnson and Larry B. Christensen, *Educational Research: Quantitative, Qualitative, and Mixed Approaches*, 2nd ed, New York: Pearson Education, Inc. 2004, p. 19.

② ［德］F. W. 克罗恩：《教学论基础》，李其龙等译，教育科学出版社2005年版，第107页。

③ 林杰：《对教育科学理论体系建构的反思》，《现代大学教育》2001年第2期。

④ ［美］亨利·吉鲁：《教育中的理论与抵制》，张斌等译，教育科学出版社2016年版，第167页。

的“科学环”，他强调理论和研究是相互作用的过程，指出研究有两个入口，一是从观察切入，描述和解释所观察到的事实并在经验概括的基础上升华为理论；二是从理论出发，由理论产生假设，再进入研究过程，进而支持、反对、修改或提出新的理论。[①] 同样，教学理论的生成逻辑不是更不能固化为单线的形式，理论来源于认识，可以是对现有理论的验证性认识，也可以是对现实事实和问题的探索性认识。

（二）教学理论需要通过演绎、归纳或辩理获得理性认识

首先，理论需要通过研究获得，但不是所有的研究都能形成理论，也不是一次研究就能即时完成一个理论的建构。一方面，理论可以为研究提供特定视野和概念框架、指导研究的方向、提供研究的解释；另一方面，研究有助于开创理论、重整理论、扭转理论或廓清理论。[②] 假设和理论之间既有间距性，也有延时性，理论也可能是多种研究假设在得到验证后的集合。“一般情况下，理论由研究成果构成。在一个系统化的、根据逻辑规则设想的概念和思想体系中，理论把研究成果集中到某个研究对象上，如师生互动现象。该工作意味着把研究陈述系统化。”[③] 研究结论是否能进一步转化为理论，一是取决于研究结论是否确证了研究假设且是已有理论中没有提及或论述的；二是取决于研究结论倾向于修改现有理论还是创建新理论；三是取决于研究结论所呈现的知识能否进一步实现结构化或系统化，或是补充和修正已有结构化和系统化的理论知识体系。当然，新的研究结论与已有理论的不一致或冲突并不是理论生成的决定性因素，核心问题及其相互辅助的理论假说所组成的体系才是追求理论并做出理论建构的决策因素。

其次，研究论证形式是广义的，不局限在科学研究的常用类

---

① 范伟达、范冰编著：《社会调查研究方法》，复旦大学出版社 2010 年版，第 58 页。

② 风笑天：《社会研究方法》（第四版），中国人民大学出版社 2013 年版，第 32—33 页。

③ ［德］F. W. 克罗恩：《教学论基础》，李其龙等译，教育科学出版社 2005 年版，第 108 页。

型。如前所述，研究论证需要根据目的、方法论选择不同类型或多种类型的交叉运用，因而研究不仅仅包括量化研究和质性研究，还包括规范研究。选择何种研究类型并不是衡量研究科学性与否、合理性与否的标准，也不能因此而推论理论的科学性与合理性。教学理论的研究同样也是对问题进行辨理论证的活动，研究所形成的结论和观点必须经过研究的分析、证明、证实，在检验其真实性和正确性之后，才能表达结论和结论的意义。① 如果研究仅仅是叙述经验，没有形成道理，或所提出的结论不富有解释力、说明力或指导力，那么很难称得上研究。

最后，研究以辩理论证方式建立理性认识的过程也是理论化的过程。既然研究没有形式上的唯一，类型上的绝对和高尚，我们就不能按照一般科学或自然科学理论的尺度来衡量历史发展中教学理论的真实性和合理性。对那些早先教育思想加工的有关教育教学艺术的理论，即“艺术”理论，我们也不能否认其理论的实然和价值，因为这些观点和信念，是已经运用了理性和经验审查其合理性，因而不能否认和忽略其研究的客观存在。赫尔巴特《普通教育学》一直被公认为因其“实践哲学”和“心理学”基础使教育学走上科学之路，但在《普通教育学》问世20年后，施莱尔马赫对建立“具有普遍妥当的教育学”的意图本身进行质疑，也就意味着把自然科学的标准和规则作为衡量教育学的尺度。此后，教育科学理论和教育实践理论发生分野，教育学被纳入“实践理论”范畴。② 尽管教育学（包括教学理论）是“科学理论”和“实践理论”的争论一直在持续，但没有人因其取向选择和未来如何取舍而否认教学理论的历史，也没有将早先所谓的“艺术理论”或“实践理论”排除在教学理论的范畴之外，更没有因其研究手段的“不完善”而否认研究在理论中的客观存在。

---

① 金生鈜：《教育研究的逻辑》，教育科学出版社2015年版，第3页。

② 陈桂生：《回望教育基础理论：教育的再认识》，北京师范大学出版社2008年版，第6页。

简要概括，教学理论通过研究获得理性认识，研究是达到理性认识目的的手段，其本身不是目的。达到教学理论目的的研究形式有多种可能性，可以是经验研究的描述或解释，也可以是规范研究的证明或诠释，通过研究所提出的教学规范、教学原理、教学的价值标准或教学行为规范都属于研究所获得的理性认识，也是教学理论的组成部分，当上述这些内容以系统化和结构化的知识体系进行表征时，也就意味着教学理论的建构和形成。

（三）教学理论建立在认识共同体接受的事实、价值和规范基础上

我们都认同理论建立在事实基础上，但却往往将事实局限在可观察到的客观事物或自然事物。实际上，事实不同于事物，事实之所以为事实，并不因为是否可见，关键取决于认识共同体是否接受。一个陈述之为事实，并不完全与它所获得的方式相关，也不完全与它所表达的事物相关，而根本上只与接受它的人相关。他人的见闻、实验报告、各种文献资料以及描述内心状态或神秘体验的陈述等，都可能成为事实。[①] 事实并不局限在自然科学领域，人文社会科学的分析单元也并不局限在概念，还可以是事实的分析单元，研究所获得的结论要想成为事实，被自己和他人所接受和认同，就需要对研究结论进行陈述和确认。拉卡托斯指出："一个理论只有当它超过先行者的多余经验内容被确证，只有当它导致新事实的发现时，它才是'可接受的'。"[②] 换言之，理论所包含的事实必须是认识共同体或其他认识者所共同接受的，接受的普遍性越高，理论的被认可度和主导话语就越明显。"事实和理论是不可分的，而且事实的表达也是不能被理论范畴贬低的。"[③] 在人文社会科学领域，事实与价值并不矛盾，因为这一科学领域的事实依赖于人的意志，

---

① 黄正华：《人文社会科学方法论》，社会科学文献出版社 2016 年版，第 27 页。

② 冯契、徐孝通主编：《外国哲学大辞典》，上海辞书出版社 2000 年版，第 916 页。

③ ［德］尤尔根·哈贝马斯：《交往行为理论第 1 卷：行为合理性与社会合理化》，曹卫东译，上海人民出版社 2004 年版，第 109 页。

是与人的意志有关的活动，并不是纯粹客观的，必然涉及自觉意识的主体对周围事物及自身行为的评价，即其中包含了价值。正如德国哲学家马克斯·韦伯所说，价值判断是根据道德的、文化的或其他的观点，对社会事实是否合乎需要做出实际的评价。[①] 当然，理论的事实还存在接受的滞后性，例如，哥白尼或牛顿等科学家的理论对事实的陈述和确认，是在很长时间之后才得到学界和社会认同的，但这并不影响其理论的伟大和卓越。反过来说，理论要研究事实，反映事实、陈述事实和确认事实，以最终形成理论获得认识共同体的接受，反过来的“倒推”过程却不能成立，即并不代表研究只关注和陈述他人接受的事实，或研究者只迎合大众的认同，而停滞于“公众口味”的事实，放弃追求事实的本质。

对于教学理论而言，首先，教学事实的陈述绝不是对教学现象或教学实践活动等客观事物及其因果关系的简单描述或经验总结，用教学事实所表达的教学现象或活动不同于教学现象或活动本身。例如，老师平等地对待学生的方式不同，但我们对现象的描述可能是相同的，如采用“平等的师生关系”的表达；再如，老师对职业热爱的表现方式不同，但我们对教学事实的表达往往趋近相同，如采用“敬业爱岗”的表达。也就是说，即使教学现象、教学实践是个别的、独特的，但通过语言表达它们的教学事实不是个别、独特的，且这些语言所表达的教学事实往往与其他事实存在共同之处或相互联系。如果教学事实之间不存在联系，也就无所谓能够探寻事实的因果关系或更为复杂的本质探寻。不经过事实的陈述，教学现象的研究结论不具有普遍性。没有关联的教学事实陈述，相当于得到的是“只见树木不见森林”的结论。因为单个事实不足以形成教学理论，教学事实描述的关联性和系统性为教学理论的体系化奠定了基础。其次，除了教学事实的陈述外，教学理论还包括价值标

---

① ［德］马克斯·韦伯：《社会科学方法论》，杨富斌译，华夏出版社 1999 年版，第 109 页。

准、行为规范等知识体系的陈述。本章第三节教学理论的类型对此进行了详细论证。

（四）教学理论是知识的结构化和系统化陈述

在上一章的概念界定中，已经明确教学理论的属概念，即教学理论是知识体系。教学理论的知识体系也就是一种陈述系统，用以理解、解释或说明教学现象、教学事实和教学存在。哈贝马斯在论述弗洛伊德心理学解释逻辑时谈到，“理论具有叙述的形式，它以叙述的方法表现儿童的能动的心理发展过程——行为过程”。[①]“知识通过阐述而获得表现，成为一个有组织的整体结构，这就是理论。马克思指出知识的阐述表现为‘一个先验的结构’，反映的是‘材料的生命’。”[②] 教学理论同样需要以知识阐述的方式，赋予教学如何更好地促进学生整体性发展的研究结论以理论的生命。需要指明的是，教学理论的系统化或体系化不是量的要求，而是逻辑上的合目的性、自洽性和完整性，“包含了认识过程的条件和结果的整个方法性操作，最终要达到一个以逻辑方法为依据的对现实的陈述体系”。[③] 无论显性或是隐性，教学理论必定建立在问题认识的假设基础上，这些假设有来自感知经验所做出的猜想，有来自理性反思所做出的价值判断或规范评价，在经过辩理论证后将假设确认为事实推理和理论的定理，并最终形成一系列具有相互支持结构的模型，用于一个领域的理解、解释和评价或具体层面理论的演绎。教学理论的知识系统化陈述是形成或修正理论的必然阶段，即教学理论需要为教育者提供该理论的认识本质和认识过程的诠释。换言之，在经过一系列辩理论证之后，研究者还需要通过分享理论来实现人们对理论有效性的普遍接受和认可。这就需要研究者对所建构

---

① ［德］尤尔根·哈贝马斯：《认识与兴趣》，郭官义、李黎译，学林出版社1999年版，第257—258页。

② 李振伦：《理论·理论性·理论检验》，《河北学刊》1987年第5期。

③ ［德］F. W. 克罗恩：《教学论基础》，李其龙等译，教育科学出版社2005年版，第107页。

的理论提炼为他人可以学习和理解的形式，并按照逻辑形式进行阐释和陈述。同时，“科学的逻辑是循环论证的说明与再说明，以及事实以理论为依照和理论以事实为依照的自我修正”①。理论建构、陈述和分享并不意味着理论思维过程的结束，扬弃和批判性研究的可能性仍然存在，也可能随时开启。这也就形成了理论发展的循环发展模式，在这一模式中，外在表现为三种类型：第一种类型是“理论—实践—理论”，是指将已有理论运用于实践，同时发展新的理论；第二种类型是“实践—研究—理论”，即对实践中的问题进行观察，并开展研究，基于结果形成理论。第三种类型是“理论—理论—研究/实践”，是在初始理论的基础上发展新的理论，然后对其进行应用和检验。②

三　教学理论的生成过程

理论生成实质上是一个特殊的认识过程和思维活动反复深化的过程。马克思指出：“从前的一切唯物主义——包括费尔巴哈的唯物主义——的主要缺点是：对对象、现实、感性，只是从客体的或者直观的形式去理解，而不是把他们当作人的感性活动，当作实践去理解。”③ 在此，我们有必要区分“认识对象”和“认识客体”，尤其是认识人的活动，这种区分就显得更为重要。“认识客体”是研究者的活动所针对的实际的领域，“认识对象”是主体和研究的客体之间的中间环节，这种环节反映出研究者以他坚持的科学观点来认识客体的方法，反映认识的客观方面和主观方面的辩证统一。这也就是说，同一认识客体在不同的学科研究者眼里是不相同的，他们从各学科固有的不同任务和不同概念体系出发，从客体中提出自己的研究目的，区别出不同的方面、不同的联系和关系。随着人

① ［德］尤尔根·哈贝马斯：《交往行为理论第1卷：行为合理性与社会合理化》，曹卫东译，上海人民出版社2004年版，第109页。

② What is Theory? http：//faculty. jou. ufl. edu/mleslie/spring96/theory. html. 2018－2－1.

③ 《马克思恩格斯选集》（第一卷），人民出版社2012年版，第137页。

的认识活动的任务和手段的改变，联结在认识活动中的反映也跟着改变。[①] 例如，同样关注教学中的问题，但所关注教学要素不同，或是从教学问题和教学经验中发现和分离的概念及其抽象程度不同，从而会产生不同的认识对象。斯卡特金指出正是由于这个原因，影响了历史进程中教学论的对象一直没有一个统一而又合乎规范的定义。

为了能够尽可能剖析教学理论的生成过程，本书结合人文社会科学理论的研究逻辑以及美国社会学家华莱士提出的“科学环”[②]，尝试用图示的形式来表达教学理论的生成系统和循环过程（图4—2）。教学理论的生成过程不是闭合的，而是开放的系统过程。基本程序主要包括以下五个方面。

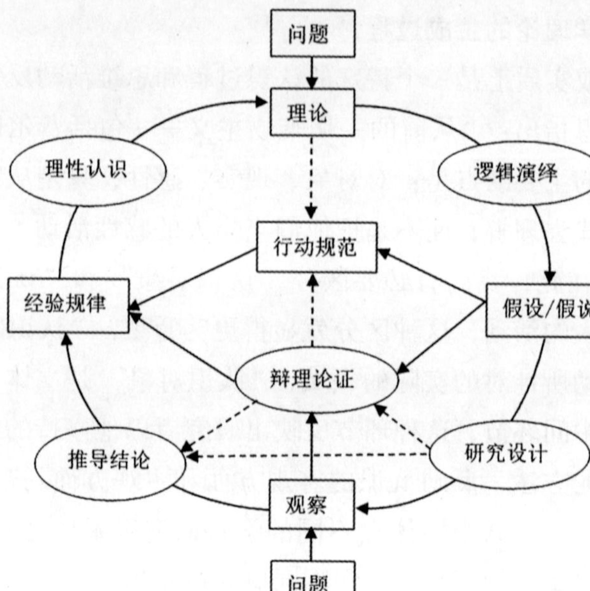

图4—2　教学理论生成的系统与循环过程

---

① 北京师联教育科学研究所主编：《理论发展与斯卡特金〈中学教学论〉选读》，中国环境科学出版社2006年版，第66—67页。

② 风笑天：《社会研究方法》（第四版），中国人民大学出版社2013年版，第29页。

（一）以问题为研究的切入口

美国社会学家华莱士在其名著《社会学中的科学逻辑》一书中提出了“科学环”，很好地呈现了科学是理论与研究之间不断相互作用的过程。通过“科学环”，华莱士阐述了研究的切入口可以是理论也可以是观察。研究和理论呈现的是环状循环交互而不是单线促进的关系，即研究可以生成理论，也可以验证、修正或提出新理论。对于教学理论来说，它不是对教学经验或教学常识的直接归纳总结。教学理论源于问题，且问题具有来源和抽象层次上的差异。有的问题抽象程度较低，源于特定领域教学现实中的问题；有的问题抽象较高，源于认识者的兴趣，是对教学场域中人或事寻求“为什么”和“如何”的解释，并期望通过认识获得理论规律；还有的问题可能源于理论认识或经验认识中所显示的认识冲突。问题来源和抽象程度的不同，会直接影响研究的逻辑路径和理论的结构。

（二）提出或演绎理论假说，建立尝试性陈述或处方性陈述的假设

理论源于问题，但问题的产生并不一定代表理论生成的开启，问题的解答可能终止于已有经验或知识的解释。如果这些尝试性解释失败后，新的理论假说或尝试性假设就获得建立的可能性。问题的抽象程度会影响假说或假设的抽象程度，使它们所包含的概念及其关系与现实距离的远近不同。理论假说不等于理论本身，假说只是认识主体对问题解释的一种猜想，只能够反映理论成立的可能，不能替代理论，或者说理论假说可以看作是有待证实的理论。此外，一个理论不一定只涵盖一种假说，可能是多个假说的集合。从假说到理论的证实过程需要通过研究来完成，因而需要进一步确定研究目的，并将假说根据研究目的、研究条件转化为研究假设。这里需要再一次明确假说和假设的关系：假说可以转化为限定性条件下的假设，一次研究中的假设未必能涵盖假说的全部猜想；假设可以通过研究得到的结论来验证和支持假说的猜想。当然，并不是所有的理论假说都能够转换为假设进而得到直接观察，那些抽象程度

较高、基于哲学思维对教学进行整体性的反思的理论假说，相对而言对它们进行直接观察的难度较大，但它们作为假说的陈述仍具有间接检验性。假设是根据问题解答的需要和研究的目的建立的尝试性的或处方性的陈述，其中，处方性假设倾向于问题解决和行动指导，尝试性假设则关注问题和事实的描述与解释，探索一般性的普遍规律。这两类假设陈述往往具有较为直接的可检验性。

（三）确定研究程序和研究方法

这一阶段也是理论的分化阶段。不同的假说或假设需要遵从不同的研究逻辑。假说和转换后的假设都需要经过合乎理性的论证来体现自身的正确性与合理性，这个过程也是实施研究的过程。理论之所以区别于假说，就在于理论是建立在方法论支撑基础之上，具备研究活动的手段及其合理性的基础。人文社会科学理论的辩理论证的研究不一定是建立在数字或模型基础上，但其研究的科学性不容否认。因此，以运用哪种方法来判断理论是否是科学的，实质上是对理论本质的误解。（1）对于处方性假设，研究往往会根据起始条件和原始材料来验证这种假设对于解决问题和行动指导的合理性与可行性。（2）对于尝试性假设，研究则更倾向于运用一般科学理论的研究检验方式来进行归纳和推理。（3）对于价值性和规范性的假说，且很难进行直接检验的情况下，如若直接采用科学的研究方法进行研究验证很难获得达到理论假说想要验证的目的与核心，那么就需要采用辩理论证的方式来论证其合理性与合目的性。而且，这个研究过程可以采用辩证法、批判法、抽象法或论辩的方法为主，也可以将科学的研究方法（如历史法、案例法、比较法、质性研究法或定量研究法）应用到初级材料的搜集与研究中，① 然后再采用上述适合抽象性概念或观念性问题的辩理论证的方法开展研究活动。

---

① 石中英：《作为一种教育哲学研究方法的“论辩”》，《清华大学教育研究》2017 年第 5 期。

（四）根据验证结果和推导结论，进行经验规律的概括

没有任何理论的规律是通过收集越来越多的资料，然后越过经验规律进行概括直至我们达到理论规律。[①] 正如我们不可能通过观察石头、树木和花朵来产生分子过程理论。这也就是为什么我们反复强调理论与研究相互依存，但二者不能相互代表，研究结论有成为理论的可能性，但并不表示研究结论就是理论规律的直接表达。即使是科学家经过反复测量得出的规律，也是经验规律，因为这些规律是可观察的，可解释观察到的事实和预测未来可观察的事件。这一阶段，研究者根据已经得到验证的假说和假设，回答原初提出的问题，归纳并形成和陈述关于这一问题所反映教学事实及价值规范的规律。这一步骤必不可少，是问题认识到理论生成的过渡阶段。相对来说，经验规律与研究的联系最为直接，对研究中的问题具有直接的解释力。但是我们对事物的认识、解释和理解往往不是只满足于个别特殊化的经验规律的获得，获取更为普遍意义的理论规律，从而使理论规律具有解释已经形成的经验规律并可以推导出新的经验规律，是人们共同的愿景。即使是以行动指导为目的的处方式假设验证，也希望通过经验规律上升为理论，从而获得普遍的和广泛的合理性与可行性价值。同样，一线教师对于统摄性的行动指导理论框架的需求，也正是这种从经验上升为理论的愿景体现。

（五）建立系统化理性认识，修正原有理论或建立新理论

从经验规律到理论建构不能简单地归纳和概括，是需要经过系统化的理性认识。理性认识又称理论性，是认识的高级阶段，是指人们占有大量丰富的、具体的、直接的感性材料的基础上，用抽象思维方法获得的对于事物本质、内在联系及规律的认识。它以概

① ［美］R. 卡尔纳普：《科学哲学导论》，张华夏、李平译，中国人民大学出版社 2007 年版，第 224 页。

念、判断和推理三种形式出现。[①] 理论是理性认识，但不是所有的理性认识都是理论，也就是说我们不能把任何一种概念、判断和推理都称为理论，只有系统化的理性认识才是理论。理性认识也就是经验规律理论化的过程，这个抽象思维的过程并不那么简单。

理性认识后才涉及理论陈述和知识体系构建的问题。这就需要判断两种情况，第一种情况是，已经得到验证的理论假说可以用来修正原有教学理论知识体系，当然也可以进一步演绎和提出与该理论假说密切相关的理论假说，为进一步建构新理论奠定基础，而新演绎的理论假说仍然需要再一次经历验证的程序。第二种情况是，基于核心问题建构新的教学理论。前面谈到理论的生成始于一个核心问题，即理论“硬核”。它体现了理论最核心的内容，是区别于其他理论最本质的东西。之所以强调核心问题，即理论“硬核”，在于表明它是一个理论“最坚韧”“最稳定”的要素。核心问题并不一定对应某一个理论假说，它可能是多个相互关联的理论假说所共同坚守的一个核心问题。因此，理论往往是一个核心问题和相互关联承接的理论假说所组成的体系。那么，这种体系就不会是理论假说的直接堆砌，而是需要被知识化阐释，以此被大众所认识、接受、传承、批判或更新。理论的形成既是一个终点，更是一个起点，没有绝对永恒的真理性理论。理论会被质疑，成为新一轮研究问题产生的起点；理论也会被认同，成为新一轮研究过程中的证据支持。这也表现为研究方法的两种路径取向，即一种采用归纳的方法生成和建构理论，另一种采用演绎的方法检验和修正已有理论。[②]

四 教学理论的结构分解

理论的结构“是知识元素的一种相对稳定的联系方式，是人文

---

① 杨生枝：《走进哲学世界》（下），陕西人民出版社2015年版，第430页；岳川夫、沈济时主编：《马克思主义与中国》（第4辑），上海人民出版社2012年版，序言。

② Burke Johnson and Larry B. Christensen, *Educational Research: Quantitative, Qualitative, and Mixed Approaches*, 2nd ed, New York: Pearson Education, Inc. 2004, pp. 18 – 19.

社会科学的内在逻辑的集中表现，表明着知识元素在科学有机体中的联系方式、理论地位以及它们如何决定着理论的整体性质和功能”。[①] 现实中，人们或许对于一个学科领域的理论形成统一、通用的结构形式持有一种期望或期待，但这种“同质化”和“标准化”理论框架及其限定性的理论话语范畴，往往会限制人们对教学理论中潜在问题的不同思考方式，或限制教学理论批判者对问题分析的敏感度。[②] 我们不能否认一个事实：理论是一个具有不同抽象层次的陈述体系。理论之所以被经常划分为宏观理论、中观理论和微观理论正是集中反映了这一事实。上述教学理论在建构和生成过程中，除了在抽象层次上的差异，也会体现为教学理论的结构表征不同。

（一）实践性的教学理论结构形式

理论源于问题，而问题的来源取向并不相同，既有可能来源于要达到何种教学目的的问题取向，也有可能来源于解决现实问题的取向，还有可能来源于理论认识冲突的问题取向。这其中，以达到某种目的，解决现实问题，或以理论应用指导的实践性检验而继续推演的研究路径就会发生分化，最终所生成的教学理论致力于提供实践性指导的知识体系。这种类型的教学理论在世界范围内已经具有广泛的话语权。除了英美的“处方式”理论外，德国的人类行为学的教学论重点关注一线教师教学指导原则、手册和培训项目，也是这一类教学理论的代表。例如德国当代教学论学者希尔伯特·迈尔的著作《怎样上课才最棒——优质课堂教学的十项特征》就是关于这方面的研究。[③] 英国学者穆尔曾归纳了教育理论中实践性理论的结构形式：①P 作为一种目的是希望达到的。②既然这样，Q 是

---

① 欧阳康主编：《人文社会科学哲学》，武汉大学出版社 2001 年版，第 157 页。

② Jay A. Bostwick, Isaac Wade Calvert, Jenifer Francis, et al.,“A Process for the Critical Analysis of Instructional Theory”, *Educational Technology Research & Development*, Vol. 62, No. 5, October 2014, pp. 571 – 582.

③ 彭正梅、张玉娴：《德国普通教学论传统、危机与新方向——对德国教学论专家迈尔的访谈》，《全球教育展望》2014 年第 12 期。

达到P的最有效方式。③因此，从事有关Q的任何事情。[①] 这种结构形式为我们分析教学理论的结构提供了有力的参考依据，然而，穆尔认为这类理论必须始于目的的观点并不符合人文社会科学领域理论产生的研究逻辑思路，因为理论的生成可以有不同的切入口，但都始于问题。即使是始于目的，也应该是基于目的的问题取向，目的与问题解决应该是同步的过程。但穆尔强调实践性理论必须建立某种处方性的假设，并提出起始条件或原始材料的假定，恰恰正是对这类理论结构核心要素的概括。根据穆尔的论述，结合教学理论生成的逻辑过程，在此提出实践性的教学理论的结构形式：

（1）Q是关涉教学目的的现实问题；

（2）推导或从已有理论中演绎关于解决Q的处方性假设H；

（3）通过起始条件和原始材料研究验证H，并归纳形成行动规范和建议A；

（4）提炼概念，形成关于A的理性认识并进行理论陈述。

（二）描述性和解释性的教学理论结构形式

如果说实践性的教学理论结构关注的是问题的解决和教学目的的达成，那么描述性和解释性的教学理论结构则突出对问题所反映的概念关系进行描述和解释。相对而言，实践性的教学理论的问题往往是与教学实践联系最为直接，且这类问题所形成的概念抽象程度相对较低，并且容易直接观察。描述性和解释性的教学理论问题同样也关涉教学实践，但一般情况下是对问题进行抽象化提炼和概念分离，使其具有科学解释的普遍性基础。这种类型的理论结构与广义的科学理论结构是最为相似的。当然，针对教育理论或教学理论能否作为一种科学理论的争论一直不断，穆尔就曾为了区别教育理论不同于科学理论，在《教育理论的结构》中对科学理论结构进行了概括：①起始假设H；②从H演绎：假如是H那么是D；③检

---

① ［英］穆尔：《教育理论的结构》，崔允漷、孙绍荣译，转引自瞿葆奎主编《教育学文集 教育与教育学》，人民教育出版社1993年版，第490页。

验 D；④结论：H 肯定成立。此处，穆尔根据波普尔的“证伪”原则，以演绎 D 的方式作为否证证据。事实上，这个过程更多体现的是研究的逻辑而不是理论的结构形式，且更突出演绎的单线逻辑推理方式而不是归纳和演绎共在的循环推理过程。穆尔对教学理论是科学理论的否认，植根于英国对教学理论作为“处方式”的理论定位。尽管教学理论在不同国家历史文化语境中，其“科学性”具有话语体系的差异，但不能否认教学理论仍能够体现出人文社会科学理论的一般性特征，在结构形式上具有一定的共识基础。如图 4—2 所示，教学理论的生成和建构是要经历一个“科学环”的循环过程。具体来说，从问题到理论的归纳推理过程并不是理论生成的唯一路径，同时也不是理论描述和解释现实问题的终点。理论是思维活动反复深化的结果，从理论中产生的问题进而经过演绎、验证和归纳，也可以成为新理论建构的另一个路径，即理论也可以通过演绎的推理过程继续深化、修正和更新对现实问题的科学解释。在这个循环过程中，问题的描述和解释获得抽象化和理论化的升华，理论的经验化和可检验性也得到进一步论证。描述性和解释性的教学理论结构形式可以表述为：

（1）要获得关于 Q 的科学解释和理解，Q 可以来源于教学的现实问题也可以产生于理论认识的冲突；

（2）提出或演绎关于解释 Q 的尝试性陈述，即假设 H；

（3）通过研究验证 H，或由 H 演绎并检验 D；

（4）对 H 从经验概括上升到理性认识，形成或更新关于 Q 的理论陈述。

（三）价值性和规范性的教学理论结构形式

人们对于问题的认识、解释和理解，除了站在上述行为指导和特定领域的视角来回答“是什么”“为什么”“怎么样”的问题，还可能将问题提升到高度抽象的价值性和规范性层面进行整体追问或反思。在这种理论结构中，概念及其关系的抽象程度相对较高，“经验性”色彩越来越少，“抽象性”和“一般性”的性质越来越明显。尽管这种类型的教学理论不会直接关涉具体经验情境或特定领域的问题，但它所观照的是一种普遍历史—社会的实践。德国的普通教学论就属于这种类型，“对目标、概念和教学与教育的前提条件进行分析并将其概念化”[①]。这种取向的教学论在德国占据主导核心地位，即使在当代面临经验教学论和人类行为学的教学论的挑战，但普通教学论仍然以整体性关怀完整人格培养的“教化”任务和整体性关怀教学的角色定位而被学校需要，并为学校的教育与课程提供规范性与合理性决策。此外，价值性和规范性的理论结构还可以通过反思性思维进行辩理论证来形成，从而获得对教学问题进行抽象层次最高的“一般性”解释与理解。总的来说，这类理论看似与现实距离较远，但实质上不可或缺。因为教学的前提性问题和观念性问题需要不断被反思、追问和批判，这类理论往往探讨的是教学的根本问题：人是如何学习与发展，教学应该如何促进人的学习与发展。这种自然与应然的统一，便是价值性和规范性的哲学与教学的统一。统一不是拼接，教学哲学是站在哲学的角度，运用哲学的思维是对教学目的、任务、意义和过程进行整体性、综合性和道德性反思的思维结果。即使在美国处方式教学理论盛行的背景下，教育哲学仍在中小学教师培养和培训中占据重要地位。杜威曾经说过：“哲学是教育的一般方面的理论。哲学、教育和社会理想与方法的改造是携手并进的。”[②] 哲学与教育能够形成这种特殊关系的共同前提是对“人”的整体性反思，也正是这个前提促成了教学和教学理论的自身逻辑和根本问题的定位。这种结构类型的教学理论仍然是从问题开始切入，并回归问题的价值性和规范性解答，但这些问题的抽象程度不同于前述的两种理论结构中的问题。同时，由于理论建构的思维活动以整体性的哲学思维为主，其建构过程和

---

① 彭正梅、张玉娴：《德国普通教学论传统、危机与新方向——对德国教学论专家迈尔的访谈》，《全球教育展望》2014 年第 12 期。

② ［美］约翰·杜威：《民主主义与教育》，王承绪译，人民教育出版社 1990 年版，第 347—348 页。

研究方式方法也会不同。价值性和规范性的教学理论结构形式可以表达为：

（1）要获得关于 Q 的价值性和规范性解释与理解，Q 需要植根于“人是如何学习与发展以及教学应该如何促进人的学习与发展”的整体问题框架，或演绎为一类基于现实问题的反思性主题；

（2）提出或演绎关于 Q 的假说 A，如关于人性的假说、目的的假说和知识的假说等；

（3）通过整体性思维和辩理过程获得合理性与合目的性的论证；

（4）对 A 从经验概括上升到理性认识，形成或更新关于 Q 的理论陈述。

（四）“理论之后”的综合性教学理论结构形式

除了以上三种理论结构，还存在一种元理论结构，元理论即理论的理论，也可以看作理论之后的理论。元教学理论的综合性更强，“是一种规范性的和目标导向的宏观理论”[①]。这种结构的理论不以解释具体教学事实为目的，其研究对象也不是具体的教学问题，而是以教学理论本身作为研究对象。既然是理论之后的理论，具有“随后”之义，就说明这种结构的理论往往是在一个学科领域的理论已经发展到一定阶段，且已经具有一系列的理论之后才会形成。乔纳森·H. 特纳在《社会学理论的结构》中提出理论陈述的四种模式，其中就包括元理论模式。他也进一步指出元理论研究者对总体理论需要关注和解决的基本问题有：与所发展的理论有关的人类活动的本质是什么？哪种方法是建构理论的合适方法？社会理论应该关注的核心问题是什么？[②] 这些问题虽然属于基本的认识论或形而上学的问题，但这些问题的回答是发展元理论的基础，也是

① Roland M. Schulz：On the Way to a Philosophy of Science Education，PH. D. dissertation，Simon Fraser University（Canada），ProQuest Dissertations Publishing，2010，p. 69.

② ［美］乔纳森·H. 特纳：《社会学理论的结构》（第 7 版），邱泽奇、张茂元等译，华夏出版社 2006 年版，第 8—9 页。

元理论建构的基本逻辑。实际上，无论在何种学科领域，建构元理论的尝试一直在进行，只是理论构建会存在很多困难，如上述哲学问题的解答、学科领域理论发展成熟程度等。即使如此，这种“元”的逻辑形式依然伴随教学理论发展与成熟。例如徐继存的《教学理论反思与建设》、郝志军的《教学理论的实践品格》、路书红的《教学理论建设的方法论比较》等著作，以及与之类似的教学理论反思研究论文就是其中的代表。这里需要明确的是，并不是所有“理论之后”的研究都能被看作元理论，需要排除那些只进行了理论综述，缺少理性归纳，即没有进行“理论之后”和“超越理论”的经验性研究成果。那么，基于元理论研究成果，是否就可以归纳元理论结构呢？实际上，要描述元理论结构形式是非常困难的，也无法像以上三种理论结构形式进行表达，甚至可能被怀疑建立一种这样结构模式的必要性，但至少我们可以通过提炼元理论研究成果共同关注的内容，并参考乔纳森·H. 特纳提出的问题思路描述一种元理论建构的逻辑形式，以便于提供元理论研究的规范性指导。

（1）反思教学理论所内含的人性假设、人的发展与教学关系、教学理论应该是什么和应该如何等认识论层面的本质问题；

（2）归类和评析不同取向教学理论的研究问题、内容和方法等，并综合性地分析教学理论发展的整体趋势；反思教学理论应然的研究对象与核心问题；

（3）进行教学理论建构、逻辑、结构以及方法论等主题的实然与应然反思；

（4）进行教学理论话语体系的再评价检验；

（5）综合分析教学理论的发展困境与发展路径。

总的来说，教学理论的结构分解是相对的，不同结构的理论在问题取向、抽象程度、理论功能定位和逻辑理路上都会有着相对意义上的不同，由此也会进一步影响教学理论存在形态的不同，即生成不同类型的教学理论。当然，类型的分化不是绝对的，这种差异更多体现在研究的逻辑不同，而不是绝对呈现在体系化的理论陈述中。已有教学理论往往是多种形态理论的融通式表达，且这种融通是以主要形态为主导的非平均分布的状态。如描述性和解释性为主导的教学理论陈述既会包含对教学问题哲学思维结果的表达，也会包含行为规范的实践性建议。价值性和规范性为主导的教学理论也必然会包含描述解释的科学性表达。

第三节　形态:教学理论的类型

教学理论的存在形态不仅受不同文化传统的影响，更受制于不同的理论需求视角中的教学理论定位、概念抽象程度、理论生成的逻辑和结构表征等方面的差异所形成的不同发展轨迹。基于此，理论类型的划分已不是刻意人为的选择，因为知识本来就不是同质的[①]。多年来，教学理论致力于追求统一格式的结构，而越来越使其自身置于一种尴尬境遇，这种境遇主要存在外部和内部两个维度。教学理论的外部尴尬境遇来自教学理论的“实践指导不力”，教学理论的内部尴尬境遇来自自身理论建构的目的、定位和方法论等争论。教学理论既希望解决教学现实中的难题，又希望建构科学的、高水准的理论体系。于是，在中国学科理论体系不成熟的状态下，教学理论研究徘徊和游离于两个极端，甚至相互排斥，以致方法论和思维形式被极端分化，价值辩理的方式被认为是经院式理论而遭受“否定”，量化实证的方式被认为是科学教学理论的“必备标签”。“科学”被人为地赋予“高级”“真理”“至尊”的色彩，受实证主义科学思潮的影响，教学理论科学实证化也被看作赢得主导话语体系的必然路径，同时背负着与自然科学理论相同的有效解释和精准预测的两重压力。

事实上，理论的类型不同，一方面源于内在的研究目的和研究

---

① 邓正来编著:《哈耶克社会理论》，复旦大学出版社2009年版，第81页。

逻辑结构的分化，另一方面源于外在的理论被需求视角的不同。人们之所以进行不同类别知识和理论的选择，其依据也多是需求视角的差异。理论是人类认识的基础。任何时候和任何文化背景下，人类都支配和应用该基础，以便批判性地理解包括自我在内的“世界”和获得对自己周围的认知性控制。理论产生于由理解和解释所引导的认识过程。[①] 因此，“对科学、哲学和实践学（或者实践理论）作出区分是必要的，这主要是逻辑和方法论的原因”，区分并不是不可逾越的融合，正如赫尔巴特曾说过：“对科学统一性的追求经常诱使思考者将本质上肩并肩地并存的事物人为地融合在一起，又演绎地将其分开。”[②] 奥地利哲学家纽拉特也曾指出“我们不能奢望一劳永逸地提出一个具有完整结构的‘通用术语’，这种术语永远处于形成之中”。[③] 况且，越抽象的概念术语其共享意义越低，刻意划定通用术语往往会限制话语范畴，也容易限制理论发展的多元化空间。理论是人们自我认知提高后的一种精神诉求，在这个诉求过程中，统一的理论模式瓦解，单数的、大写的理论发展成为小写的、众多的理论常态。在西方，科学理论与实践理论的区分源于古希腊，主要区分依据是科学研究与实践研究之间存在的逻辑鸿沟。教育学领域从 19 世纪开始就具有了不同的理论取向争论。19 世纪 70 年代到 20 世纪 70 年代，维尔曼、迪尔凯姆和洛赫纳三位教育学家都独立发表了关于教育理论二重区分的见解。20 世纪下半期，出现奥康纳和赫斯特之间关于教育科学研究与教育实践研究取向的两次争议。[④] 德国学者布列钦卡在其《教育知识的哲学》一书中详细罗列了不同理论研究者对教育学理论的划分。如涂尔干

---

① ［德］F. W. 克罗恩：《教学论基础》，李其龙等译，教育科学出版社 2005 年版，第 107 页。

② ［德］沃尔夫冈·布列钦卡：《教育知识的哲学》，杨明全、宋时春译，华东师范大学出版社 2006 年版，第 215 页。

③ ［奥］奥托·纽拉特：《社会科学基础》，杨富斌译，华夏出版社 2000 年版，第 3 页。

④ 陈桂生：《回望教育基础理论：教育的再认识》，北京师范大学出版社 2008 年版，第 27—28 页。

在 1911 年就区分了“教育科学”和“教育学”，弗里彻森—库勒在“经验教育学”“批判教育学”和“思辨教育学”之间作出了区分。[①] 布列钦卡针对“实践教育学”和“理论教育学”（教育科学）的“二分法”缺陷，将教育学知识划分为教育科学、教育哲学和实践教育学，这一分类得到了教育学界的很多关注和认同，很多学者也认同教育理论分类的必要性与合理性，如陈桂生教授还曾延伸为“四分法”：教育科学、教育技术理论、教育价值理论和教育规范理论。在教学论领域，王鉴教授曾将教学论分为理论教学论和实践教学论，并尝试构建实践教学论体系，可以被看作对教学理论二分类的典型尝试。还有学者主张在肯定教育理论要遵循社会学科理论生产过程中科学标准和价值标准的同时，打破传统套用基础理论和应用理论的分类成果，重新探索教育理论分类标准研究。[②]

总体来看，教学理论还缺乏系统的分解和论证，教学理论在大多情境中仍被默认为单数的、大写的理论。既然教学理论的分解既符合理论自身结构发展的内在需求，也体现了教学理论价值需求的外在必然，本书根据教学理论在不同历史文化语境中的实然类型和教学理论建构的逻辑结构，将教学理论分解为教学实践理论、教学科学理论、教学哲学理论和元教学理论（教学理论的理论）四种类型。分解不是分离，每种理论并不是平行并列的关系，它们服务于不同的认识需求但相互搭接，也相互竞争。其中元教学理论又以前三种理论为研究对象。

一　教学实践理论

实践学或者实践理论由来已久。人们开始对自身实践和行为思索可以追溯到人类起源，但实践理论作为独立系统学问的身份提出最早可以追溯到维特根斯坦和海德格尔为代表人物的一些早期哲学

---

① ［德］沃尔夫冈·布列钦卡：《教育知识的哲学》，杨明全、宋时春译，华东师范大学出版社 2006 年版，第 7 页。

② 秦玉友：《教育理论的分类框架与发展反思》，《南京社会科学》2012 年第 5 期。

理论，实践理论的重要贡献者还有芬尔克、布迪厄、吉登斯、福柯等。从20世纪80年代中期开始，更多的学科领域，如人类学、社会科学哲学、文化研究理论、社会哲学都开始不约而同地把实践者实践的某些组成元素作为他们分析框架的核心元素。[①] 实践理论的关注点“是实践或人类行为，尤其是那些理所当然的预设对实践或行为的影响”。[②] 实际上，教育学领域的实践理论源起更早，从早期关于教育艺术的理论到20世纪后，教育理论家越来越多地寻求“学生应该成为什么”，以及“教育者应该如何做才能达到这一目标”，或追问“在一定文化理想的感召下，一种发展着的心智的形成应当如何得到教导和塑造”。[③] 由此致力于具备相应的知识从而为实践提供指导，这些知识都具有实践理论的特质。

诚如前述美国学者西蒙所指出的，在人为事物的讨论和设计过程中，规范性的方式是不可或缺的。在迄今的任何时代，人们不仅规定了人究竟应该怎么样，规定了人的理想状态，而且也在不断寻找能对人尽可能逼近所设定人格理想目标发生影响的手段和方法。在这个过程中，形成了早期旨在归纳和总结教育行动前提的有用知识，即被看作艺术理论的教育学也是一种教育规范性理论或实践理论。这也证明教育学（包括教学理论）作为实践理论存在的历史渊源。实践理论主要涉及两个问题领域：其一为应该要达到的目的，其二则为达到上述目的的相应手段。[④] 吉登斯指出，人文社会科学关注的不是一个“预先给定”的客体世界，而是一个由主体的积极

---

① 顾洁：《YouTube用户能动性：媒介实践论的角度》，中国广播电视出版社2014年版，第15页。

② ［美］乔治·瑞泽尔：《古典社会学理论》（第6版），王建民译，世界图书出版公司2014年版，第75页。

③ ［德］沃尔夫冈·布列钦卡：《教育知识的哲学》，杨明全、宋时春译，华东师范大学出版社2006年版，第11、215页。

④ ［德］沃尔夫岗·布列钦卡：《教育科学的基本概念》，胡劲松译，华东师范大学出版社2001年版，第1页。

行为所构造或创造的世界。① 教学活动是与人有关的活动，是人的意识自觉参与的过程。教学活动中，教育者或受教育者在做出行动选择时，必然会基于目标进行“什么是应该做的”或“什么是不应该做的”的理性的或价值的选择。在教学行动前预设能够对实践产生影响或给予实践性判断的知识就是教学的实践理论。赫尔巴特《普通教育学》之所以在问世 20 年后重新被划归为“实践理论”范畴，正是因为从施莱尔马赫开始，人们对“普通教育学”意图本身的重新质疑，认为《普通教育学》更多地将其理论目的聚焦在“应该是什么”的系统陈述。英国学者布赖恩·西蒙也认为“pedagogy”（教育学）一词本身已经涵盖了结构的意义，“教育学”意味着将一些特定方法加以阐释和定义，从而达到某些期望的效果，使得儿童达到某方面的学习目的。换言之，“教育学”这个名词的使用就是关注如何把教学的过程与儿童的学习过程联系起来。这里的“pedagogy”实际上是指源于德国传统的教育学。② 无论是历史的教育学还是现实的教育学都离不开指向行为规范的教育学，也替代不了规范性教育学的社会功能。在英美，尽管目前教育科学理论占有相当优势的主导话语权，但“处方式”教学理论依然获得广泛认同。“处方式”教学理论实质上属于“实践理论”，“主要由一套有各种理由支持的建议组成”③，也就是为了教学实践的理论。美国教学理论之所以只形成独立研究领域，而不是一门科学或独立学科，不是因为教学理论不被认可，而是在“成为独立研究领域”被提出时，其理论定位本身就不是“学科”或“科学”的身份，而

---

① ［英］安东尼·吉登斯：《社会学方法的新规则——一种对解释社会学的建设性批判》，田佑中、刘江涛译，社会科学文献出版社 2003 年版，第 276 页。

② ［英］布赖恩·西蒙：《英格兰为什么没有教学论》，转引自 Jenny Leach，Bob Moon 编《学习者与教学》，陈耀辉等译，香港公开大学出版社 2003 年版，第 59 页。本书编译者将布赖恩·西蒙的“Why no pedagogy in England?”的“pedagogy”翻译为“教学论”，但根据概念语境分析，该词实际上指向的是欧洲传统的“教育学”。

③ ［英］穆尔：《教育理论的结构》，崔允漷、孙绍荣译，转引自瞿葆奎主编《教育学文集 教育与教育学》，人民教育出版社 1993 年版，第 490 页。

更倾向于“为了教学的研究与实践”。在美国学者看来，教学理论不是科学，也不应该是科学，因为教学过程是与心理学内容相联系的，而这个联系的前提是需要价值判断的。[①] 美国的教育科学发展与教学理论的发展并不是按照相同的理论构建模式展开的，无法按照科学理论的逻辑和结构来权衡目的—手段式的教学实践理论。布鲁纳最早对教学理论的界定是“theory of instruction”而不是“theory of teaching”，正是强调教学理论“给予实践性指导”的功能定位，这也就可以解释为什么美国教学理论的文献所呈现的大多都是“手册类”或“实践类”的内容和风貌。当然，这并不是说美国教学理论的后续发展只停留在“实践理论”范畴，也不是否定美国不存在教学研究的理论或教学科学理论（这类理论主要存在于教育科学和课程论学科中），而是在说明“实践理论”在美国教育学界所具有的话语权，同时也是在强调教学实践理论的理论定位和不容忽视的客观历史存在，以及澄清以美国教学理论作为中国走向“科学理论发展模式”的参照取向的建议，实质上是一种错误的认识。

概括来说，教学实践理论就是为了教学实践的理论，是关于教学行动前给予“怎么做”“做什么”和“不做什么”等实践性指导的知识体系，如价值的、道德的或技术的规范、行为规则，教学原理等。同时，我们要避免两种误解：一是将教学实践理论所规范或组织的行为误解为一种技术约束行为。正如德国教育学者本纳反对将教育行为降格为仅仅是完成由天资或环境决定的影响，指出教育实践是个体的、主体间的和代际之间的实践。[②] 实践不能忽略“人为”和“为人”这两个因素，更不能忽略人性假设的内在信念体系。二是将为了教学实践的理论误解为现成的或移植的理论，或将实践理论误解为理论到实践的操作程序。教学实践理论的出发点是

---

① Richard E. Snow, “Individual Differences and Instructional Theory”, *Educational Researcher*, Vol. 6, No. 10, November 1977, pp. 11 – 15.

② 彭正梅：《教育和教育理论的自身逻辑的寻求：本纳实践学的教育建构》，《全球教育展望》2009 年第 1 期。

教学实践，落脚点是理论，理论仍然是需要被系统研究、逻辑验证和规范建构，理论也仍需具备“是其所是”的基本特征。教学实践理论并不是纯粹人为划分出来的，而是由教育、教学本身是一种目的性活动，教育学及教学论学科本身具有混合性格所自然赋予的。具体而言，教育和教学是关注目的的活动，在这个活动中，目的及达成目的的手段和途径必然会预先假设，那么这个预先假设就不仅仅只是描述或说明，对行为规范、建议和评价自然会成为实践性指导的突出要素，因此教学实践理论也可以被认为是教学的规范性理论或教学艺术的理论。从这个意义上，我们也就可以理解为什么说“教学论是一门科学也是一门艺术”“既是理论学科又是应用学科”以及“教的艺术”等观点。

二　教学科学理论

“科学”一词的适用范围很广，对衡量“科学”是其所是的基本特征的认识早已经开始分化。施莱尔马赫、狄尔泰和贡布里奇等人，认为“理解方法”不同于自然科学方法“因果说明”，它是一种适用于人文社会科学的“阐释学”方法。在狄尔泰看来，运用理解方法的前提是认识者能“重构”或“移入”他人的心灵，但他强调“理解方法”并非纯粹的主观过程，它包含了类比、归纳等客观过程，包含了自然科学研究常常运用的一些方法。[①] 翟本瑞等人也明确指出，“由因果解释方法获得的是自然科学，对人类活动的内在经历加以理解而获得的是人文社会科学”。[②] 上述这些论断尽管有一定合理性，但并没有得到普遍认同，因为人文社会科学领域也同样需要对现象和事实进行因果解释。但是从这些观点中可以得出这样的启示：一是由于人文社会是人的意识参与的活动结果，人们在试图对人文社会科学的特殊方法进行论证；二是尽管没有充分理

---

① 黄正华：《人文社会科学方法论》，社会科学文献出版社 2016 年版，第 52、74—79 页。

② 翟本瑞：《社会实体与方法——韦伯社会学方法论》，台湾巨流图书公司 1989 年版，第 13 页。

由证明“理解方法”特别适用于人文社会科学方法，也无法否定这一方法在自然科学领域的客观存在，因为假设往往也体现着研究者对研究对象的理解。但除了与自然科学共有的客观性之外，人文社会科学还具有更多的意义性、价值性、历史性和地域性等特征，至少可以肯定“理解方法”在人文社会科学领域的重要性和意义相对更高。

简单概括，人文社会科学理论不仅需要因果解释方法而且更需要行为活动理解方法。对人文社会科学领域存在的现象或事实的因果关系的解释和说明，不是获取普遍性知识的终结阶段，还需要在这个过程中进行更重要的理解人行为的意义。理论产生于由理解和解释所引导的认识过程，理解是人文社会科学的行为方式或方法，主要的过程包括：①从现实自身出发去理解它本来就有的和被经历的现实关系，并用语言加以阐释；②概括某社会现实的意义关系；③领会意义结构；④明确研究者自己的视野，对他来说与他有关的现实展现在他的视野中。[1] 这个过程深度细致地展示了经验认识是如何升华为理论的方法论过程。解释是与理解相互渗透与融合的另一个认识过程，这个过程包括：①观察事物的规律性，在此基础上阐明它们的相互关系；②认为既存现实和所记录的数据出自因果的作用关系；③认为作用关系出自某种规律，后者应该可用经验来说明。[2] 尽管目前对“理解方法”作为一种方法的客观性、确切认识、研究规范等问题存在很多争议，但这一方法并不与自然科学方法相对立，且已经实然地存在于人文社会科学理论。马克斯·韦伯曾对社会学的界定就已经考虑到“理解”在其中不可忽视的意义。他认为“社会学是一门致力于解释性地理解社会行为并因而对原因

① ［德］F. W. 克罗恩：《教学论基础》，李其龙等译，教育科学出版社 2005 年版，第 107 页。

② ［德］F. W. 克罗恩：《教学论基础》，李其龙等译，教育科学出版社 2005 年版，第 107 页。

与结果做出因果说明的科学”[①]。从这个概念就可以体现出“解释”与“理解”并不是独立和排斥的存在，而是可以被普遍地、一致地应用。对人文社会科学及其方法论的进一步认识，有助于我们修正以往对于教学科学理论的认识。

首先，人们通常认为教学科学研究是对教学现象和教学事实的研究，分析教学现象发生的原因和条件，解释因果关系，揭示教学活动的规律。这一概念解释强调了科学理论在教学研究领域的科学性，却忽视了教学活动是人的意识参与的活动。研究主体绝对不是程式化的“纯”认识活动，其中必然包含已有知识、经验、价值观念和经历的影响，研究主体能够在一定程度上“重构”实践主体的“活动意识”，从而更合乎理性地分析原因，解释关系，并能够基于历史共性的实践推导普遍性规律。

其次，需要打破一种认识，认为“科学理论”具有“真理”的“绝对”和“至尊”。无论是自然科学领域还是人文科学领域，科学理论的陈述都是指向特定领域，具有条件性和有限性。正如前述，理论没有高低的等级之分，只是被需求视角和研究目的不同而产生不同的理论取向。同时，也要避免一种误解，认为教学实践理论已经能够满足指导教学实践的需要，其他类型的理论存在价值很小；或反过来认为教学科学理论可以替代教学实践理论的功能。如果说教学实践理论所追求的指导教学实践的理论大多是一种应用性知识，例如“如何采用某些教学方法促进学生有效地学习”。那么，这种应用性知识的获得至少需要部分建立在普遍性知识的基础上。也就是说，人们首先获得诸如“学生的学习目的、学习过程和学习能力是怎样的”“教学方法的类型和选择依据是什么”等普遍性科学知识，然后探究“某些方法的选择和使用效果符合有效教学和有效学习的目的和特征”。在这个情境中，教学实践理论的应用和指

① ［德］马克斯·韦伯：《社会科学方法论》，杨富斌译，华夏出版社1999年版，第35页。

导，还必须依赖于两个潜在的前提条件：一是必须认同人类具有学习的潜能。二是学习者的学习过程和学习能力是相似的。[①] 正如布鲁纳指出，教学理论必须与学科性质相联系，也必然与学习和发展密切相关。教学实践理论的职责绝对不是随意的教学规划或任意的教学建议。或许教学实践理论所需的普遍性科学知识获取过程是简化的，如来源于某些领域的现有研究成果，但我们不能因此而忽视这些普遍性科学知识和教学科学理论的必然性和必要性。

最后，教学科学理论是人们对追求理性教学规划和教学行动的必然选择。尽管教学实践理论与实践的间距更近，其实践性指导优势更为明显，但人们对教学的"真""善""美"的追求不是仅仅停留在规范和意识形态层面，更期望以更真实、更理性、更客观、更合理的方式理性规范和实施教学。那么，要实现所要达到的教学目的，就不能只聚焦"目的—手段"式的研究，还需要持续"追问"教学目的实现的可能性和必要性，深入"反思""批判"更为普遍性的条件、原因、关系、规律等问题。教学科学理论将教学从具体情境中分离和抽象出来，除了为获得有效的描述并解释教学的普遍性知识体系，还要考察教学目的实现的必要条件，通过教学科学研究活动的方法、过程和规则，以此来达到积累普适性和规律性的教学科学知识的目的。

基于这样的理解，我们可以给出教学科学理论修正后的认识：教学科学理论是解释性地理解教学事实，并对原因、结果及其相关关系进行分析、理解和解释所形成的普遍性知识体系。其中，教学事实只是概括化了的研究对象和研究主题，并不表示教学科学理论只包括现象或现实，其基本的主题包括教学目的、教学观念、教师、学生以及教学内容、教学方法手段、教学过程、教学评价或价值判断等关于教学的整体。但对这些主题的研究目的重在描述，而

① ［英］布赖恩·西蒙：《英格兰为什么没有教学论》，转引自 Jenny Leach，Bob Moon 编《学习者与教学》，陈耀辉等译，香港公开大学出版社 2003 年版，第 59 页。

不是规范和评价。教学科学理论通过对教学事实的假设、检验、证实或证伪所获得普遍性知识体系，其科学性更倾向于描述性与解释性。如果说教学实践理论是关于教学行动前给予“怎么做”“做什么”和“不做什么”等实践性指导的知识体系，那么教学科学理论则是关于已经存在的教学事实“是什么”“为什么”的普遍性知识体系。在一定范围内，教学科学理论也包含价值判断的研究，但所包含的是对它们“是什么”的陈述，而不是“怎么做”的规范，而这并不影响教学科学理论价值中立的特征。需要明确的是，尽管教学科学理论的概念框架是抽象的，但这并不意味着晦涩，也不意味着教学科学理论的“实践性”缺失。理论的“实践性”，并不是指称理论对实践的线性指导。任何领域任何类型的理论指导实践，都不会是线性关系，因为理论不是具体情境的理论，但实践是具体情境的行动。即使是实践理论，也不会直接成为行动方案，实践是行动者的实践，是需要行动者基于对理论的理解和建议进行的策略转化。例如，“教育行动研究”就是理论指导实践的典型方式。教学科学理论的“实践性”尽管并不在直接促进教学实践上，但是这种旨在对教学事实和教学实践的认识起主导作用的普遍性知识体系，与实践经验并不相互矛盾，其理论的实践基础是一种普遍历史—社会的实践。

三　教学哲学理论

教学哲学理论是批判性地、整体性地建立关于教学问题的价值性和规范性解释与理解的知识体系。教学是人作为主体参与的主体间活动，也是一种有目的影响人的生活方式。人们对教学“是什么”“为什么”“怎么样”的反思和追问不会仅仅停留在特定领域的描述、解释、因果分析或实践规范的理论视角，还会以善的方式对教学给予整体性的哲学关怀，因为人对人自身和人所参与的活动本身的反问，是人自觉意识和自主意识的必然体现，也必然会形成学理层面的教学的“哲学三问”：教学是什么，教学中的教师和学生是谁或应该是谁？教学为了什么而存在，如何发生和演化的？教学、教师或学生存在的理由是什么？教学要追求什么或教学应该走向何处？周浩波、迟艳杰的《教学哲学》和张广君的《教学本体论》都可以看作中国较早的教学哲学理论代表著作。《教学哲学》以“教学理论”为思维对象，从教学理论的最基本概念“教”“学”“教学”等开始意义分析。《教学本体论》考察的正是教学作为本体存在的发生、存在和演化以及教学的属性和职能等问题。张广君教授在前言中有明确陈述：“教学哲学是研究教学中的哲学问题的教学理论和用哲学的方法研究教学问题的教学理论的总称，其基本领域或学术分支有教学本体论、教学价值论、教学认识论。”[①] 教学哲学理论并非是远离实践的形而上学，它所关注的正是教学实践理论和教学科学理论还无法完全回答的问题或者无法给出完整性的解释，如教学目的、教学伦理、教学价值和道德规范等。布列钦卡就曾指出：教育目的的陈述、实现目的之手段的活动规则或规范、教学建议也经常被镶嵌在美好生活哲学中，也就是镶嵌于亚里士多德意义上的“实践哲学”。[②]“实践哲学”即“道德哲学”，探讨道德上的善和如何创造善的问题。亚里士多德曾说：“善出现在一切范畴中：在实体中，性质中，数量中，时间中，关系中，以及一般的所有范畴中。”[③] 康德也表达得非常明确，“凡是我们要称之为善的，必须在每个有理性的人的判断中都是一个欲求能力的对象”[④]。教学是一种人为的存在，对“善”的欲求不仅仅存在于对象中，更应该存在于反思中，即不仅仅是既存教学中对师生伦理性实践的“善”的欲求，更应该转换为教学存在本身的“善”的解构。

---

① 张广君：《教学本体论》，甘肃教育出版社 2002 年版，前言。

② ［德］沃尔夫冈·布列钦卡：《教育知识的哲学》，杨明全、宋时春译，华东师范大学出版社 2006 年版，第 11 页。

③ 苗力田主编：《亚里士多德全集》（第八卷），中国人民大学出版社 1994 年版，第 245 页。

④ ［德］康德：《实践理性批判》，邓晓芒译，人民出版社 2003 年版，第 83 页。

对教学目的和达到教学目的的手段进行价值规范和道德判断是必要的，对于这种判断不是随意的、人为的，是需要建立在价值标准和原理规范的合理性与合目的性论证基础上。基于此，教学哲学理论的形成也就具备了认识的需要和形成的必然。杜威对“哲学是教育的一般理论”进一步解释为“哲学乃是作为审慎进行的实践的教育理论”。[①] 这句话所表达的或强调的正是教育与哲学的密切关系，二者共同关注“人”的问题，而教育最终检验并实现哲学关于“人”的方向和目标的理想性追求。同时哲学在观念和理念层面上影响着人们世界观和方法论，进而影响人们的实践活动。这里所说的哲学不是外在于教育的理论体系，而是内在的生发于教育行动和教育反思中的哲学。马克思在《关于费尔巴哈的提纲》的第十一条中指出：“哲学家们只是用不同的方式解释世界，而问题在于改变世界。”在杜威看来，哲学并不是形而上的虚无，哲学与教育可以有密切的关系。因为人不仅有着解释世界的理性自觉，更有着通过人来改变世界的自主愿景。而“人的改变”和“由人来改变”都离不开教育。杜威一生在研究教育，但他自称哲学家而不是教育学家，从其《学校与社会》《民主主义与教育》《人的问题》等诸多著作中都可以体现其哲学家的心灵使命。美国现代教育哲学家奈勒指出：“普通哲学企图用最一般的系统方式解释实在，以达到从整体上了解实在一样，教育哲学则力图用指导选择教育目的与政策的一般概念来解释教育，以达到人们从整体上理解教育。正如普通哲学对各种不同学科的研究成果进行解释和协调一样，教育哲学则对于教育有关的各门学科的研究成果进行解释。”[②] 在布列钦卡看来，即使是认识论分支的科学哲学也并不是“揭示是什么”的经验科学，而是为智力活动确立目的和规范的一门规范性哲学学科。因此他认为教育哲学是一种规范性教育哲学，且并不局限在确立、解释

① ［美］约翰·杜威：《民主主义与教育》，王承绪译，人民教育出版社 1990 年版，第 347—348 页。

② 于伟：《教育哲学》，教育科学出版社 2015 年版，第 7 页。

和验证教育目的，还包括价值判断和规范确立的所有问题。[①] 美国学者詹姆斯·麦克莱伦认为，“教育哲学是对人类理性在教育实践中所采取的独特形式的探究——也就是说，是对人类理性在阐释了教与学的特别行动的互动中所采取的独特形式的探究。就其揭示性而言，教育哲学是重视可在教育实践中辨识出来的人类理性的一般特征的一种尝试”。[②] 他进一步指出，“我们首先要理解人与人之间的交会是怎样汇集在‘教’这一名目之下的；其次，是什么东西使得‘教’这样一个如此简单的概念，变为柏拉图及其后人为之煞费苦心地编造神话的概念的”。[③] 奈尔·诺丁斯认为教育哲学致力于分析和澄清教育中的核心概念和问题。[④] 石中英也总结了教育哲学既需要发现或分离经验事实中值得讨论的观念性问题，也需要辩证地认识一些实践、政策和研究中的前提性问题，对这些问题的关注和研究不是为了指导教育实践而提供一套现成的理论或知识，而是为了确保实践背后的假设是可靠的和一致的。[⑤] 上述这些论述都一致表明了教育哲学的立场和身份。

结合上述不同学者对教育哲学的分析，我们至少可以首先肯定教育教学与哲学因为“人”这一共同的对象而必然紧密联系。教学哲学与哲学、教育哲学一样，有着从教育的根本假定上进行严密、彻底思考以探求人成为“人”的根本问题的使命。这其中关涉的价值判断始终是多元的，因为它反映了判断者依据的理想标准的多元。其次，教学哲学不是教学与哲学就个别问题的拼接，而是从教

---

① ［德］沃尔夫冈·布列钦卡：《教育知识的哲学》，杨明全、宋时春译，华东师范大学出版社2006年版，第24、176页。

② ［美］麦克莱伦：《教育哲学》，宋少云、陈平译，生活·读书·新知三联书店1988年版，第6页。

③ ［美］麦克莱伦：《教育哲学》，宋少云、陈平译，生活·读书·新知三联书店1988年版，第6、55页。

④ ［美］奈尔·诺丁斯：《教育哲学》，许立新译，北京师范大学出版社2008年版，第1页。

⑤ 石中英：《作为一种教育哲学研究方法的“论辩”》，《清华大学教育研究》2017年第5期。

学的问题出发，批判性地、整体性地建立关于这些问题的理论，并最终回归到教学问题的价值性和规范性的解释与理解。教学理论及其反思需要一种整体性视角，但绝不是停留在就事论事的陈述上。诚如导论部分所提到的美国哲学家阿尔奇·J. 巴姆用“盲人摸象”的故事来表达哲学在理解整个体系的综合作用。教学哲学理论同样有其存在的必要性与合法性。教学哲学理论不仅具有规范性，更具有反思性和批判性。教学哲学理论的规范性不同于教学实践理论的规范性，前者运用反思性思维，后者运用对象性思维。换句话说，教学实践理论是以给予教学实践对象的经验知识的规范与指导，而教学哲学理论是从对象性思维转换为反思性思维，从“经验性”转换为“一般性”，对教学实践的规则和前提假设是否贯穿和体现人类理性而进行的反思和辩驳，其规范性并不直接指向教学实践，反思和批判的对象也不仅仅是具体动态的教学实践，还包括教学目的、教学主体、教学观念等关乎教学的整体性问题，教学哲学不只是关注教学本身的前提假设，更注重人在教学中的根本性假设。

四　教学理论的理论（元教学理论）

绪论部分已对“元”和“元理论”进行了初步解释：“元”是一种逻辑形式，指“在……之后”“超越”。“超越”一方面是指更高一个层次的研究，即元理论以语言形态的理论为对象。另一方面是指元理论超越经验理论，是对对象理论的整体性反思。① 元理论是在特定的概念框架内，对特定范围的现象作出连贯的解释和规定，它预先建立了经验解释和判断的标准，并在科学或学术团体中按照既定路线指导研究工作。元理论的作用表现为：观察理论和报告数据的“镜头”；提供意义和概念秩序的“语义网”；提供理论

① 唐莹、瞿葆奎：《元理论与元教育学引论》，《华东师范大学学报》（教育科学版）1995年第1期。

改进和行动的“处方”。[①] 在哲学的发展历程中，分析哲学、科学哲学已不是传统意义上的哲学，而是一种元理论。“元理论”不是脱离“理论”的新的理论，而是以理论自身为对象进行逻辑形式的元分析或元研究所形成的理论。“元理论是源于人类期望并不断追求理解的本性而必然产生出来的一种具有普遍性意义的知识现象和知识形式。元理论的基本任务是考察理论的论证。”[②] 哈贝马斯在《认识与兴趣》中对元心理学的唯科学的自我误解进行了分析，他指出元心理学涉及的不是一种经验理论，而是一种元理论，或者确切地说，是一种元解释学。同时哈贝马斯也指出，“元心理学和自然科学以及精神科学的方法论都处在同一个层面上。它们都把分析性认识的先验框架作为有组织的研究过程，同时也作为自我研究过程的客观联系来反思”。不过自我反思的阶段与自然科学的逻辑不同，不会出现同实质性的内容相脱离的情况，因为元心理学的认识联系的结构同所认识的主体的结构是一致的。[③] 将教学理论本身作为反思和批判的对象，不仅是必要的，也是必需的和可能的。元教学理论是教学理论研究主体进行理论反思时自主意识的自觉体现，也是研究主体对教学理论的反思能力的层次跃进。从 20 世纪 50 年代开始，分析教育哲学的兴起也代表了教育学领域的元理论开始孕育。

“元教学理论”即“教学理论的理论”，是以教学理论本身为对象进行的“超验性”逻辑形式的后研究，通过考问、探索、批判、反思或分析教学理论命题、教学理论论证的形式结构和形式系统的元理论。具体来说，元教学理论是一种精细研究，教学理论是元教学理论的对象理论，这种“超验性”逻辑形式的“后而上”“后而本”的研究行为本身可以称为元教学理论研究或元教学理论

---

① Roland M. Schulz：On the Way to a Philosophy of Science Education，PH. D. dissertation，Simon Fraser University（Canada），ProQuest Dissertations Publishing，2010，pp. 62 – 63.

② 李振伦：《元理论与元哲学》，《河北学刊》1996 年第 6 期。

③ ［德］尤尔根·哈贝马斯：《认识与兴趣》，郭官义、李黎译，学林出版社 1999 年版，第 253 页。

分析。元教学理论的研究目的是论证教学理论的理论特性及其正当性和有效性，具体任务包括：按照理论性原则指标考察教学理论的基本概念、定义、原理构成、获得方法及教学理论的论证结构；分析和揭示教学理论的历史的或现实的存在，以及教学理论存在所依赖的各种显性或隐性的前提和内在实质；阐明教学理论在历史时空中所反映现实的可靠性、可能性和限度，预示教学理论发展的趋势和规律性。

尽管元教学理论的形式独立较晚，但其早已实然地、历史地存在于教学理论的陈述和内容中，对教学理论的介绍和陈述总是避不开元教学理论的领域。因而教学理论和元教学理论并不是截然独立的，教学理论研究者具有丰富的元理论思想有助于他们构建和完善教学理论本身。在元教学理论的基本问题认识上，我们还需要澄清以下几点：一是元教学理论的对象不是教学事实或教学实践，而是教学理论。但这并不表示元教学理论不具备“实践性”，其“实践性”更具有一般性，是通过对象理论及教学理论“实践性”来间接体现的。二是元教学理论不是脱离教学理论的“理论”，且不直接承担解决教学理论病理或危机的职责。元教学理论是教学理论的后研究，追求的是教学理论的真、善、美。简言之，元教学理论通过精细研究和分析教学理论的内在问题，进而运用“超验性”逻辑形式分析的科学功能推动教学理论自身的完善和发展。元教学理论本身并不能改变教学理论的内容或性质，更不能代替教学理论解决理论问题或指导教学实践。教学理论的危机需要经过复杂的原因探寻和系统的行动决策过程，这不是简单依赖“元理论”就能达到解决危机的目的。赵汀阳认为：“元理论作为对象理论的解释，它必须与对象理论在理论意义上和方法上是相容的，否则是无意义的或无效的。”① 三是元教学理论并不是并列于上述三种教学理论的类型。事实上，教学理论分解的四种类型之间本身就不是平行并列的

① 赵汀阳：《哲学的元性质》，《哲学研究》1993 年第 6 期。

关系，而是错综复杂的搭接联系。元教学理论既可以将教学实践理论、教学科学理论和教学哲学理论分别作为其对象理论，也可以将它们统整为一般性的教学理论作为其对象理论。

总的来说，教学理论的不同类型不是刻意人为划分，也不是故意照搬套用某种分类，而是由于单数、大写的教学理论已经不能诠释、囊括和反映教学理论的实然存在形态。不同的教学理论都体现了被需要的不同取向，即使教学理论与社会科学理论同样经历着主流理论更迭的潮流变化，也并不是说明理论存在不同的等级之分。因为无论哪种或哪个学派的教学理论都是从事实经验出发，试图理解和解释教学是什么、为什么和如何促进人整体性发展的前提性问题来展开的系统化研究和结果陈述，只是在这个研究过程中，各自的主导概念、逻辑规则和方法论不同而产生了不同的认识结果。当然，分解不是为了分离，而是通过分解以便更好地理解和交流；分解也不是绝对地截然不同，而是相对取向的不同，教学理论应然对象的关注都会在不同理论形态中得到体现和渗透。四类教学理论并没有因为他者的存在而成为多余，它们不是封闭的独立，每种理论都相互搭接，相互影响。如教学科学理论也在描述教学的价值和道德，但其理论的最终目的不是作出评价或规范。教学实践理论也并不是源于纯粹主观的价值判断和规范约束，它一定是建立在理论研究和辩理论证的基础上，这其中也就必然包含客观描述事实的成分。同时，教学实践理论具有客观性和科学性，这种客观性和科学性通过教育科学理论提供的普遍性知识得以渗透。教学哲学理论也不是绝对的形而上，而是与教学实践理论、教学科学理论有着共同的关注。例如，本纳的《普通教育学》是德国实践学的代表，本纳对教育学自身逻辑的考察建立在实践概念的哲学分析这个基石之上。[①] 除了上述三种类型理论的内在联系外，元教学理论又以更高

① 彭正梅：《教育和教育理论的自身逻辑的寻求：本纳实践学的教育建构》，《全球教育展望》2009年第1期。

逻辑形式的精细研究审视这三种教学理论，但并不代表其不可否定性和不可批判性。

第四节　价值：教学理论的意义

教学理论的意义不仅仅存在于人们对教学理论的价值评价之中，也体现为教学理论与其他事实之间的客观作用或影响。意义和价值都存在于人对事物的评价中，它与人的自由意志有关①，所反映的是事物之间关系的价值判断或价值评价。海德格尔曾说："意义并不是单纯的对象性规定，它本质上发生于人的存在过程。"② 此时，意义或价值所表达的事物会因人的意志而发生改变。对教学理论的意义理解，有助于深入地认识教学理论的作用、影响或价值，进而有助于走出教学理论"现实价值"质疑的漩涡。需要说明的是，当意义或价值与人的评价相关，并且是针对事物的整体视角时，意义和价值须以整体方式呈现。基于这个原则，后续教学理论意义、应用、界限和检验标准的探讨，仍将教学理论作为一个整体形态来阐明。

一　教学理论对教学实践的意义

教学理论着眼于对教学实践的理性解释与知识建构，同时还取决于不同的人和社会思想，其教学理论的主题及"应该是什么"的目标性预期往往存在"偏袒的宣扬"。③ 尽管教学理论与教学实践有着不同的逻辑发展模式，但教学理论的直接意义在于为教学实践提供描述、解释、规范和引领。一方面，从历时性和共时性的角度

---

① 黄正华：《人文社会科学方法论》，社会科学文献出版社2016年版，第95页。

② ［德］海德格尔：《存在与时间》，陈嘉映、王庆节译，生活·读书·新知三联书店2000年版，第102页。

③ 陈晓端、毛红芳：《教学论对教学实践指导的困境、意义、方式和限度》，《教育研究》2016年第5期。

来说，教学实践有必要被认识、解释和传播，也需要作为“教化”活动实现代际传递，而这种代际传递不可能完全以“再现”形式进行，由此也就需要以普遍性的、一般性的知识和规律来表征。而以知识表征的教学理论不只是对过去教学实践经验规律的历时性归纳，更在于实现与现时性教学实践的通达。伽达默尔说过，“历史精神的本质并不在于对过去事物的修复，而在于与现时生命的思维性沟通”。[①] 这就体现为教学理论对教学实践的第一层意义。

另一方面，教学理论源于人们的长期实践，但它们绝不是对实践的简单“延伸”或“变式”，而是对实践的“超越”。只是这种“超越”要体现出教学理论的独立发展逻辑。“理论的这种‘超越性’，体现为理论对实践的‘反驳’，是一种否定性的统一关系。”“实践作为人对世界的否定性的统一活动，它要把现实变为非现实，把非现实（理想）变为现实。这就是实践的目的性要求，也就是实践的超越性。”[②] 相应地，教学理论对教学实践的“反驳”就体现为一种批判性反思，因为“教学实践是教学工作者的生活方式，是以学生的发展为指向的有目的的人类活动，是具体的、历史的对象性活动”。[③] 那么教学理论的对象就是要关注教学实践及其合理性，对这种合理性的批判性反思实际上也是一种价值合理性的判断。这是教学理论对教学实践的第二层意义。

此外，教学理论作为人对教学实践的理性认识，既内含事实的客观描述与解释，也蕴含教学理论对如何促进学生发展的理想性教学实践的价值排序，除了批判性反思外，这种价值排序也会同时作为理想性引导的依据之一。正如孙正聿所指出的，“源于实践的理论，并不仅仅是对实践经验的概括和总结，更重要的是对实践活动、实践经验和实践成果的批判性反思、规范性矫正和

---

① 彭启福：《现代西方诠释学与科学哲学走向之比较》，《天津社会科学》2002 年第 4 期。

② 孙正聿：《马克思主义哲学智慧》，现代出版社 2016 年版，第 443—444 页。

③ 李森、陆明玉：《论教学论的实践性与实践教学论》，《西南大学学报》（社会科学版）2011 年第 2 期。

理想性引导”。[①] 由此，教学理论对教学实践的第三层意义就在于规范与引领。

“正如每一个人都需要一种关于世界和他们做人的普遍取向一样，教育者同样需要它。”[②] 教学理论与教学实践具有共同的问题取向，这就是学生发展的目的性探讨，这一问题的探讨是教学理论与教学实践的对话基础。然而，共同问题取向不意味着共同对象，前者是思维活动，后者是实践活动。教学理论要以教学实践中的现象、事实和观念等作为对象，但这些对象本身又内含对象性活动。教学实践需要将教学理论作为行动的理性依据，也需要来自教学理论的批判来促进实践的反思和超越，缺乏理性引导的教学实践是盲目不可取的。反过来，脱离实践的理论文本演绎必然会造成教学理论自身发展的困境。教学理论需要教学实践的思维来源，既可以是源于具体情境问题的实践，也可以是源于普遍历史—社会实践。其中，理论“联系”实践的本意既不是强加关联，也不是实践存在于理论框架之外。教学理论与教学实践相互独立但不相互脱离，在逻辑上，二者相对独立；在关系上，二者相互依赖。无论是离开实践思考理论，还是离开理论思考实践，都会制造一种错误的二元论。[③]

简言之，教学理论不仅着眼于教学经验和规律的普遍性，更着重于对经验普遍性的理性思考，内含目标反思、道德完善、实践批判和行动引领。教学理论不是对现实课堂教学过程的全然呈现，而是从批判和审视的角度对现实教学进行本质反思和规律挖掘，并以科学的逻辑体系、以共性和“善”的诉求来表征、发展着的教学应然图景，这个表征过程正是教学的科学性与教学实践的人文性相结

---

① 孙正聿：《理论及其与实践的辩证关系》，《光明日报》2009 年 11 月 24 日第 11 版。

② ［德］沃尔夫冈·布列钦卡：《教育知识的哲学》，杨明全、宋时春译，华东师范大学出版社 2006 年版，第 14 页。

③ ［英］理查德·普林：《教育研究的哲学》，李伟译，北京师范大学出版社 2007 年版，第 75 页。

合的过程。[①]

二 教学理论对社会现实的意义

教学理论研究及其意义体现并不是只限定在学校教育的“闭合”时空，因为研究不是单纯为了获取知识，也要运用所获得的知识回答和回应社会现实。任何理论主要通过描述、解释和预测的功能来回答社会现实中“是什么”“为什么”“应该怎样或不应该怎样”。当然，任何理论对社会现实的意义都是有边界和限度的。作为一种相对独特的知识体系，教学理论所聚焦的是一种特殊的教学实践活动，这种特殊的实践活动不是纯粹独立的，而是与社会现实有着密切的关联，即教学是存在于社会中的特殊实践活动。教学本身不仅具有自身逻辑和相对独立性，还有着特殊的社会功能，由此不能忽视教学理论对社会现实的意义。

（一）教学理论有助于满足社会对教学活动的认识需求

教学具有双重内容体现，一是学科的教与学，二是具有社会生活性质的教与学。任何教学都不可能脱离这两个方面的内容属性而单独实施。那么，教学理论也相应对此二者都有关涉。教学理论研究除了能够满足研究者和教育者认识教学活动，还可以满足社会认识教学活动，提高教学的社会价值和社会对教学的关心，尤其是对教学促进人的整体性发展，教学传递知识、技能和态度，教学传承文化和渗透观念等方面的关注，更是社会现实认可教学理论的重要依据。当然，理论不是单数的，不同的理论以不同的逻辑形式承担着不同的解释工作，我们可以根据目的来判断教学理论类型和价值。如英美语境下的教育理论或教学理论更多的是指“实践活动的理论”，或简称“实践理论”，它们的目的是“给予实践性判断”以决定“在教育实践中什么是应该做的，什么是不应该做的”。而

① 陈晓端、毛红芳：《教学论对教学实践指导的困境、意义、方式和限度》，《教育研究》2016 年第 5 期。

教学科学理论的目的在于描述并解释“是什么”。人们对教学理论的接受不是一次性完成的，当教学理论被认可、应用时，教学理论也就相应地可能产生长远和深刻的影响。

（二）教学理论有利于突显教育教学在社会现实中的作用

理论的社会作用不仅体现在理论能够满足认识的需要，解释事实的存在和发生，更重要的是，理论通过透析事实本质，具有连续预测的可能性。理论的产生都是建立在被社会需要的视角下，“被需要”不仅体现在被需要认识，更表现在被需要重视，也就是说，理论需要论证对象的重要性以满足重要性的认识和关注。社会发展历程中，教育教学在社会中都扮演着非常重要的角色。而教育教学的重要性不会只局限在人们的日常认识、经验体会或制度文件中，教学理论承担着理论化论证其重要性的使命。历史上所谓的“教育先行”在一定意义上也是在表明教育教学理论的社会作用。教学理论对教学中一些重要问题或关键问题的研究，对于社会认清教育教学和认同教学理论有着非常重要的澄清和判断作用。任何时期的教育教学改革及其目的的确定都不是偶然和随机的，其中都渗透或体现了教育教学理论对教育教学本质、功能研究基础上推动的成果。

（三）教学理论可以为改革提供教育舆论和指导依据

尽管任何理论在任何时候都不能直接限定实践或改革的图景，但实践活动和社会改革需要理论的基础和依据。教学理论不只服务于教育教学自身改革，也能够为社会改革提供教育教学的舆论和依据。因为教育是社会中的教育，社会改革必然包含教育改革，同时，社会的方方面面不是单线平行的改革，而是错综交织的改革，教育教学理论在社会改革中也会因其关注人的成长基础和需求、教育教学所承担的任务等各方面而提供社会改革的建议和依据。也正是因为这个共同的主题，杜威曾指出“哲学、教育和社会理想与方法的改造是携手并进的”。[①] 例如，人本主义、认知主义和建构主义的教学理论不仅为中国基础教育课程改革提供了丰富的理论依据，也同样为大数据时代和学习化社会的 MOOC 及创客运动推进提供了有力的教育舆论。反过来，社会改革时期也会孕育和产生新的教育教学理论。

三 教学理论对学科建设的意义

（一）教学理论研究是教学论学科建设和发展的基础

“理论是知识的最基本的存在单位。”[②] 理论和学科因视角不同而不能完全等同，但二者关系密切。如果把理论表述为知识，那么学科既可以表述为知识体系的门类，也可以表述为一个领域理论的集合。理论研究和发展的终极目的不一定是建立学科，但学科建立、发展和成熟必然离不开理论研究的深化和理论知识丰富的基础支撑。首先，教学理论研究要服务于学科建设和发展。尽管教学理论研究可以跨学科进行，但这并不影响教学理论的学科归属。其次，教学理论研究既需要学科领域已有知识体系提供支持，也要成为学科分析问题的有效依据。最后，教学理论在滋养和充实学科内容的同时，也可能会促进教学论学科内部或相近学科的分化。

（二）教学理论能够呈现学科领域的基本特性

一般来说，学科的演变和学科领域的呈现都是通过理论研究的深化和延伸来得以体现，理论的演进也构成了学科发展的周期。教学论学科领域之所以能够通过教学理论的领域来得以呈现，正是通过特定理论的知识来凝练和指定学科的领域，因为“理论的领域是理论可以应用的整个信息体，这通常远远超出形成理论原始构造的

---

① ［美］约翰·杜威：《民主主义与教育》，陶志琼译，中国轻工业出版社 2015 年版，第 327 页。

② 李振伦：《元理论与元哲学》，河北人民出版社 2001 年版，第 14 页。

具体问题”。[①] 理论之“领域”与学科之“领域”并不等同，对于教学理论而言，“领域”可以成为研究单位。对于教学论学科而言，“领域”是知识门类的细化。教学理论通过领域研究不仅能够呈现学科领域的基本特征，也会显性或隐性地解释学科领域的非基本特征。

（三）教学理论能够为学科领域的进一步研究提供指导

教学理论的形成是一种特殊的认识过程。教学理论最终以一个系统化的、根据逻辑规则设想的概念体系的研究成果来进行呈现。这也就是说，理论需要经过一个研究过程，并把研究成果进行系统化陈述。当然，理论并不一定是通过一次研究过程就能完成理论的知识体系构建。同时，理论并不只是科学认识过程的结果，理论也是科学认识过程的条件，它可以被用来推导经验型研究的假设，成为服务于规划、检验研究的基础文本。同时理论还影响着研究者的已有知识和前理念。[②] 概括而言，教学理论为学科研究提供的指导主要包括：（1）教学理论有助于学科研究中问题情境的筛选；（2）教学理论为学科研究提供解决问题的可能性思路；（3）教学理论可用于研究程序的规划、实施和评估；（4）教学理论可以成为反思和评价其他理论的依据，也可以催生并开启新的理论研究程序；（5）教学理论提供批判性检验的参考框架和扩展学科理论研究的领域。

四　教学理论对理论研究的意义

根据教学理论生成过程的论述，教学理论本身不是线性的或是闭合的状态，它是新一轮理论研究的重要基础。任何理论都有其内在价值和外在价值。理论的内在价值就是理论自身是有价值的，有

---

① Harold I. Brown, “A Functional Analysis of Scientific Theories”, *Journal for General Philosophy of Science*, Vol. 10, No. 1, 1979, pp. 119 – 140.

② ［德］F. W. 克罗恩：《教学论基础》，李其龙等译，教育科学出版社 2005 年版，第 108 页。

其自我实现的目标。外在价值则是由内部价值和意义衍生而来。如果把教学理论对社会现实、教师成长和学生发展的意义看作其实践意义的外在价值，那么教学理论对学科建设和理论研究的意义就可以看作其认识意义的内在价值。其中，教学理论对理论研究的意义更多的是由教学理论的规定属性和内在功能来体现和渗透。

（一）教学理论为理论研究提供反思

反思，是理论的一种基本品格。按照黑格尔的解释，反思是一种事后思维，意指跟随在事实后面的反复思考。[①] 黑格尔认为本质中的映像是反思，因而反思也是一种自我反观。教学理论能够为新一轮研究提供反思，根源于人具有意识。人不仅反思意识到的对象，还反思意识本身。这也意味着，教学理论不是永恒的、万能的，而是相对的、不断被否定扬弃和批判的。

（二）教学理论为理论研究提供理解

哈贝马斯指出：意义理解是一种交往经验，因而不能从唯我论的角度加以贯彻。理解任何一种符合表达，基本上都要求参与到一个沟通过程中去。[②] “因果方法”和“理解方法”普遍地存在于人文社会科学，尤其是在意义性、价值性和历史性特征鲜明的人文社会科学中，“理解方法”扮演着重要的角色。在与人相关的教学理论领域，“理解”辩证地渗透和运用于其中，即认识者和研究者能够运用理解方法“重构”教学活动中人的内在经历和行为意义，进而阐释、论证并获得理论。同时由于教学理论不会成为教学行动的直接方案，因此需要教育者运用理解方法领悟和选择教学理论期望教育者所意识到的情况和建议，进而促使理论成为实践的指导依据。从这个角度来说，教学理论致力于解释性地理解教学行为并做出因果说明。

---

① ［德］黑格尔：《小逻辑》，贺麟译，商务印书馆 2014 年版，第 7 页。

② ［德］尤尔根·哈贝马斯：《交往行为理论第 1 卷：行为合理性与社会合理化》，曹卫东译，上海人民出版社 2004 年版，第 109 页。

（三）教学理论为理论研究提供解释

不同的理论承担着不同的解释工作。理论的真实价值与它的解释能力不一定直接相关。因为“理论的真理性取决于它自身与客观符合的程度，而理论的作用取决于接受者自身的状况”。[①] 如果理论不被需要，再好的理论也是无用和无力的。“理论是一个判断或一系列判断，人们试图用它们以系统的方式来解释现象。所有理论中的陈述不管它是解释的还是被解释的，都具有普遍意义。”[②] 教学理论不仅具有前述的对教学现实中人、事实或现实的解释功能，还可以为新的教学理论研究提供框架，用于综合并解释研究结果。

（四）教学理论为理论研究提供批判

法兰克福学派代表之一霍克海默提出“批判的理论”，在他看来，“理论不是一种在象牙塔里的谈玄或思辨，而是一种积极介入现实的力量。理论的目标不是要发现永恒的真理或建构什么体系，而是将现实的不合理性置于严格的批判与审查之中”。[③] 教学理论可以“提供一个或多个普遍性判断，并在实践和深入研究中使用这些判断”。[④] 也就是说，教学理论一方面能够“批判性地理解包括自我内在的‘世界’和获得自己周围的认知性控制”[⑤]，对社会现实包括教学实践进行批判性认识、分析和引导人们有效的实践。另一方面也能够进行教学理论自我的批判性检视。同时，教学理论也“可以用于对其他理论的批评，因此也可以成为元理论，即反过来对其他理论进行科学检验的理论”。[⑥] 在这个层面，元教学理论有助

① 陈先达：《哲学心语：我的哲学人生》，北京师范大学出版社2007年版，第88页。

② ［美］W. 维尔斯曼：《教育研究方法导论》，袁振国主译，教育科学出版社1997年版，第21页。

③ 邢建昌：《理论是什么——文学理论反思研究》，人民出版社2011年版，第53页。

④ ［美］W. 维尔斯曼：《教育研究方法导论》，袁振国主译，教育科学出版社1997年版，第23页。

⑤ ［德］F. W. 克罗恩：《教学论基础》，李其龙等译，教育科学出版社2005年版，第107页。

⑥ ［德］F. W. 克罗恩：《教学论基础》，李其龙等译，教育科学出版社2005年版，第108—109页。

于检验教学理论的认知质量，以便能够系统地对其应用和适用范围进行批判性研究。教学理论的批判功能与其反思功能相辅相成，有反思才有质疑和批判，有批判才有进一步深入反思。批判不是为了否定，而在于更好地完善理论。

五 教学理论对师生发展的意义

人在教学理论建构和应用中发挥着主体作用，反过来，教学理论对于不同人群所体现出的意义和价值不同，其中最突出的表现在促进师生发展的意义层面。教学理论对教师成长和学生发展的意义既有实践意义的内涵，更有价值判断和价值评价的含义。

（一）教学理论对教师成长的意义

“理论对人的作用，最突出地表现在它是人所不可缺少的知识。人们只有掌握了相关的知识，才会形成相关的认识能力。”① 教师成长离不开教学理论知识的掌握，但知识掌握不等于能力提升，同时知识掌握也不等于知识应用。一方面，教师从教学理论知识的掌握到应用需要经历一个内化、迁移的转换过程；另一方面，教学理论知识不是直接线性地与教学实践对等，或者说没有一种教学理论知识可以直接成为教学行动的方案，即使是教学实践理论也需要教师通过掌握理论知识，并对理论进行理解、批判、反思、内化、演绎和验证的基础上，转化为实践性知识并进行教学实践的“处方式”尝试。此外，教师成长也离不开通过教学理论形成的教学信念。教学信念不是盲目的教学观念或传统信条，不会自发产生也不是强加给予。教学信念需建立在广泛的知识掌握基础之上，因而具有科学性。尽管我们不能肯定地说教师的教学认识和教学信念全部源自教学理论，但至少能够确定教学理论对教师认识和信念的影响是客观普遍存在的，甚至也包含由批判理论继而产生的认识和信念，只是这种影响的程度存在差异。可以说，教学理论对教师成长的意义不

① 胡德海：《教育学原理》（简缩本），甘肃教育出版社2008年版，第10页。

在于以行动方案的身份为教育者解决困难或以教育者的名义排除障碍，而是设定一些需要意识到的情况，对教师的认识、情感和思想等方面产生启迪以及为教育者提供行动意识选择的指导依据。

（二）教学理论对学生发展的意义

这里所说的学生不是指学习教学理论的学生（如师范生等），而是指教学理论所关怀对象的学生主体。俄国教育家乌申斯基曾经指出："应当承认每一门科学都尽其本身内容之所及来使人得到发展，并且正是以这些内容而不是以其他任何东西来使人得到发展。"[①] 在教育领域，尽管没有一种理论能够完全达到"公理化"的程度，即那种依据量化的方式进行纯粹的假设和定理式预测学生学习结果，但仍可以通过教育教学研究来获得教学的一般性原则。在促进学生的学习和发展方面，教学理论和学习理论会呈现出不同的价值。正如教学和学习是同一枚硬币的两面，学习理论侧重于学习什么可以改变学生的学习行为，而教学理论（尤其是教学实践理论）所聚焦的是如果要使学生以某种确定的方式改变行为，那么老师建立什么样的条件。[②] 教学理论问题是从经验和社会情境中发现和分离出来的。对问题研究的最终目的在于探讨人的教育，尤其探讨人的未完成性和不完善性在教育教学中的转变，从而使"人自己可以获得其在对未来自决和对世界阐释的实践开放的意义上的决定"[③]。此时，教学理论要进一步观照这个过程中人的主动性和可塑性的先决条件，教育目标、人的假设和知识的性质是任何教学理论都要包含的假设。这也再次证实教学理论对学生发展的意义是通过教学理论本体承诺及其所包含的假设来体现的。教育教学和人性的完善天然地联系在一起，教育教学理论就要关注其中的内在联系，

---

① ［苏］洛尔德基帕尼泽：《乌申斯基教育学说》，范云门、何寒梅译，江苏教育出版社1987年版，第188页。

② J. Dudley Herron and Grayson Wheatley, "A Working Theory of Instruction", *Science Education*, Vol. 58, No. 4, 1974, pp. 509 – 517.

③ 彭正梅：《教育和教育理论的自身逻辑的寻求：本纳实践学的教育建构》，《全球教育展望》2009年第1期。

以“求真”“向善”的理性实践探索人在教育教学中的发展。

第五节 实践:教学理论的应用

在澄清教学理论的概念、要素、生成、结构、类型和意义的基础上，对教学理论的应用进行阐释是符合论证逻辑的，这样可以避免因基本性问题的认识混乱而产生定位不明和逻辑不一致的尴尬。关于教学理论应用问题的讨论，需要先审视教学理论的应用困境，然后再探讨其应用方式，这实质上主要聚焦教学理论与教学实践的关系以及教学理论指导教学实践的方式等问题。

一 教学理论指导实践的困境再审视

教学理论与教学实践的关系是教学理论应用问题探讨不能回避的一个主题。中国在20世纪80年代以后，对二者的关系及其教学理论的实践性讨论越来越多。[①] 凡是涉及教学理论的应用，或是教学理论与教学实践的关系，“指导”就会成为其中的高频关键词。“指导”往往被看作教学理论的应用方式，教学理论与教学实践的关系也常常被定格在前者对后者的“指导”。然而，现实中这种“指导”的困境屡见不鲜，“指导”的结果也并不是“皆大欢喜”，甚至已经有人提出了“教学论没有独立的研究对象和单独存在的必要”[②]。尽管本书已经阐释了教学理论对教学实践的意义，但面对这种困境和指责，仍有必要进一步审视并澄清教学理论指导教学实践的认识误区。

（一）存在二元对立关系的思维定势

人们对理论与实践的关系，往往会将“理论来源于实践，理论指导实践”的认识，泛化为二者是线性的二元对立关系。这种相对

---

① 李定仁、徐继存:《教学论研究二十年 1979～1999》，人民教育出版社2001年版，第478页。

② 胡定荣:《21世纪中国教学论发展的问题与走向》,《教育研究》2002年第3期。

普遍泛化的认识，也会影响到各个领域的理论应用，尤其是应用型学科理论更明显地被赋予了这种二元思维。同样，教学理论也会受到“源于且高于实践却不能指导实践”或“脱离实践满足不了实践指导需求”等一系列二元对立思维影响下的指责和质疑。特别是在实用主义主导的美国教学理论被借鉴而来，出现的理论需求与现实指导不力的矛盾更进一步加深了教学理论的应用困境。与此同时，一系列关于教学理论从借鉴到本土化处理的探讨，以及如何运用国外教学理论指导本土教学实践的讨论相应地产生。“当一个理论超越了它的社会、文化和国家边界，在借鉴过程中由于研究不完整、忽略学生因素和文化背景差异等，理论可能会失去一些原有的元素，甚至一些重要的本质。”① 这些不仅会影响教学理论的范畴和体系的一致性建构，也会影响教学理论再生长的实践根基。基于此，就可以解释为什么学者们和一线实践者都共同强调来源于本土实践的理论构建的必要性和重要性。

为了更好地澄清教学理论指导教学实践的认识误区，有必要对二元对立思维中“源于”“超越”“指导”等描述二者关系的词汇进一步做出解释。首先，“源于实践”的理论不是对实践的直接经验概括，理论的形成有其自身特有的逻辑，需要从实践现象中分离概念，并在抽象化处理后进行概念体系的归纳和理性陈述。其次，“超越”实践的理论，“集中地体现了实践的目的性、理想性要求，因而理论总是否定既有的实践，在对实践的‘反驳’中把人类的实践活动推向新的领域和新的层次”。② 也就是说，理论不仅仅停留在对实践的描述和解释上，更致力于对基于“人的自由发展”为理想目的的实践活动的价值排序。最后，“指导实践”的理论，不是以控制、命令、套用或改造等形式的应用。正如舍恩在提出“反思性

① Teresa Kuwamura, "Acceptance and Transformation of English Educational Theory in Japan: On Student-Centered Education", *International Education Studies*, Vol. 7, No. 12, November 2014, pp. 47 - 52.

② 孙正聿：《马克思主义哲学智慧》，现代出版社 2016 年版，第 444 页。

实践者”时所进行的陈述，“理论不是从外部控制实践的过程，而是作为实践主体的思考与行为的‘框架’在活动过程内部发挥作用。这是从‘理论的实践化’向‘实践中的理论’的转换”。[①] 理论对实践的指导作用除了体现在描述和解释上，还表现为对实践的批判、规范和引导。理论和实践既有密切的关联，也有着各自的思维模式和发展逻辑。理论能够超越实践，实践自身也具有“超越性”，这里的实践“超越性”也就是伽达默尔所说的“一切实践的最终含义就是超越实践本身”。[②]

（二）存在教学真理或操作手册的理论误解

现实中，由于上述二元思维影响，教学理论或是被赋予高高在上的“教学真理”光环，或是被寄予实实在在的“指导手册”期望。由此，教学实践中会出现以“先验真理”和“操作控制”的思维方式来处理理论的应用问题。但事实上，教学理论不会主动自觉根据教学实践的逻辑进行匹配和发挥作用，理论是一种知识体系，不会自动站出来“发号命令”和“实施控制”，理论也很难将标准化处理后的普遍教学情境直接对接到具体的教学情境问题解决。反过来，教学实践是一个主动的目的性活动，有着自身的逻辑和超越诉求，不会被动地等待教学理论的命令和指导。“在真实的教育世界里，有关实践的问题并非以良好的结构展示，有时甚至根本不是‘问题’，只不过是一些杂乱而模糊的情境而已。”[③] 教学实践具有复杂性、不确定性和情境性特征，我们不能简单地将教学理论与教学实践进行“线性对接”，也不能盲目地否定教学理论与实践不对应匹配，进而否决教学理论描述、解释、批判、规范和引导教学实践的理性价值，教学理论的理性价值发挥，关键在于教师通

---

① 杨小秋、曲中林：《教师实践力的实证研究》，哈尔滨工程大学出版社 2013 年版，第 25 页。

② 《赞美理论——伽达默尔选集》，夏镇平译，生活·读书·新知三联书店 1988 年版，第 46 页。

③ 陈向明等：《搭建实践与理论之桥——教师实践性知识研究》，教育科学出版社 2011 年版，第 1 页。

过"理解"和"反思"搭建理论和实践沟通的桥梁。此外，理论也是"基于语境的概念化工具"[①]，教学理论的概念、概念之间的关系、形成和使用范围都是建立于语境基础上的。例如，就教学理论的概念或术语而言，可能存在这样的情况：不同的研究者可能会用不同的术语来描述对教学实践的共同想法或假设，也可能会用相同的术语来掩盖教学理论的分歧。[②] 我们要认同教学理论的抽象性、普遍性，更要接受教学理论语境的多样性和灵活性。教学实践不可能实现全部理论化，且教学现实的情境变化及其对理论的期望不可能总是与教学理论的存在达到完全匹配。教学理论的知识体系具有相对历史性、稳定性和一般性特征，其更新往往需要进入新的研究历程而获得深化和延伸。这在某种程度上会影响人们对教学理论的接受程度，尤其是在人们没有深入理解教学理论的情况下盲目做出理论脱离实践的价值评判。因为，人们在理解一个概念和理论时，往往从是自己的理解出发，缺少对理论提出者具体意图的研究，这种折中式的理解就有可能会对理论产生误解与误读。

（三）存在教学理论内在的发展困境

剖析教学理论与教学实践的关系本质，实际上只是澄清了教学理论实践性的外部困惑，还需要对教学理论实践性的内在发展困境进行剖析。任何领域的理论，都会随着社会实践的发展而发生改变，理论因此具有发展性和变化性。例如，德国教学论发展历程中的流派分化、美国教学理论发展历程中的教学设计转向、日本教学论和苏联教学论发展历程中的学习研究转向。尽管不同国家的教学理论发展必然会借鉴他国研究成果，但理论的成熟和发展必须植根于本土实践的发展和变化，二者才会形成双向互动和相互促进的发

① Russell Norwood Hanson, "A Picture Theory of Theory Meaning", in Robert G. Colodny, *The Nature and Function of Scientific Theories: Essays in Contemporary Science and Philosophy*, Pittsburgh: University of Pittsburgh Press, 1970, p. 234.

② Jay A. Bostwick, Isaac Wade Calvert, Jenifer Francis, et al., "A Process for the Critical Analysis of Instructional Theory", *Educational Technology Research & Development*, Vol. 62, No. 5, October 2014, pp. 571 – 582.

展规律。我们不能用他国教学理论的成熟来替代本国教学理论的繁荣，理论成果可以借鉴，但理论的实践性再生长不可移植。从这个角度来反思中国教学理论的内在发展逻辑就可以发现，尽管教学理论的文本成果数量丰富，但理论的本土实践性生长却在初级阶段，植根于本土教学实践的研究还很缺乏。目前的教学理论研究范式存在两种问题偏向，“一是‘固守书斋’的经院式研究偏向，单纯地注重理论的自我演绎，缺乏对实践的关怀。二是‘技术操作’的教学经验研究偏向，在不经批判、规范、矫正的基础上，就直接把具体课堂教学情境中的价值判断用文本形式呈现，失去了教学论‘超实践性’和‘规范性’的逻辑品格和学术理性”①。此外，在教学理论的发展路径上，必须植根于本土实践，从源于实践、超越实践、批判实践和引领实践的理性思维活动中体现理论的“实践性”关怀，既不能纯粹复制国外教学理论的发展逻辑，也不能直接照搬自然科学理论的发展逻辑。要想突破教学理论实践性的内部困境，“一方面要避免教学理论缺乏教学经验基础，陷入宏大叙事的陷阱；另一方面要克服教学经验研究没有改进教学理论知识现状的理想和目标，而丧失了教学理论应有的学术理性”。②

二　教学理论指导教学实践的方式

教学理论和教学实践有各自独特的逻辑，所以理论对实践的指导，既不能逻辑套用，也不能原理照搬。不是所有教学理论都具有较小的现实间距，也不是所有教学实践都能完全凸显出理论的指导，但无论是显性的还是隐性的，教学实践都是在一定的教学理论指导下进行的。能够指导实践的教学理论必须“具有现实生命力、适度超前性和明确性”③，归纳起来，教学理论指导教学实践的方式

① 陈晓端、毛红芳：《教学论对教学实践指导的困境、意义、方式和限度》，《教育研究》2016 年第 5 期。

② 徐继存：《教学论学科的二重性及其规约》，《课程·教材·教法》2010 年第 9 期。

③ 李森：《现代教学论纲要》，人民教育出版社 2005 年版，第 45 页。

主要表现为非线性指导、理想性引导和批判性反思。[1]

（一）教学理论对教学实践的非线性指导

教学理论为教学实践的理解、解释和行动之间的统一提供了一个理论上的框架。教学理论对教学实践关怀和观照，是建立在对教学实践中目标实现、问题解决、关系明晰和行为建议等内容达成一致性的整体理解基础之上，提出教学实践的解释和指导。这就意味着教学理论对教学实践的指导不是“复制—粘贴”线性式的，具体表现为以下三个方面：

其一，教学实践具有复杂性、多样性甚至不可预见性，但教学理论通常以一种简洁的概念化方式概括对问题和情境的理解。施滕豪斯曾指出：“惟有教师有机会获得并且明白理解课堂活动所需资料的复杂性。”[2] 尽管教学理论以追求普遍性知识的理论框架为目标，但这种普遍性知识并不是直接按照教学实践或教师教学相关的方式综合在一起。此外，教学理论所探讨的教学现象往往经过共性假定处理为普遍化的教学现象和规律，但实际中的教学活动无法直接达到与共性规律的一致，这时就需要教师对理论理解和内化之后进行个性化的处理。

其二，教学理论对教学实践的指导并不是“全貌式”的。理论研究者对教学实践的关注是通过使用概念术语并截取部分教育过程和经验进行研究，这个研究过程同时还会受到实践之外其他形式的认识影响。相对而言，教师对教学实践的关注与特定教学情境中教学实践的发生大多是同步的，并且会关注教学全程和整体经验，而这种关注会较多地依赖于教师自己对课堂教学的判断。当然，研究并不是研究人员的专属，研究也应植根于教师的专业实践，教师通过识别研究需要而确定的研究方案必然与研究实施、实践指导结合

---

① 陈晓端、毛红芳：《教学论对教学实践指导的困境、意义、方式和限度》，《教育研究》2016 年第 5 期。

② ［英］理查德·普林：《教育研究的哲学》，李伟译，北京师范大学出版社 2007 年版，第 3 页。

得更为紧密。教师的研究一定脱离不了理论的指导，但未必是完整的理论知识体系的直接指导，根据研究需要而灵活运用理论的部分或个别知识是教师开展研究和指导实践的一种普遍常态。

其三，理论具有解释和预测功能，但理论的预测并不是直接针对某种教学情境的实践行为预测，而是指理论规律可以演绎推导经验规律，以此达到解释还未经观察和检验的教学事实。反过来，教学实践是一种主体意识参与的能动性活动，教学实践不会在被动等待理论指导的情况下才发生，实践既有自身的逻辑也有自我的超越。

（二）教学理论对教学实践的理想性引导

教学理论对教学的关注可以概括为“教学是什么”和“什么是教学”两大类，对教学“是什么”的反思、批判和审视离不开“应该是什么”的价值规范引领，否则很难判定教学“是什么”的合理性与合规律性。

教学理论正是基于“教学是什么”和“什么是教学”以及“教学应该是什么”和“教学应该如何做”的剖析。源于实践的教学理论，并非“形而上”于教学实践，而是对教学问题的概念分离后所进行的处方式研究、解释性研究和规范性研究，其生命和使命正是以自身与教学实践的“间距性”，而批判性地反思教学实践和规范性地矫正教学实践。这种具有间距的理想性引导，是指教学理论不仅包含教学“是什么”的描述和解释，还包含教学“应该是什么”和“不应该是什么”的引导和规范。因为人具有理性，是有意识并积极追求目的的人，力图将现实转变为更理想的现实。“理论是构成实践中的目的性要求和理想性图景的深层依据，它的概念系统引导人们在实践中达到新的世界图景，并认同新的价值追求。”[①] 教学理论的实践性和超实践性，是要表明它以思维逻辑和科学框架的形式为人们提供把握、描述和解释教学实践的思维方式，

① 孙正聿：《马克思主义哲学智慧》，现代出版社 2016 年版，第 108 页。

以普遍性、规律性和理想性为人们提供看待教学问题的价值观。反过来说，教学实践的复杂性和多样性是教学理论不能全部涵盖的，脱离了教学实践的教学理论无论给教学下一个多么全面而符合逻辑的定义，都只是对教学的一种静态理解，而不是对教学本身和本质的动态描述。[①] 教学理论不会是对一种教学实践的“全貌”经验总结，二者都有着各自的逻辑特性，教学理论对教学实践的指导，绝不是要求教学实践依据教学理论来遵照执行，也并非是纯粹的技术和方法指导，更不会垄断和控制教学实践，而是通过教师主体意识的参与达到理论知识内化和智慧的启迪，从而实现教学理论对教学目的实现的理性解释、引导和规范。换言之，教学理论“指导”作用的发挥关键在于“人”的参与，既有理论研究者在建构理论时对教学及其实践主体的经验活动和行为意义的“重构”，也有教育者在运用教学理论时对理论研究者所概括的教学理性认识的“解构”。“重构”和“解构”都不是主观臆断，必须依赖于不同主体在其中对于认识对象的“理解”。由此，我们也就不能盲目地将教学理论与教学实践归结为“形而上”或“形而下”的关系，或定格为“脱离”或“落后”的关系，二者不是线性对等或对称，任何一方都会因“人”在其中的解释、理解、反思和批判而彰显出各自的生命力和存在价值。

（三）教学理论对教学实践的批判性反思

实践是动态的、丰富的，但不是绝对合乎理性的。这里的理性实质上是一种价值理性，也就是马克思所说的“为我关系”。人区别于动物，并把社会关系转化为“为我关系”，就是因为人具有理性，即人是具有意识、通过思维和行动追求目的的人。[②] 教学实践不是纯粹的客观，教学理论对教学实践的描述、解释、规范和评价

---

① 陈晓端、毛红芳：《教学论对教学实践指导的困境、意义、方式和限度》，《教育研究》2016 年第 5 期。

② 任帅军、肖巍：《论人权价值实现的双重意蕴》，《中南大学学报》（社会科学版）2016 年第 4 期。

同样会渗透"为我关系"的价值理性，无论是教学理论研究者还是教育者都会体现其追求目的的理性。理论不是脱离实践的理性，它是一种思维活动的结果，理论的思维活动不是局限在纯粹的思辨演绎去讨论现实中的问题。马克思指出，"关于离开实践的思维的现实性或非现实性争论，是一个纯粹经院哲学的问题"。[①] 那么，理论的思维逻辑在形式上包含归纳和演绎，但不是纯粹的经验归纳和简单的理论演绎，其中必然会包含"为我关系"的价值理性渗透，尤其是教学本身就是载有目的性承诺的活动，对教学的反思和批判的思维逻辑中会相应渗透价值理性的判断。由此，教学理论的功能除了包含描述和解释外，更包含规范、引导和批判。教学理论的反思性批判不是对教学实践的批评和指责，而是"教化"或者更直接地说是一种"为人关系"的价值反思。

事实上，批判性反思也会辩证地存在于教学实践对教学理论的态度和处理方式中。首先，无论是科学理论还是教学理论都具有发展性和变化性，会随着实践推演不断发生重要的质的变化。[②] 教学理论不可能自恃"教学真理"，教学实践也从来不是"单向度"等待教学理论指导。其次，教师的教学态度和行为基础主要源于教学传统、个人经验和实践问题再探索。教师要理性地和批判性地看待教学理论在其中所扮演的角色，既要避免以实然对应的视角来寻找教学理论解决个别化教学问题，更不能机械教条地进行理论知识的搬运。教学理论指导作用的发挥离不开教师将教学理论融通和渗透在上述教学行为的三个基础来源中，具体而言，教师既要"感知"和"反思"教学理论与教学传统的一致性和差异性，也要结合个人经验将教学理论内化并转化为个人教学哲学和教学的实践性知识，还要通过教学理论的引导或是对教学理论批判性分析，进行教学实践的再探索，这其中也是教师教学智慧的参与和再增长过程。李森

① 《马克思恩格斯选集》（第一卷），人民出版社 2012 年版，第 138 页。

② 郑毓信：《科学哲学十讲：大师的智慧与启迪》，译林出版社 2013 年版，第 47 页。

教授提出教学理论的转换是一个动态过程，包括“学习和筛选教学理论、构建教学模式、内化为教学策略、转化为教学方法以及运用于教学实践”五个阶段。[①] 教学理论不会自动完成转化，因而这个动态转化过程一定离不开教师这个主体，这个转化过程不仅是动态的，更是主动的。例如，教师可以通过对教学理论进行主题建构过程的研究，在了解和熟悉教学理论的基础上，对其中的概念、假设及其共享主题与其他教学理论和教学实践进行比较和分析，从而以间接提问的方式理解理论及其有效性因素，这个过程中也可能会发现被已有教学理论忽视的新的潜在问题，从而使教师成为与理论的对话者，也可能成为理论的批判者和新的研究者。

① 李森：《现代教学论纲要》，人民教育出版社 2005 年版，第 46—47 页。

第五章

教学理论的界限审视与检验标准

理论的界限与标准，是一个不常被触碰的难题。不仅因为清晰描述和深入论证的艰难，更是因为人们很难跳出“对象性思维”，运用“反思性思维”来检视理论的可靠性、可能性和限度，而且界限和标准的确定需要建立在理论本体解构的基础之上。通过上述对教学理论的本体追问和教学理论作为“存在”本身的解构，有助于我们尝试确定教学理论的界限与理论性检验指标。其中，界限不仅是指存在于事物或领域之间的边界，也蕴含着各自领域的内在限度或有效性范围。

第一节　教学理论的边界关系与界限识别

对教学理论与相关领域之间边界关系的分析，可以更好地判断教学理论的界限从而确立理论自觉，也能够进一步明晰教学理论与不同概念之间的关系。

一　教学理论与教学常识之间的边界

教学理论和教学常识都需要源于教学事实经验。其中，常识即“日常知识”，主要包含三层意思：一是指众人皆知的事实、关于一些简单而基本的事实的知识。二是指这些基本事实中包含的道理，所谓常理。三是指自然而然的理解，以及依于这些理解而生的基本的判断力。[①] 常理往往基于事实但超出给定事实，因为其中包含了自然而然的理解，如“举一反三”。理论包含常识里的道理，但二者并不是“和平相处”状态，常识对理论的抵制是普遍的和强烈的。理查德·普林曾生动地描述了这种“对抗”：“常识的法庭把理论传唤到庭，并要求它为自己做出辩护。”[②] 美国解构主义文论家卡勒曾说过“理论是对常识的批评，是对被认为自然的观念的批评”[③]。法国学者安托万·孔帕尼翁也指出：“没有常识对理论的抵制，理论便失去了存在的理由。”同时，他也提到：“在我展示的理论与常识的争斗场上，每次过招都以理论遭遇难题而告终，常识似乎总能凯旋。”[④] 即使如此，也并不意味着理论的“无力”和“完败”。首先，理论的系统性解释不同于常识就事论事的解释。其次，现实世界无法全然理论化，理论也不可能包含所有真理。最后，理论不同于常识中的专业判断，专业判断来自实践经验，理论则追求知识系统性，“能够实现定理和原理的联系，且理论能够用这个整体的道理对世界做出整体解释，而整体解释把我们带到对世界的更深层面或更高层面的识见”。[⑤]

行动或实践不是自发的，尽管可以依据经验的知识或常识展开，但常识不会解决或解释其中的所有问题。如“太阳东升西落”是常识，而“为什么太阳会东升西落”却是常识难以解释的，再如“两小儿辩日”中的常识“冲突”。同样，教学实践可以依赖教学常识，但不能忽视教学理论的价值承当。“在一些新的或不同的教学情况下，教学理论可以给教师应用、推广或改变他们的教法提供

① 陈嘉映：《常识与理论》，《南京大学学报》（哲学·人文科学·社会科学版）2007年第5期。

② ［英］理查德·普林：《教育研究的哲学》，李伟译，北京师范大学出版社2007年版，第74页。

③ 邢建昌：《理论是什么——文学理论反思研究》，人民出版社2011年版，第35页。

④ ［法］安托万·孔帕尼翁：《理论的幽灵：文学与常识》，吴泓缈、汪捷宇译，南京大学出版社2017年版，第243—245页。

⑤ 陈嘉映：《常识与理论》，《南京大学学报》（哲学·人文科学·社会科学版）2007年第5期。

指导”。[1] 当然，虽然任何理论的日常应用和指导都不是随时的、现成的或线性的，但理论认识、理论启发和理论化随时发生的可能性却是普遍的。对经验与常识的超越就是理论的思考，理论对教学的认识就是通过科学或知识形态来把握教学。教学理论与教学常识最突出的边界就在于，教学常识通常关注简单而基本的事实，多数情况无须证明或解释。教学理论具有目的性论证，要以知识的形式呈现关于教学的“道理”，教学理论需要收缩研究者的主观视野，超越个人已见并具有普遍性。教学理论是对教学常识的超越，而不是分裂；是对教学常识的批判，而不是否定。理论和常识既有界限，也有相互转化的可能。如“日心说”“万有引力”的常识转化。二者的转化不是直线式的，需要经历复杂长期的过程。同样，教学理论通过对常识的批判和反思实现超越，反过来教学理论也需要在实践应用需求的层面上转化为常识。教学理论具有一般理论的性质，虽然教学理论已经超越了教学常识，但不能忽略教学理论和教学常识的关联性，教学常识对于教学理论构建所发挥的重要作用，特别是教学理论为了教育教学的目的需要用日常语言表达出来，使理论的原则和原理等知识回归理性常识，体现教学化要求。除了要明晰教学理论与教学常识之间的联系和区别，还应注意避免在教学研究中，将教学理论等同于教学常识的归纳总结或渐行渐远不为常识所理解，也要注意避免在教学实践中将教学理论和教学常识的功能等同或相互否定。

二　教学理论与教学观念之间的边界

教学理论和教学观念常常在认识过程和实践过程中被混同处理。实际上，二者仍存在区别和界限。教学观念，普遍地存在于教学语境中，常见的语境表述有“更新教学观念”“转变教学观念”“树立或具备什么样的教学观念”等，且主语大多都指向“教育

---

① ［美］C. H. 帕特森：《教学论简论》，汪刘生摘译，《教育评论》1986 年第 4 期。

者”。现实中，“教学理念”经常被看作“教学观念”的同义词，或把理念看作理性的观念。但二者在哲学史上的含义和用法既不相同也很复杂，对其解释也存在很大争议。在此我们不再纠缠观念和理念在哲学上的区别，只在相对被广泛接受的共识基础上进行核心含义的澄清，即观念是“一般常识所了解的最广泛意义的观念”[①]，理念可以看作理性的观念，但更应该被看作黑格尔所指涉的“理性的概念”“真理的概念”[②]。人们可以把教学观念或理性的教学观念简称为教学观，但不能把教学理念简称为教学观，每个教育者都可以具备自己的教学观念或理性的教学观念，但不一定具有真理性的教学理念。基于这些分析，此处要辨析的“教学观念”，所指向的是最广泛意义的教学观念。“更新”“转变”或“树立”教学观念等表述实质上是潜在地默认教育者普遍存在教学观念及教学观念的重要性。那么，什么是教学观念？有学者对这个大众熟知的词汇进行概念查阅时，却意外遗憾地发现国内主要的教育辞书没有“教学观念”辞条。[③] 从已有文献、政策文件或日常语境中很容易发现，在“教学观念”论述前先进行概念界定的并不多，且其语义和语用并没有达成“不言自明”的共识。对教学观念认识的不一致是因为人们对“观念”本身的理解就存在差异，解释的视角和立场不同。

有关“观念”解释的代表性观点主要有三类：第一类认为观念是在意识中反映、掌握外部现实和在意识中创造对象的形式。马克思主义哲学认为“观念是对客观现实的反映形式，是客观现实的主观映象。观念不仅反映客观现实，而且还能根据对客观现实的反映为实践创造观念的对象，以作为实践的目的”。[④] 第二类认为观念指

---

① ［德］黑格尔：《小逻辑》，上海人民出版社 2009 年版，第 10 页。

② ［德］黑格尔：《小逻辑》，上海人民出版社 2009 年版，第 11 页。

③ 王传金、谢利民：《教学观念研究：何去何从》，《教育理论与实践》2006 年第 7 期。

④ 《中国大百科全书·哲学卷》，中国百科全书出版社 1988 年版，第 265—266 页。

思维或意识所提及的某种不呈现于感官的事物。[①] 第三类认为，在认识论上，观念泛指人的头脑对外界事物的反映，相对于物质来说，观念即意识、思维、精神。[②] 综合上述定义可以判断出，将观念看作“意识”或“事物在头脑中的反映”相对具有共识的基础。然而，用“意识”解释“观念”不仅相互影响了两个概念的内涵和外延，也影响了“观念”的原初含义。这主要受现代哲学的影响，使观念也包含了对事物的客观反映、意识到的、想到的或想象的东西。[③] 有学者对“观念”进行了历史性考察，指出柏拉图的观念论对后世影响很大，在柏拉图看来观念是“由我们的心灵所领悟的”，心灵领悟的观念经过了理性、理智的过滤，乃是活的表象、活的知识，它存在于我们的头脑中，变成了我们自己所拥有、所特有的东西。它被我们赋予了个性特征，与我们现有的知识、经验、信念、信仰等融为一体。这个过程也称为“观念化”。[④]

基于上述“观念”的分析，首先，可以肯定的是，教学观念绝不是一个看似无须解释、不言自明的常识性词汇。其次，现有文献中将教学观念解释为“关于教学的看法和思想，即人们思维教学问题的结果”[⑤]，或“教师从实践的经验中逐步形成的对教学的本质和过程的基本看法”[⑥]。上述解释仍然没有完全准确地体现出“心灵所领悟的东西”的属概念特征，且容易将教学观念局限为一种对教学的思想、认识或看法，由此混同于对教学理论的传统认识或出现概念使用的不妥当。鉴于概念界定须复杂论证的科学性和严谨性考虑，本书暂不对教学观念进行定义，但通过上述“观念”的属概

---

① 《大美百科全书》，外文出版社 1993 年版，第 424 页。

② 《社会科学大辞典》，中国国际广播出版社 1989 年版，第 52 页。

③ Alan Lacey, *A Dictionary of Philosophy* (*Third Edition*), New York: Routledge, 1996, p. 142.

④ 杨耀坤：《科学理性的沉思（上）：科学创造理性的探求》，安徽教育出版社 2006 年版，第 218—219 页。

⑤ 杨启亮：《转变教学观念的问题与思考》，《教育科学》2000 年第 2 期。

⑥ 高凌飚、王晶：《教师的教学观——一个重要而崭新的研究领域》，《教育学报》2003 年第 7 期。

念分析，以及下述教学理论和教学观念之间的界限划分，我们仍可以透析和理解教学观念的“种差”，从而有助于人们准确把握教学观念的内涵。

概括起来，教学理论和教学观念之间的界限和区别主要表现在以下方面：第一，主体不同。建构教学理论的主体是理论研究者或教师作为理论研究者；“形成”“树立”或“转变”教学观念的主体大多是参与教学的教育者。前者是理论主体，后者是实践主体。第二，性质不同。教学理论具有一般性和客观性；教学观念具有个体性和主观性。第三，表征和获得方式不同。教学理论是通过理论研究进行合理论证所建构的公共的、相对静态的知识体系；教学观念是个体的、通过教育者心灵领悟所形成的鲜活的表象和个人知识等内容。具体来说，教学观念一是强调所形成的个体表象和知识是以心灵领悟为前提，而不是由感知觉所反映，因为“感知觉的表象无须以‘领悟’为必要前提”[①]。二是强调教学观念不是现成的知识，因为现成知识的把握是需要理解的。理解重在逻辑的分析，领悟则重在精神的会通，其中渗透了主体的体会和评判。第四，体系化不同。教学理论体系化是从概念、判断、推理等逻辑形式进行的系统化理性认识提升；教学观念体系化实质上是“观念化”过程，即教育者将教学理论知识、教学经验、教学信念等通过心灵领悟的形式进行提升。“理性主义哲学家一致认为观念高于理论的根据所在，正是观念化是对感性经验和理性知识的一种提升。”[②] 当然，观念高于理论并不是指观念对理论的体系超越或逻辑深化，而是指在教育者个人的信念和期望中，观念相对广度的扩展和内涵深度的推进。第五，验证结果不同。教学理论在教学研究过程中就需要经过论证和辩理，在理性论证检验后才能被称为教学理论；教学观念往

---

①　杨耀坤：《科学理性的沉思（上）：科学创造理性的探求》，安徽教育出版社 2006 年版，第 218 页。

②　杨耀坤：《科学理性的沉思（上）：科学创造理性的探求》，安徽教育出版社 2006 年版，第 219 页。

往是教育者个人的领悟，缺少或者还未证实是否为真，具有非理性。因此上述所说的观念高于理论实质上并不包含错误的、陈腐的观念。

总的来说，我们不能将未经理性检验和理论化论证的教学观念混同为教学理论，但同时也要明确教学观念可以通过具备确定性和理性特征实现教学观念的理论化。换言之，当教学观念成为教学理论研究对象时，教学观念的确定性和理性特征也就相应得以体现和强化。

三　教学理论与教学思想之间的边界

教学理论、教学思想以及教学观念之间的概念关系模糊是一种现实常态，尤其是后两者经常被看作同义词。事实上，作为抽象概念的理论、思想和观念在日常语境使用和学术语境使用都存在语义指向不同和界限模糊。当然，我们不能否认这些概念在历史发展过程中语义丰富化和对象指向多元化，在一定意义上是有效的、合理的。但需要明确的是，概念使用需要在考虑语境和表达意图的同时，遵从原初含义、核心含义或共识，以避免概念的独特性和不可替代性被人为去除而引发概念混乱。这一过程在学术语境、政策文件或正式交流中尤为关键，必不可少。关于什么是“思想”和“观念”，通过中英文单词对照，发现“concept”“idea”“thought”“ideology”与中文“观念”和“思想”有着不同的对应，甚至互译时会出现词义的并列解释。但进一步通过维基百科、“ICHACHA.NET WBE DICTIONARY”和哲学辞典①对上述英文词汇进行查证后，可以基本判断“concept”的核心含义更多指的是“概念”；“idea”的原初含义是“观念或理念”。“concept”在有的情境中也被认为是“观念”，主要是受现代哲学转向的影响。与相对模糊的

---

① Alan Lacey, *A Dictionary of Philosophy*（*Third Edition*），New York：Routledge，1996；Audi R.，*The Cambridge Dictionary of Philosophy*，New York：Cambridge University Press，1999.

"idea" 相比，"concept" 更具共性和可看得见的特征，"idea" 更反映柏拉图所表达的 "观念或理念"。"ideology" 则倾向于公众层面的意识形态或观念体系。"thought" 的首要含义是 "思想"，但对于 "思想" 的定义和理解还没有建立共识。由于思想是人类行为的基础，理解思想的起源、过程和效果是语言学、心理学、神经科学、哲学、社会学等众多学科所长期追求的目标。[①] 海德格尔就曾说过："给我们进行思想的最高级的原因似乎就是迄今为止我们还没有思考这个事实。"[②] 弗雷格表明，"知识在于思想的客观内容。他所说的思想不是指思维的主观行为，而是指它的客观内容，后者能够为不同思维者所共同拥有"[③]。从这个表达中可以看出，弗雷格更强调思想的客观性和普遍性。如果按名词来解释的话，一是可以把思想理解为一个心理过程，是一种思维产生的推理；二是可以理解为一种特定阶层或特定社会的思维方式，如 "中世纪欧洲思想" 或 "西方思想"。[④] 第一个解释表达了思想是个人思维的结果，思想的过程是 "人们通过吸收人类积累的经验和知识，将感官的证据和个人所拥有的其他知识联系在一起的过程"。[⑤] 第二个解释表达了思想是一定社会、人群阶层和认识共同体所接受的一种特定的思维方式。两种释义在不同语境中表达的侧重取向不同。

在明确 "思想" 的内涵基础上，对 "思想" 和 "观念" 进行简单分析，二者经常被等同但仍有一定的区别和联系：一是观念是在头脑中完成心灵领悟的过程，往往是与实践或解决问题相关的精神上的表象或个人知识。思想是一个思维持续进行的心理过程，具

---

① Thought, https: //en. wikipedia. org/wiki/Thought. 2018 - 3 - 3.

② Gilles Deleuze, *Difference and Repetition*, New York: Columbia University Press, 1994, p. 275.

③ 周昌忠：《科学的哲学基础》，科学出版社 2013 年版，第 115 页。

④ Difference Between Idea and Thought, http: //www. differencebetween. com/difference-between-idea-and-vs-thought/, 2018 - 3 - 2.

⑤ The Theory of Knowledge and Creativity, https: //www. marxists. org/reference/archive/spirkin/works/dialectical-materialism/ch04 - s05. html, 2018 - 3 - 2.

有推理性和逻辑性，且并不一定关涉某些具体问题的解决。二是形成思想的主体并不一定直接参与实践，而形成观念的主体往往是与行动直接相关的人。三是思想不具备实践行动的自由意志，即思想缺少能否决定行动或落实在行动的自由选择；但观念具备这种自由意志和自由选择，并可以对思想家的思想进行评判和落实。当然，思想和观念并不是分离的，二者应该结合起来，思想可以产生观念，观念也可以升华为思想。关于“思想”和“观念”的关系同样可以用来判明教学思想和教学观念的关系。二者重叠度最高或在相对等同的语境使用需要具备以下前提条件：教育者既是形成教学思想或教学观念的主体，也是教学实践的主体；教育者具备较为丰富的教学认识，能够将人类已有知识经验和个人教学经验进行很好的融合与提升；周围具有一定接受范围的认识共同体。除此之外，就需要避免教学思想和教学观念的混用。

接下来，我们需要进一步确定教学理论和教学思想的联系与界限。(1) 二者之间的联系主要表现在：第一，都包含了解释教学的假设或解释起点；第二，都包含了教学观点、教学概念、教学观念以及它们的关系论述；第三，都会对教学现象的发生和变化提供规则和原因。(2) 教学理论和教学思想之间的区别和界限主要包含以下方面：①系统化程度不同。教学思想是相对比较零散的理性认识；教学理论是具有前后联结逻辑关系的系统化知识。例如，“结构主义教学思想”一方面表明的是结构主义哲学流派在教学方面相对零散的理性认识，另一方面也体现了一定人群所共同接受并有学术承接的思维方式。而“布鲁纳的学科结构教学理论”则凸显的是有前后联结逻辑关系的系统化知识。②假设类型不同。教学思想往往包含的是固定的、绝对性的假设（如正确的/错误的，道德的/不道德的，好的/坏的等），这些假设及思想的变化与人们的特定信念和特定社会环境紧密联系，其中较多地渗透了个人经验和个人信念。教学理论的假设相对较为客观，且影响着理论的核心问题的建构。③论证的逻辑方式不同。教学思想的论证注重思维所产生的推理，推理的证据来源融合了个人经验，对教学概念及其概念之间的关系紧密和可测的关注相对教学理论要少；教学理论的论证需要经过具有方法论支撑的研究过程，并达到逻辑的自洽、系统和完整。④透明度不同。由于教学思想的范围并不聚焦具体情境的教学问题，且融入了个人的经验和推理，所以相对更宽泛、抽象、主观和隐蔽；教学理论具有相对连贯的逻辑系统、假设的验证性检验且具有理解上的唯一性，比教学思想要具体、客观和透明。⑤开放度不同。由于教学思想所包含的假设大多是绝对性的，推理的陈述系统也就相应是闭合的。教学理论的开放性体现在其所包含的假设不是绝对性的，可通过验证性检验进行事实支持度确证；同时还表现在教学理论的形成终点是知识理解和应用，以及进一步研究的起点。

四　教学理论与教学假说之间的边界

假说和理论之间有着密切的联系，但二者之间的关系仍需要得到进一步澄清，以避免教学假说被看作教学理论。假说是理论成果的前期形式，假说具有解释性，也具有推测性，这种推测不是随意主观编造的，它建立在已有知识、事实依据和严密的逻辑推理基础上。此外，假说还具有科学性和超量性，其中科学性是指假说不同于一般的推测和假定，其科学依据可以是已有的理论、带有假说性的理论、事实和发现以及逻辑推导。超量性是指假说的数量远比定型理论的数量多很多，因为并不是所有的假说都能成为理论。假说的建立需要超越事实，具备哲理性，并具有可检验性和逻辑简单性。[①] 现实中，我们要避免将未经检验的教学假说看作教学理论，同时要注意教学理论的检验与教学假说的检验也存在差异，教学假说的检验需要通过研究过程或辩理论证的过程来完成，而教学理论的检验则倾向于确证、证伪和理论硬核的保护。教学理论的检验需

---

① 丁长青、张雁编著：《科学技术哲学新编》，河海大学出版社 2001 年版，第 108—112 页。

要在实践中进行，且离不开对理论所涵括的理论假说的检验，但其检验标准不同于未经验证的教学假说的检验。本章第三节详细论述了教学理论的检验标准，此处不再赘述。总的来说，教学假说不能直接被认定为教学理论，尽管教学假说同样具有解释和预测的功能，但教学假说仍不能摆脱其假定性和推测性的特征，只有那些经过事实检验确认之后的教学假说才能成为教学理论的雏形，且教学假说和教学理论的陈述方式和系统性也并不等同。

需要说明的是，对教学理论及其相关概念领域的界限划分，是相对的不是绝对的，没有高低好坏之分，并行但非相容或相悖。边界划分的目的不是分离或分裂，而在于更好地对自身内涵和边界进行确证。在学科层面，这些概念往往也会同时呈现，即教学论作为学科既包含教学理论，也会吸收上述教学思想、教学观念、教学传统等内容，使学科具有更多包容性和广泛性。

第二节 教学理论的自我限度和有效性范围

科学理论的形成过程是一个减少不真实、虚假的缓慢和不完整的过程。科学理论存在的初衷是认识、解释现象及背后的原因。波普尔认为，“一种科学理论，一种解释性理论，只不过是解决一个科学问题的一种尝试，也就是解决一个与发现一种解释有关或有联系的问题”。[①] 理论是对客观现实的主观活动，理论创新只是对更深层次规律的发现，它具有发展性和变化性。这表明理论是有限度和有效性范围的，理论要追求真理，但不可能穷尽真理。同样，“并不存在建立在学术界并且能够适用或不适用于特定学校的一种普遍的、自上而下的教学理论”。[②] 相应地，教学理论的限度或有效性范

① ［英］波普尔：《猜想与反驳：科学知识的增长》，傅季重等译，上海译文出版社 2015 年版，第 317 页。

② Richard E. Snow, “Individual Differences and Instructional Theory”, *Educational Researcher*, Vol. 6, No. 10, November 1977, pp. 11 – 15.

围是指，教学理论不可能将教学全部问题和教学事实都普遍“知识化”，也不可能在任何时候都能及时提供解决问题的完整确切答案和行动指南。因为教学理论与教学研究的主要社会责任并不完全等同，以解释、引领和指导教学实践为主要社会责任的教学研究，其研究结论并不会全部或直接成为教学理论，也可能会形成基于问题解决或具体情境教学实践的教学行动建议。就此而言，我们不能片面化地将大众对“理论脱离实践的教学研究”的指责或质疑移植到教学理论上。当然，这也不能成为撇清教学理论自身发展困境和问题的理由，只是从有效性范围强调教学理论所呈现的教学普遍性规律是有限度的，且这种限度不是用来否定的，而是为实践和研究提供各种可能性的空间。教学理论的自我限度和有效性范围主要表现在以下方面。

一　教学理论的自我知识限度和历史情境限度

英国经济学家和政治哲学家哈耶克强调，所谓“客观事实”的知识实际上并不是客观的，而是为行动者主观拥有的或者主观解释的，它们是分散的或分立的且受制于持续的变化，为行动者以不同的量所拥有。在哈耶克看来，货币、资本和工具等这类社会客体具有“观念依赖”的品格，是由行动者的信念和观念构成，不能以客观的或物理的方法对它们进行分析。[①] 据此，教学作为一种特殊的社会实践活动，也同样具有“观念依赖”的品格。例如“课堂”就是一种典型的例子，如果教学行动者不赋予“课堂”以观念和信念，课堂仅仅是一个无差别的物理空间。对于人文社会科学理论而言，理论知识不仅需要阐释意义，更需要以理解方法重构理论对象中他人心灵从而解释对象主体的行为意义。“任何知识本身绝非是充分自足的，知识只有通过占有知识的人才变得有意义。”[②] 意义的

① 邓正来：《哈耶克社会理论》，复旦大学出版社 2009 年版，第 79 页。

② 徐继存：《教育学知识的限度及其意义》，《教育学报》2011 年第 1 期。

解释和理解永远不会纯粹客观中立，因为从人的行为产生开始就已经渗透了“观念依赖”的影响。同时，知识需要通过语言来陈述，而“社会科学的语言并不能完全转换成精确的数学式符号，通过逻辑运算，层层推理，建立一个无可辩驳的理论体系”。[①] 因此，要正确看待教学理论知识的限度，同任何理论一样，理论的知识体系既不是个人的知识也不是永久牢固的真理，“知识”与“确定性”之间的联系可能随时在它们接受公开的质疑和反驳时被打破和改变。教学理论能够为教学实践提供行动依据和丰富建议，但不能替代教学行动者的个人知识，更无法替代教学行动者解决具体教学情境的问题。同时，教学理论提供行动依据和建议的前提条件是“能够”，而“能够”与否的关键因素主要有两个：一是理论建构者对教学理论对象的“观念依赖”抽象程度和意义阐释；二是理论认识主体对理论知识的意义理解和个人知识转化。

人们之所以对理论充满信心，一是源于对人类认识及推理能力（理性）的确信无疑，二是人类对于所达致的可量化（确定）的知识充分信仰。[②] 然而，理论具有有限性，不仅因为理论自身具有条件和限度，也因为理性本身和知识本身都是有限度的。任何理论的发现、解释与理解功能都是有限度、有条件的，不会是全部知识或全部事实的总括。因为理论的研究和建构是在一定的条件和情境中进行的，理论的对象也不是静止等待认识和研究的状态，对象具有情境的丰富性和历史的变化性。理论具有普适性和一般性，但并不必然具有普遍确定性。在人文社会科学领域，不同时期的理论相互之间存在竞争、补充、替代等复杂关系，即使是在同一时期、同一领域通常并存诸多不同的甚至相互不一致的理论。[③] 任何理论都无法囊括所有真理，更不可能为具体问题情境量身定制，理论不能在

---

① 林杰：《对教育科学理论体系建构的反思》，《现代大学教育》2001 年第 2 期。

② 邹立君：《理性保证与可欲性知识》，转引自邓正来《知识与法律第 1 辑“小南湖读书小组”文选》，中国政法大学出版社 2005 年版，第 118 页。

③ 黄正华：《人文社会科学方法论》，社会科学文献出版社 2016 年版，第 154 页。

不经历史批判和文化语境转化下直接被复制或搬运。福柯曾提出“理论工具箱”的概念，来描述理论的不同层次和不同侧面，以此抵制那种把理论总体化的冲动。他认为，理论是解释事物的，而事物的复杂性，决定了理论的多种可能性。“理论”像置于工具箱中的各种工具一样——因对象不同而采用不同的工具。[①] 在人文社会科学领域，不存在自明的或不加批判的理论预设或前提，更不存在永恒的超乎时空的正确命题。这些看似既定的、无可置疑的“正确”理论知识，其实是有“争议”的，它们无法解释社会现象丰富性和差异性的根源。正因如此，“分析理论所预设的前提和所预设的解释范围”已经成为后现代社会学方法论的一个基本要求。[②] 教学的复杂性、多样性和不确定性，也就必然使教学理论所呈现的一般性知识具有情境应用限度，反过来，教学理论的这种非绝对确定性也会为教学实践空间提供多种可能性。

二 教学理论的实践逻辑限度和理论逻辑限度

教学理论具有实践性，不是要求教学理论去学术性，完全以包罗万象的“实践手册”身份来呈现。反过来，“手册”类的教学指导是必需的和必要的，但这些“手册”未必都能被划归为教学理论或表征教学理论的全部形态。因为“手册”类的教学指导内容会包含部分教学常识、教学传统或是提出者所叙述的未经论证检验的教学观念或教学思想，即使以实践理论身份存在的“手册”内容也只是教学理论的一种类型。教学理论对教学实践的关注与教师对教学实践的关注方式并不同，前者也重视教学实践，但直接兴趣并不在促进教学实践上，而是重在构建一种对认识和实践起主导作用的理论，此时，理论尽管不是直接用来指导实践，但却体现了教学理论建构的实践基础。教学理论与教学实践并不对立或矛盾，它观照的

① 邢建昌：《理论是什么——文学理论反思研究》，人民出版社 2011 年版，第 48—49 页。

② 邢建昌：《理论是什么——文学理论反思研究》，人民出版社 2011 年版，第 5 页。

实践是一种普适性的教学实践，正如克罗恩在《教学论基础》中描述了教育理论家讨论的中心问题是教育过程的概念而不是直接的教学实践。但这并不影响教育学和教学论实践性的加强，即理论建构的实践基础是通过关注情境的、日常的和普遍历史—社会的实践来体现的。[①]

教学理论具有理论性，不是要求教学理论脱离教学现实或教学实践，而是指教学理论基于现实在教学图景、教学观念和教学常识上的超越。“教学理论的建构并非完全依照具体化情境中教师的‘感性经验’进行的描述和归纳，它是对教学实践进行理解、批判和引导性的理性概括。”[②] 教学理论的学术理性也体现了它的超实践性。在西方，理论和学术关系很近，“学术”一词被看作“较为专门、系统的学问”。同时，“学术也具有两个伴随特征：学院的、不以实用为目的”。[③] 王国维先生也曾表达过“学术之发达，存在于其独立而已”。教学理论的理论性，不应该是“思辨推理”或“学以致用”的片面认识。理论区别于“逻辑”甚至非逻辑的语言臆断或意识形态化陈述。理论固然离不开思辨和推理，但思辨和推理是理论的必要条件而不是充分条件。理论性的“学术独立”与“学以致用”是辩证的关系：理论是独立的，不是实践的附庸或行动的手册；理论要回归实践，但回归不是回到，更不是决定实践行动的自由意志，而是既要提供解释、理解和批判，也要接受实践的检验。但这种检验不同于经验规律的事实性直接检验和确证，因为“理论规律中所指称的实体是不可观察的”[④]，理论的检验是通过演绎和导出假说，进而转化为可检验假设或可论证的具体命题，当这

---

① ［德］F. W. 克罗恩：《教学论基础》，李其龙等译，教育科学出版社 2005 年版，第 85 页。

② 陈晓端、毛红芳：《教学论对教学实践指导的困境、意义、方式和限度》，《教育研究》2016 年第 5 期。

③ https：//www. thefreedictionary. com/academic.

④ ［美］R. 卡尔纳普：《科学哲学导论》，张华夏、李平译，中国人民大学出版社 2007 年版，第 223 页。

些假设或命题能够被论证其合理性与合目的性后，都可以间接确证理论。

第三节　教学理论的检验标准

标准不是唯一固定不变的绝对标准，而是相对普适性的参照框架。舒尔曼指出："我们要制定标准但又要防止标准化。"[①] 对于科学来说，"保持普遍认可的与事实尽量一致性就是足够好的标准了"。[②] 因为我们永远无法穷尽事实来实现科学的真实性确证，那种试图找寻绝对的科学性标准永远无法实现。波普尔曾提出疑问"一种理论什么时候才可以称为科学的?"或者"一种理论的科学性质或者科学地位有没有标准?"[③] 就此，他提出了理论的可检验性就是可证伪性或可反驳性。同时指出，"我肯定我们知道一种好的科学理论应当怎样，甚至在它受到检验之前就知道哪一种理论（如果经受住判决性检验）将是更好的理论。正是这种（元科学）知识使我们可以谈论科学中的进步，可以谈论各种理论之间的理性选择"。一种理论，如果事实上不曾因为检验它所引出的那些新的、大胆的、非概然的预测而遭到反驳，就可以说已通过这些严格检验而得到确认。[④] 从元理论的视角探讨教学理论的检验标准实质上是一种一般意义的理论性检验指标，但这种理论性检验指标不会是适用于所有领域理论的绝对指标，必然具有学科领域的差异。

早在 1963 年美国督导和课程编制协会所组织的专题教学理论会议中就进行了集中研究，这次会议不仅对教学理论的必要性进行

① ［美］舒尔曼：《实践智慧：论教学、学习与学会教学》，王艳玲等译，华东师范大学出版社 2013 年版，第 166 页。

② 赵汀阳：《赵汀阳自选集》，广西师范大学出版社 2000 年版，第 230 页。

③ ［英］波普尔：《猜想与反驳：科学知识的增长》，傅季重等译，上海译文出版社 2015 年版，第 47—55 页。

④ ［英］波普尔：《猜想与反驳：科学知识的增长》，傅季重等译，上海译文出版社 2015 年版，第 310—315 页。

了深入讨论，同时提出教学理论的标准包括重要性、精确与明晰、综合性、效果性、可检验性、实践性等[1]，这些标准为教学理论的建设者们提供了一种指导。阿特金森在1972年也提出了教学理论的标准：①学习过程的模式；②可接受的教学行为规范；③教学目标的说明；④衡量为实现教学目标所消耗教学行为的成本分配。[2]英国教育学家穆尔在《教育理论的结构》中指出：一种教育理论是一种逻辑上复杂的结构，可以用大量不同的方法加以评价。就它包含经验判断而言，它要受有关的经验事实的检查；就它包含价值判断而言，它易受各种哲学论点的责难；就它是一种论点而言，它要受内部的一致性的检验。假如某种教育理论经不起其中任何一方面的检验，人们就不会用它来指导教育实践。[3] 不容否认，这些标准的探讨对于英美教学理论兴起初期的理论定位和理论建设起到了很重要的指导作用，但是这些标准所适用的是英美文化语境中间式、处方式理论，并不能直接套用泛化为一般意义上的教学理论检验的理论性指标。此外，教学理论的理论性指标，也不能盲目套用科学标准或社会科学理论的标准，因为教学理论的对象性事实具有变化性和不稳定性，不可能按照科学理论的重复性检验来展开。布列钦卡曾提出用于评价教育理论的标准将是经验—分析哲学的科学思想。教育理论的质量在很大程度上取决于教育理论家所能意识到的认识论标准以及他们如何遵从这些标准。[4] 如此来看，检验标准的建立的确不是一件易事，但可以肯定的是，教学理论的理论性检验指标既要包含人文社会科学理论产生过程中所遵从的科学因素和价值因素，也要突出教学理论基于自身逻辑和相对独立性而确立的特

---

① ［美］C. H. 帕特森：《教学论简论》，汪刘生摘译，《教育评论》1986年第4期。

② Richard C. Atkinson, "Ingredients for a Theory of Instruction", *American Psychologist*, Vol. 27, No. 10, 1972, pp. 921－931.

③ ［英］穆尔：《教育理论的结构》，崔允漷、孙绍荣译，转引自瞿葆奎主编《教育学文集 教育与教育学》，人民教育出版社1993年版，第500—501页。

④ ［德］沃尔夫冈·布列钦卡：《教育知识的哲学》，杨明全、宋时春译，华东师范大学出版社2006年版，英文版序。

殊性检验指标。

一　事实标准：教学理论的可接受性检验

事实标准往往被看作检验一个理论的首要标准。因为理论源于事实，同时又需要事实来检验理论所提出的假说。传统上，人们认为理论的事实性标准就是“证实标准”，即用事实或至少在逻辑上用事实来证实理论的真伪。但现代以来，“证实标准”开始受到质疑和批判，“事实证实”和“事实有限”的悖论普遍存在，理论与现实无法直接进行比较，由于很难测量二者的同一性程度，同时人们也永远无法通过穷尽事实来证实理论的真伪，因而不能将此测量措施作为检验理论的依据。[①] 此后，是否获得事实支持的“确证标准”成为新的理论检验的转向，具体是指“把通过比较事实支持假说的程度来判断它们何者为理论的标准称为确证标准”。[②] 在人文社会科学领域，理论的确证标准相对更为复杂。由于历史性、情境性和工具性的理论特征，人文社会科学理论的确定性和普遍性相对较低，依据单纯数量增加的事实“支持度”并不能成为理论假说确证的决定性因素。现实中，“即使一个假说所能解释的事实比另一假说少，只要它涵括了另一假说所没有涵括的事实，人们也可能不会放弃它，依然接受它为理论”。[③] 正是因为类似这种特殊但普遍的情形的存在，“否证标准”或者说“证伪标准”在波普尔提出后受到了广泛认同。波普尔认为：“衡量一种理论科学地位的标准是它的可证伪性或可反驳性或可检验性”[④]，在他看来那些具有被事实证伪的可能性但还没有被证伪的假说，才可能是科学理论。反过来说，那些不具备被事实证伪可能性的假说要么不是科学的，如神学理

---

① Harold I. Brown，“A Functional Analysis of Scientific Theories”，*Journal for General Philosophy of Science*，Vol. 10，No. 1，1979，pp. 119 – 140.

② 黄正华：《人文社会科学方法论》，社会科学文献出版社 2016 年版，第 155 页。

③ 黄正华：《人文社会科学方法论》，社会科学文献出版社 2016 年版，第 157 页。

④ ［英］波普尔：《猜想与反驳：科学知识的增长》，傅季重等译，上海译文出版社 2015 年版，第 52 页。

论；要么是已经被证伪的理论。进一步来说，“证伪标准”要求研究者不能仅仅探寻证实理论的证据，更要细致地验证与研究结论和理论解释相反的证据。[①] 波普尔的“证伪标准”使科学理论在某种意义上获得了解放，打破了以往迷信科学和追求证实科学的局面。同时也打开了理论被接受的合理性空间和理论发展的科学图景，因为事实永远不可能无限期的或一劳永逸的支持某一理论，社会历史发展进程中事实的变化增加了理论被证伪的可能性，也就相应增加了理论被更新和替代的可能性。波普尔所著的《猜想与反驳：科学知识的增长》，题名就已经鲜明地表达了他的核心观点。尽管“证伪标准”具有合理性价值，但关于如何检验可证伪性的假说或者如何确定可证伪度，如同如何确定“确证标准”的支持度一样，成为一个难以诠释的问题。此外，“证伪标准”还会面临一个难题：事实和理论假说具有不对称性，理论假说往往是多个假说的集合，因而用单个事实或某几个事实无法检验理论的假说集合，也无法从中确定和选择与事实对称的某一个假说。对于这样的困境，哲学家们不再从如何用事实证实、支持或证伪的视角来找寻接受理论的标准，而是转向如何使理论被保护的视角来分析检验和修正理论的问题。拉卡托斯就是其中的代表，他提出了理论“硬核”的概念，也就是本书上一章所提到的理论的核心问题。拉卡托斯认为理论之间的区别就在于“硬核”的存在，理论是由硬核与辅助假说共同组成的体系，其中辅助假说是理论硬核的保护带。当理论受到反驳时，由辅助假说运用“反面启发法”承担保护理论硬核的责任，辅助假说可能在证伪中被调整或是替换，同时理论在被证伪的过程中也推翻并反转反证伪的证据达到进一步保卫理论硬核的作用。[②] 在这个反面启发法运用过程中，可以根据理论硬核被强化还是退化，来判

---

① Burke Johnson and Larry B. Christensen, *Educational Research: Quantitative, Qualitative, and Mixed Approaches*, 2nd ed, New York: Pearson Education, Inc. 2004, p. 19.

② ［英］拉卡托斯：《科学研究纲领方法论》，兰征译，上海译文出版社 1986 年版，第 67 页。

断理论的真伪和理论的可接受性。

综合上述认识，可以判断出事实标准并非绝对的或是唯一的，以及运用事实标准检验理论的复杂性、模糊性和艰难性。但困境不等于否定，正是因为事实标准在不同视角的研究成果，才有了理论的坚守和发展的可能性。基于这些论证和启示，关于教学理论检验的事实标准的运用，需要遵循以下原则：

第一，避免直接用有限的教学事实或某些具体化的教学情境来证实教学理论及其价值，因为具体情境中的教学事实无法穷尽或处理为教学理论所指向的一般意义上的教学事实。

第二，不能简单地将获得更多教学事实支持作为确证教学理论的绝对指标，也不能将这一指标标准化。换言之，我们可以在一定范围内，通过支持度来判断教学理论的接受性和有效性，并进行教学理论的选择。但由于教学事实的情境性、多样性和历史性，事实支持度不能成为绝对化的确证指标，不能因此而抛弃一个可能为真的理论。

第三，"证伪标准"运用于教学理论检验时，要避免两个极端。一是避免任意证伪或指标滥用，用不合理的教学事实随意否证、批判或否定教学理论；二是避免用"可证伪性"或"可反驳性"作为掩盖教学理论本身不足和缺陷的借口。

第四，教学理论要想不被否定或抛弃，就不能静态被动地等待事实检验。坚守和强化以保护为前提，教学理论既需要通过组建和完善辅助理论来保护教学理论的硬核，也需要推翻并反转"反证据"成为证认自我的证据。这个理论硬核的强化过程不仅可以增强教学理论的生命力，也能够增加教学理论的可接受度和认可度。

第五，允许并承认教学理论延时检验的合理存在。尽管即时的、专门化的教学理论检验可能会获得和涵括更多的教学事实，但有的教学理论所涵括的可能是关于未来事实的假说，也可能是已经存在但还未获得支持度的教学事实。这样的教学理论就可以通过社会发展和事实变化来检验。

第六，无论是运用“证实标准”还是“证伪标准”来检验教学理论，都是要体现教学理论的解释力。可以说，解释是理论的另一种表达，解释是理论以及教学理论得以立足的根本。同时，检验一个理论解释能力的前提是理解，即理论使用者对理论的理解，只有理解才有助于使用者做事实判定，也才能更好地增强理论的解释和预测能力。

二 伦理标准：教学理论的价值性检验

德国学者克罗恩在《教学论基础》中系统梳理了教学理论问题的发展历史后，得出教学实质上存在一个基本悖论：教学目的合理性与教学价值合理性。前者倾向于教学结果的工具性检验，后者侧重于教学过程的个人交往、有效指导和实践行动的价值性检验。克罗恩认为，正是因为这个悖论的存在，才能表明教学行动能给人以启发、促进人成长的意义所在，也同样才能为教学理论关注这个中心任务提出了宽阔的视野。凡是试图化解悖论的认识和行为实际上是对教学和教学理论的曲解。[①] 这在某种意义上也表明了教学理论本体承诺的存在及价值。教学理论的检验需要伦理标准，不仅是因为教学理论的对象是人或与人相关的事实，更是因为教学理论本身就承担着探索如何更为有效促进人成长的理论性本体承诺。如果一个研究者期望完全通过数字和公式来实现教学理论假说的逻辑推理，或是期望将检验教学理论的伦理指标转化为公式化标准，那这些期望都将很难实现。运用伦理标准检验教学理论，实质上是对教学理论所渗透的本体承诺的确认，以及教学作为伦理生活的理论性确证。尽管人们无法也不可能将教学理论的伦理标准排列在一个标尺上，但需要遵循的原则至少是明确的：

（一）避免激进应用和检验分化

黑格尔认为，“伦理标准只有在作为伦理生活的现实形式的一

① ［德］F. W. 克罗恩：《教学论基础》，李其龙等译，教育科学出版社 2005 年版，第102—103 页。

部分时才能得到理性认识”。也就是说“只有当某种伦理生活形式趋于成熟时，才能获得这样理性的理解”。[①] 我们不能采取激进的方式只肯定教学理论伦理基础的显性存在，而忽略了伦理的隐性表达，更不能激进地把伦理标准看作教学理论检验的充分条件，进而将还未经验证的假说直接等同于理论，或是以唯伦理化的“信仰”来倒逼教学理论的建构。同时，运用伦理标准检验教学理论，也要避免两个极端分化：一是避免直接用“伦理性”否证教学理论。尽管伦理标准具有“否决权”，但要否证一个教学理论不能只关注或依赖伦理标准，或者不能因确认教学理论的理论性本体承诺而否定了教学理论的事实标准或逻辑标准。二是避免教学理论检验“去伦理性”。理论检验是一个复杂的过程，确认理论性承诺的过程更为复杂，不能因此而忽略伦理标准或选择“去伦理性”的客观事实检验。

（二）不能将教学理论假说初衷作为伦理指标的要素

日常生活中，我们总是习惯性地用行为或想法背后的原因来解释其伦理性，认为原因可以判断道德伦理。同样，我们也承认初衷总是美好的，任何一个研究者都不可能将理论假说的初衷“丑化”，但这种具有道德伦理的假说初衷不能成为伦理指标的要素，更不能作为“否决权”的核心要素。一个假说可能具有至高的伦理性建构目的，但未必能够最终走向教学理论的建构终点，或者也未必能够保证验证假说的方式和理性认识的表达依然坚守初衷。例如，华生是行为主义心理学创始人，他验证了人类经典条件反射学习理论。华生曾说过我们所熟知的一句话：“给我一打婴儿，我可以将他们训练为社会精英或乞丐。”他提出“人的行为是可测和可控的”的理论假说。但遗憾的是，华生论证这一假说采取了极端的“去伦理化”恐惧形成实验（小艾伯特实验），即用一个不到 1 岁的婴儿为

① ［美］艾伦·伍德：《黑格尔的伦理思想》，黄涛译，知识产权出版社 2016 年版，第 383 页。

实验对象，训练其获得恐惧。在华生看来，恐惧可以形成也可以消除。但事实上却是违背伦理且是一个不可逆的过程。华生的假说论证实验也可以说明理论假设初衷即使再完美，但也不能成为检验理论的伦理性要素。伯兰特·罗素也曾提到："道德伦理很少是事物的原因。它几乎总是一种结果、一种手段，用来使我们自己的利益具有普世的法理权威。"① 此外，教学理论本身具有历史性、情境性和工具性，因而不能用过去的或现时的伦理现象去否证一个理论假说提出的原因，二者不具有对等性。例如，我们不能因班级授课制不利于发挥学生的主体性的缺陷，去否证班级授课制是为了解决大规模教学需求的初衷。

（三）正确理解和运用伦理标准的"否决权"

伦理标准和事实标准同样都是教学理论检验的指标之一，但都不是唯一或绝对化指标。不同的是，伦理标准具有"否决权"。进一步来说，伦理标准不仅是检验教学理论的必要指标、核心指标，而且是区别于其他理论检验的特殊性指标。伦理标准之所以是必要且核心指标，是由教学理论的本体承诺所决定的。如果一个理论的"硬核"不能渗透和体现有效促进人成长的理论性承诺，那么其理论假说就无法立足，更不能被称为教学理论。从另一个角度来说，伦理标准具有"否决权"但未必能"证伪"理论。这个看似悖论的陈述，事实上是在说明伦理标准的限度或是有效性范围。也就是说，这种"否决权"往往只能够发挥在某个或某几个辅助假说上，而不一定会触及理论"硬核"；同时，这种"否决权"是从人类伦理视角赋予检验标准以否决的权利，是因否定假说的伦理性而否决假说，而不是因否定假说的事实性而否决假说。简言之，伦理标准检验的是理论假说的伦理性而不是事实性。例如前面提到的华生的行为主义理论和小艾伯特实验。人们运用伦理标准否决了华生关于

① ［英］爱德华·卡尔：《20 年危机：1919—1939 国际关系研究导论》，秦亚青译，世界知识出版社 2005 年版，第 68 页。

人的消极情绪和行为可测与可控的假说，但没有因此而否决经典条件反射学习理论的“硬核”，且对这个假说的否决是依据其伦理性而非事实性。当然，后来研究者也运用了事实标准证伪了该理论所包含的其他辅助假说，进而有了诸如操作性条件反射学习理论的更新和替代。

（四）在充分理解教学理论伦理基础上进行本体承诺的确证

由于一个理论所内含的假说众多，而以知识陈述出来的理论往往内隐了或综合了这些假说，从而使理论能够被接受和理解。因而，运用伦理标准检验教学理论的复杂性也就体现出来了。要想使潜在的理论假说伦理性突显出来，就需要充分理解教学理论所渗透的多层次多角度伦理基础，如教学理论对象主体的行为意义的阐释、理论研究者验证方式的选择、理论研究者对教学事实和价值规范的陈述、新的理论假说推演的证据选择等。只有在充分理解教学理论伦理基础上才能进行本体承诺的确证，因为“否决权”的行使往往挑战的是一个理论的“保护带”，其中必然是充满博弈和反转的过程。

三　逻辑标准：教学理论的内在自主性检验

理论检验的逻辑标准也可看作一种理论的无矛盾性标准，康德认为：“矛盾律是一切分析性的知识的一条普遍的、完全充分的原则。”[①] 理论的无矛盾性即逻辑标准，是检验理论的一个普遍性指标，是指“根据假说内部所包含的各种陈述之间以及它们与其他已被接受的理论之间的逻辑关系来判定此假说是否为真的标准”。[②] 简单来说，逻辑标准主要检验理论的逻辑一致性，不仅包括理论所内含的假说之间、假说所包含的陈述之间、陈述所包含的概念之间，还包括它们与已有理论之间的逻辑一致性。那么，除了上述所说的

---

① ［德］康德：《纯粹理性批判》，邓晓芒译，人民出版社 2004 年版，第 147 页。

② 黄正华：《人文社会科学方法论》，社会科学文献出版社 2016 年版，第 163 页。

理论语词上的逻辑一致，还应该如何理解和把握逻辑标准呢？拉卡托斯在《科学研究纲领方法论》中提出了评价理论的合理性标准问题。他强调，“我们评价的当然是一系列的理论，而不是孤立的理论”[①]。同时指出，只有新理论 T2 对原有理论 T1 具有（1）超余的经验内容，（2）能够说明 T1 的内容，（3）T2 的超余内容有一些得到了确认，才能证伪 T1。他把 T2 具有的超余的经验内容称为“可接受性 1”，它可用先验的逻辑分析来检查；T2 超余内容的证伪称为“可接受性 2”，它只能由经验来检验。这就是他提出来评价理论的逻辑标准和经验标准。[②] 实际上，关于科学真理的探索必然伴随真理标准的探索，逻辑标准也因此成为不可绕开的话题，其中关于形式逻辑标准的论说最为突出。从亚里士多德古典形式逻辑，再到希尔伯特语法规则的形式化要求以及哥德尔的不完备性定理等，批判和重塑的过程也呈现了科学真理逻辑标准的探寻路程。这里，我们不打算也不可能在有限的篇幅对这些复杂的逻辑学问题再做深入复杂的论述。基于应用目的的考虑，将现有共识基础较多且争议较小的逻辑判断标准作为借鉴指标，并结合教学理论的特殊性，尝试提出逻辑标准应用的要求：

（一）可定义性

德国哲学家、逻辑学家阿·迈纳强调，“定义作为事物的解释”，而不是作为“事物的本质确定”。他认为，“如果像康德那样把本质理解为原则上不可认识的‘事物自身’，那么就不可能通过定义理解自身存在的事物的本质，而只能理解在理智中存在的概念”。[③] 阿·迈纳的这一句话同样也潜在地阐明了定义的必要性和可能性。因此，判断一个理论的可定义性不是要检验理论概念对事物

① ［英］拉卡托斯：《科学研究纲领方法论》，兰征译，上海译文出版社 1986 年版，第 47 页。

② 范锡洪主编：《自然辩证法教程》，同济大学出版社 1992 年版，第 330—331 页。

③ ［德］阿·迈纳：《方法论导论》，王路译，生活·读书·新知三联书店 1991 年版，第 58 页。

本质的确定，而是检验通过一定语形规则给出的概念对事物解释的明晰度。同时，可定义性的标准还需要关注理论概念之间的逻辑一致性和可理解性；理论概念与已接受理论概念之间的一致性；理论语词和事实语词之间的关联和逻辑上的区别；认识共同体对所定义概念和命题陈述的接受度等问题。

（二）无矛盾性

理论的无矛盾性要求，“归根到底是由理论应当同现实一致和反映现实这个认识论原理所决定的。逻辑上矛盾的理论，由于它充满了任意的公式和命题，在其中真命题和假命题之间已经失去了界限”。[①] 简单来说，对理论的检验，需要判定或测试相关术语、假说与事实的相符合程度。例如，概念术语能够通过量化或可观察的形式来进行检测理论对现实生活的适用性。但是一个教学理论在语句结构上的逻辑一致性并不能保证这个教学理论在反映教学现实上的一致性。因而这两个指标应该结合在一起讨论，因为一个与教学事实矛盾的教学理论不可能达到完备的、无矛盾的自圆其说。

（三）不完全决定性

理论检验的不完全决定性，是指“以可观察的证据为背景的科学理论的检验，既不能产生确定的证实，也不能产生明确的证伪”。[②] 这个陈述看上去难以接受，似乎是降低了理论检验信度和效度。实际上，理论的不完全性是由理论本身的限度和事实检验的限度来制约的。如果用真理的完全性标准去评价和检验任何理论，都将是以失败告终，因为理论检验永远无法达到真理性判决。任何理论都是一种相对论，即在一定范围里，理论是完全的，但在另一个更大更丰富的领域，理论又是不完全的，理论的这种相对性也就需要理论检验的不完全决定性。正是理论的完全性和不完全性，理论检验的不完全决定性，为理论的批判反思和系统扩充提供了更多的

---

① 李振伦：《理论·理论性·理论检验》，《河北学刊》1987 年第 5 期。

② 肖显静：《科学理论检验的不完全决定性》，《科学技术与辩证法》2003 年第 3 期。

可能性。

（四）可判定性

可判定性是人们从是否可判定的角度对事物的一种认识，它往往表现为一系列有关问题的可解性。可判定性与算法有关，在数理逻辑中有着重要的地位。人文社会科学领域中，可判定性更倾向于语义和语法上的意义表达：从语义说，是关于普遍有效性的判定问题。从语法上说，是可证明性的判定问题。[①] 既然理论的可判定性是有效性和可证明性的关联，那么理论可以通过逻辑推导的证明来实现普遍有效性的判断。如果前提可判定，则前提的逻辑推导的结果（被证明的命题）就是可判定的；如果前提不可判定，那么逻辑推导的证明仍然被视为可证明的（逻辑仍然有效），但是真假值是不能保证的（因为前提不可判定）。也就是说，可证明性是合逻辑性，而可判定性除了合逻辑性外，还要包括真假性。[②] 根据上面的解释，如果我们要用可判定性来检验一个教学理论，就不能只关注这个教学理论的逻辑推理的合逻辑性，即其可证明性，还应该检验这个教学理论逻辑推理的前提、过程、方式等和逻辑推理结果相关要素的可判定性，即这些要素的真假性或合理性等。

四 理论硬核的独立标准：教学理论的不可替代性检验

一个理论区别于其他理论最重要的判断依据是理论硬核。关于理论硬核，即理论的核心问题，在教学理论的建构部分已经有较为明确的阐述。从理论检验标准的角度，判断教学理论的理论硬核的独立性不仅是必要的，也是必需的，一是检验教学理论的不可替代性，二是检验教学理论的成熟程度。如果一个教学理论的理论硬核不是独立的，或者说“专用的”，那么一个教学理论的独特性和不可替代性也就很难得以显现。可以说，如果一个教学理论的理论硬

① 孙云、孙镁耀主编：《新编哲学大辞典》，哈尔滨出版社1991年版，第482页。

② 张寅生：《证明方法与理论》，国防工业出版社2015年版，第189页。

核越独立，成熟程度越高，其不可替代性也就越明显。需要明确的是，理论硬核所聚焦的是最有意义、最重要的根基性观点，理论硬核未必是与某一个具体假说相对应的核心问题，且未必是一个单独的具体问题，它往往是由理论假说集合所共同支撑但又区别于具体假说的内容陈述。例如行为主义学习理论的核心问题是“刺激与反应的联结”，再如布鲁纳学科结构教学理论的核心问题的“认知结构的形成”。对教学理论硬核的检验不能采用直接将理论硬核与具体教学事实相对应的证伪方式，二者具有不对称性。检验理论硬核首先或主要需要对支持和支撑这一核心问题的辅助理论假说进行检验，在对理论假说“保护带”的检验过程中，必然充满了“正面启发法”和“反面启发法”[①] 的坚守、完善、博弈和反转。如果教学理论硬核在这个过程中越来越得到强化和独立，就说明这个教学理论越来越具有不可替代性；如果教学理论硬核越来越退化，就说明这个教学理论被否证的可能性也越来越大。

五　简单—统一标准：教学理论应用的广泛性检验

爱因斯坦是科学史上赞同和追求这一指标的典型代表。他曾说：“逻辑简单的东西，当然不一定就是物理上真实的东西。但是，物理上真实的东西一定是逻辑上简单的东西。”[②] 爱因斯坦认为，“科学的目的，一方面是尽可能完备地理解全部感觉经验之间的关系，另一方面是通过最少个数的原始概念和原始关系的使用来达到这个目的”。在追求这个科学目的的过程中，应该极力得到一个体系：“它具有可想象的最大的统一性和最少的逻辑基础概念，而这

---

① 拉卡托斯提出“正面启发法”和“反面启发法”。正面启发法包括一组部分明确表达出来的建议或暗示，以说明如何改变、发展研究纲领的“可反驳变体”，如何更改、完善“可反驳的”保护带。“反面启发法”是将反证据调整或反转以达到辅助假说保卫带保卫理论内核的目的。参见［英］拉卡托斯《科学研究纲领方法论》，兰征译，上海译文出版社 1986 年版，第 67—69 页。

② 《爱因斯坦文集》（第一卷），许良英、范岱年编译，商务印书馆 1976 年版，第 380 页。

个体系同那些由我们的感官所作的观察仍然是相容的。”① 在爱因斯坦看来，统一性和逻辑简单性就是“科学的目的”和“一切理论的崇高目标”。② 美国教学设计理论的代表赖格卢斯曾建议根据理论的共同范畴来检验理论的价值，③ 也就是通过理论所包含的共享概念来检验教学理论的有效性因素。当然，这种简单性是与理论的统一性指标相关联的，简单不是单一，而是通过统一性来相应得到体现。例如，如果一个教学理论具有高度的统一性，那么这个教学理论也相应在逻辑上更为简单。统一性的层次越低，原理和原则的松散和繁杂就越明显，这也是为什么类似教学经验汇编的内容很少具有理论性的原因。此外，由于教学和教学理论本身就内含“观念依赖”的品格，简单—统一标准除了要检验教学理论的统一性层次，还需要完成概念及概念关系的简单有效性检验，这个检验过程也可以看作“奥卡姆剃刀”原理，即“切勿浪费较多东西去做，用较少的东西，同样可以做好的事情”的简单有效原理，也就是“使用适量的前提假设来建构严密而完整的理论体系，用较少的即可做到的就绝不多使用额外的假设”。④ 简单—统一标准是检验理论假说的形式标准，它往往不能被单独运用，这个标准需要与事实标准结合，否则无法单独根据它来判定一个理论假说的真假。⑤

六 实践标准：教学理论真理性检验的根本途径

谈到实践标准，其内涵是否就是众所熟知的“实践是检验真理的唯一标准”呢？如果答案是肯定的，那自然就会否定上述所列检

---

① 《爱因斯坦文集》（第一卷），许良英、范岱年编译，商务印书馆 1976 年版，第 344—345 页。

② 李醒民：《科学与人文》，中国科学技术出版社 2015 年版，第 260 页。

③ Jay A. Bostwick, Isaac Wade Calvert, Jenifer Francis, et al., “A Process for the Critical Analysis of Instructional Theory”, *Educational Technology Research & Development*, Vol. 62, No. 5, October 2014, pp. 571 – 582.

④ 王志德：《卡西尔文化哲学整体观》，中国文史出版社 2014 年版，第 154 页。

⑤ 黄正华：《人文社会科学方法论》，社会科学文献出版社 2016 年版，第 164—168 页。

验标准存在的必要性。因为这句话常常被理解为检验真理的标准只有一个，即实践；或是认为实践是检验真理的绝对充分标准。这里，我们不再赘述关于“实践是检验真理的唯一标准”讨论的特殊背景和争论内容，但有必要对这句话所依据的马克思主义哲学的实践观进行本义的简要阐述。《马克思论费尔巴哈》中提到“人的思维是否具有客观真理性，这不是一个理论的问题，而是一个实践的问题。人应该在实践中证明自己思维的真理性，即自己思维的现实性和力量”。[①] 马克思旨在强调认识和理解不是纯粹的主观认识，也不是对客体本身的直接反映，而是通过实践去理解所需要认识的客体。毛泽东曾在《实践论》中写道：“马克思主义认为，只有人们的社会实践，才是人们对外界认识的真理性的标准。实际的情形是这样的，只有社会实践过程中（物质生产过程中，阶级斗争过程中，科学实验过程中），人们达到了思想中所预想的结果时，人们的认识才能被证实了。”[②] 可以看出，无论是马克思主义哲学的实践观还是毛泽东提出的实践论，其历史本义是在强调主体是通过实践去认识和理解客体，认识依赖于实践，并且通过实践达到认识和理解的真理性，或在实践中证明自己认识的真理性。因此，“实践是真理标准”或“实践是检验真理的唯一标准”的概念关系表述实际上是偏离了马克思的本义。“在实践中证明自己认识的真理性”和“以实践来证明自己认识的真理性”这两种命题表述存在意义上的绝对差别。

从另一个角度看，假如我们把实践标准按照“实践是检验真理的唯一标准”来看待，那么接下来的问题就是实践是如何检验理论或教学理论的？首先，实践是一种活动，一种与人有关的活动。教学实践更是一种以“人”为目的的人为活动，人在其中具有目的性、意识性。如果要以教学实践作为检验标准，那么是要以教学实

① 《马克思恩格斯选集》（第一卷），人民出版社 2012 年版，第 137—138 页。

② 毛泽东：《实践论》，转引自陶德麟《〈实践论〉浅释》，江苏人民出版社 2015 年版，第 53 页。

践的什么要素来检验理论呢？在此可以分解出三种假设：(1) 如果把教学实践的发生、教学实践的过程或是对教学实践结果的评价作为检验指标，那么这些要素参与了实践者的主观意愿，具有明显的主观性，往往容易产生“我认为好的，就是有效的教学理论；我认为不好的，就是无用的教学理论”的主观性判断。(2) 如果把教学理论直接放在实践中，将“依据教学理论来实践”看作检验指标或方式的话，必然会打乱实践和理论各自的逻辑，造成抽象对立、推进困难和局面混乱，最终也会以失败告终。(3) 如果把教学实践的结果看作相对客观的检验指标要素，即用实践结果所获得的教学事实来检验教学理论是否具有一致性，那么这种检验实际上是一种事实标准，但由于具体教学实践所获得的结果事实往往是个别化的、情境性的，因而标准运用仍具有局限性。

那么，到底应该如何看待实践标准的问题呢？一般来说，人的认识并不是依靠客体自身的完全自动呈现来实现的，而是通过实践途径来实现主体认识与客观事实的内在联系。前面所谈到的事实标准，当然也不是事实自己站出来与理论进行一致性对照，必然需要通过实践这个途径来建立内在联系，且同时取决于使用者对理论的理解力。也就是说，要用客观事实来检验理论必须通过实践，或者说在实践中。人虽然无法以实践来证明自己认识的真理性，但必须在实践中检验自己认识的真理性。就此而言，“实践是检验真理的唯一标准”，确切来说是指“实践是检验认识之真理性的根本途径”[①]。当然，我们不能因命题在概念关系表述上的不确切而否定其内涵的正确性，更不能否认这句话语作为真理性认识在中国历史发展中的重要影响。无论从学理层面还是社会发展层面，“实践标准”都应该或者说都已经在遵循着“基于实践（结果）”“在实践中”“面向实践（未来的）”的真理性检验原则，它更表明的是一种原则要求和思维方式。此外，“实践标准”被广泛认同和普遍接受的

---

① 郭湛：《确定实践标准的实际意义与哲学内涵》，《社会科学战线》1998 年第 6 期。

意义，更在于它是对人的能动性的一种强调，因为客观事实不会主动站出来检验理论，人与客观事物不是抽象对立的。同时，“实践标准”也是对理论神圣化和理论惰性的一种反对，实践的发展也要求理论的发展，理论在实践中受到检验，也获得发展。同样，实践标准作为教学理论检验的必要指标，不是指以教学实践来证明教学理论的真理性，而是在教学实践中验证教学理论的真理性。也就是说，不是单独运用实践标准，以教学实践本身判断教学理论的真与假、好与差，而是同时结合其他检验教学理论的标准，通过教学实践，在教学实践中确证或证伪教学理论的真理性。如此，教学理论实践标准并不是对教学理论的学术品性和科学品性的检验或否证。准确把握实践标准作为教学理论检验的根本途径的内涵和原则要求，不仅有助于人们进一步深化认识和理性对待教学理论和教学实践之间的关系，更有利于明确“人”的实践在二者关系中的角色定位和重要作用，从而打破传统的二元对立思维的固化。

基于上述分析，检验教学理论至少包含以上六个标准，它们各自的角色和所发挥的作用不同，检验过程中也相应需要运用恰当的方式并遵循一定的原则。对上述内容进行简要概括后，主要信息见表 5—1。

表 5—1　　教学理论检验标准的主要类型

标准类型	检验目的	检验方式与原则
事实标准	教学理论的可接受性检验	证伪标准、检验理论保护带、理论硬核强化
伦理标准	教学理论的价值性检验	避免激进和分化、非假说初衷、“否决权”
逻辑标准	教学理论的内在自主性检验	可定义性、无矛盾性、不完全决定性、可判定性
理论硬核独立标准	教学理论的不可替代性检验	非具体事实证伪、理论硬核或强化或退化
简单—统一标准	教学理论应用的广泛性检验	统一性与逻辑简单、概念关系简单有效（属于形式标准）
实践标准	教学理论真理性检验的根本途径	通过实践（在实践中）确证或证伪教学认识之真理性

需要再一次在结尾重申两个重要原则：(1) 理论检验是为了更好地接受理论和发展理论；(2) 制定标准但又要防止标准化。我们很难找到检验教学理论的绝对标准和充分条件，也不可能将其充分条件全部罗列，当然事实上也不存在最好的、最科学的或是最完整的标准系统。"理论在没有受到检验以前是不能评价它是正确的或有效的"，[①] 从这个角度来说，教学理论检验标准尤其是那些重要性指标应该被探寻并阐释，也应该不断被补充和完善其他检验性指标。就上述所阐述的这些指标而言，事实标准可看作检验教学理论的首要标准。伦理标准和理论硬核的独立标准则是其必要且核心标准，同时也是区别于其他理论的特殊标准，但这两个标准的检验侧重倾向不同。逻辑标准是一种普遍性指标，是任何理论之为理论都必须满足的基本条件之一。实践标准则是理论检验的根本途径，它不是一个单独的检验标准。其他标准作为必要指标的前提是与事实标准和伦理标准不发生冲突，且很多标准在实际中应该与这两个标准结合使用，但如果某些标准与事实标准和伦理标准发生冲突时，理论检验的结论则更倾向于依据这两个必要标准来进行评说。这也反映出并不是所有类型的检验标准之间都能保持完全的一致性。每一个标准的应用和检验都是艰难复杂的，也是应该不断被细化和深化的。理论检验的终极目的不是抛弃理论，而是在明确理论的限度基础上完成理论的更新和完善。正如拉卡托斯所说，"重要的批评总是建设性的：没有一个更好的理论，就构不成反驳"。[②]

---

① ［美］C. H. 帕特森：《教学论简论》，汪刘生摘译，《教育评论》1986 年第 4 期。

② ［英］拉卡托斯：《科学研究纲领方法论》，兰征译，上海译文出版社 1986 年版，第 8 页。

结　语

教学理论解构与建构的共在

“什么是教学理论”和“教学理论是什么”，看似是一个简单的概念问题，实则是一个概念体系的问题，更是一个理论本体的问题和认识起点的问题。教学理论既不能被看作大写的、单数的一元形象，也不能被看作内涵模糊、外延多元的形象。教学理论需要接受检视，更需要自我检视、重思与否思，对教学理论的解构和重构需要在理论之后运用元分析的视角通达本体问题。

在德国、美国、日本、苏联和中国的不同历史文化语境中，教学理论的话语体系和理论样态不同。德国的教学论有 Didactics 和 Didaktik 两种表达，它们的使用范围存在一定差异。德国可以被看作教学论的发源地，且秉承“把论述基本概念放在一切论述之前”的理论研究范式，进而逐渐形成了“教化”“学习”“互动”三个主导概念的理论模式。其中以“教化”为核心概念的教学论在德国占据长期的主导地位，并具有深远的影响。尽管“教化”同样被借鉴到苏联和日本，但其指向已发生很大变化。美国“教学理论”的本义是“Theory of Instruction”，被看作一种中间的处方式理论，更确切地说是一种处方式教学指导理论，即以学习为基础，为了促进学习的指导原理。苏联的教学论在吸收和取舍德国教学论成果的基础上，积极地进行了本土化特色发展，并形成了以 20 世纪 50 年代为分界线的教学论分化，尤其是后期聚焦“儿童研究”和“方法论”的教学理论研究成果在世界范围内产生了很大的影响。日本

"教授学""教授法"最初源于对德国教学论的借鉴，尽管日本也深受赫尔巴特学派影响，但后期研究逐渐由教授的技术转向学习的研究，学习理论、学力论、学习共同体逐渐占据日本教学研究的主导地位。在中国历史文化语境中，教学论的词源变化先后经历了"教授法""教授术""教授学""教学法""教学原理""教学论""教学理论"的概念术语表达，这些变化同时也渗透了不同西学阶段的外来理论话语体系的影响。不容否认，正是这些成果的借鉴让中国的教学论学科得以很快成长，但对不同理论话语体系混同处理也潜在地引发了中国教学论理论体系自身的内在矛盾，尤其是在概念语义上的等同，误导和影响了教学论自身困扰的不自知。

教学理论在上述不同历史文化语境中有着不同的价值关切和理论样态，这些差异主要表现在：文化传统与话语体系、学科地位与理论功能的定位、研究领域和内容论述、研究范式及方法论。从另一角度来说，差异不等于对立，即使是德国教学论和美国课程论也在寻求共同对话基础上而开展过全球范围的学术讨论。教学理论在不同文化语境中的共同对话，需要我们站在跨文化的视野中讨论，以此为更理性地借鉴和更科学地本土化奠定基础。归纳起来，语境对话中教学理论共同关注或共同追求的方面主要有：为促进人的发展的真善美追求；以教学问题为核心的主题研究；对教学实践的理性关怀；与心理学和课程论联系的紧密程度。教学理论在不同历史文化语境中的异相与共相，不仅是探明差异、寻求对话的基础，也是我们对外来理论话语体系本土化处理的认识前提，以及吸收和重构本土文化语境中教学理论概念的必要基础。

本书在重思与否思的基础上，按照概念界定的逻辑理路对教学理论的属概念和种差进行深入分析，重新界定了教学理论的概念：教学理论是人们通过研究和辩理对促进学生整体性发展的教学现象、教学事实和教学存在形成系统化的理性认识，旨在构建解释、规范、批判和引导教学实践的知识体系。这一概念明确了教学理论是"知识体系"的"属概念"；改变了类似"教学的理论"定义循环和内涵定义笼统、模糊的概念界定；限定了教学理论的认识和研究对象是“促进学生整体性发展的教学现象、事实和存在”；澄清了教学理论是“理性认识”的方式和“系统研究”的过程；表明了教学理论与教学实践的关系。

无论是理论还是教学理论，其概念都要渗透理论所承载的本体承诺和内在规定性，它们是对理论存在意义的表达，也是对一个理论区别于其他理论的特殊性表达。教学理论的本体承诺可以概括为：对促进学生整体发展的伦理性教学实践的理性认识。这就表明教学理论无法回避和否认其自身以善的存在形式关切人的心智和心灵的完善。教学理论之为教学理论，除了与教学保持伦理上的一致，还要体现教学理论的理论性和科学性，因而教学理论“量”的内在规定性主要包括抽象性、伦理性、客观性、普遍性、逻辑性、系统性、解释性、规范性、批判性与引导性。

一个教学理论区别于另一个教学理论不仅表现在人性假设和概念上，根本差异在于理论硬核，即理论的核心问题。核心问题并不是一个具体的现象问题或具体的研究问题，而是由理论假说共同支撑的理论核心问题。理论硬核不仅具有独特性，还具有学理意义和目的向度。教学理论的生成绝不是一个简单源于实践问题或运用概念、命题陈述的过程，而是一个开放的系统生成过程。在这个过程中，教学理论以问题为研究的切入口，当已有知识对问题的尝试性解释失败后，就会围绕问题形成或演绎新的解释假说，或建立尝试性陈述或处方性陈述的假设。不同的假说和假设在研究过程中会出现逻辑结构的分化，进而会形成不同抽象程度与不同目的指向的研究结论和经验规律，在此基础上进一步建立系统化理性认识，实现理论修正和新建理论的跨越。理论最终需要通过知识体系的表征方式来呈现和解释，这既是理论被认识和理解的前提，也是支持新研究的理论基础，也可以看作一个理论形成的终点，同时也是一个新的研究起点。

需要明确的是，知识不是同质的，也不可能是分等的。任何科学领域，理论因被需求视角和生成过程不同而分化为实践性、描述性和解释性、价值性和规范性、综合性的不同理论结构取向。教学理论的分解是必然也是必要，是实然也是应然。教学理论可分解为教学实践理论、教学科学理论、教学哲学理论和元教学理论（教学理论的理论）四种类型。分解不是分离，每种教学理论并没有因为他者的存在而成为多余，它们之间相互搭接，相互影响。

教学理论的意义存在于人们对教学理论的价值评价之中，也体现为教学理论与其他事实之间的客观作用或影响，其意义和价值主要表现在：教学理论对教学实践不仅仅是超越，更在于提供理性引导和行动依据；教学理论有助于满足社会对教学活动的认识需求，进而通过教学理论突显教育教学在社会现实中的作用，并为社会改革提供教育舆论和指导依据。理论具有学科归属，学科能够通过理论呈现学科特性，同时教学理论对教师发展和学生成长具有一定的促进意义。当然，理论不仅具有外在价值，更具有本身的内在理论意义，这是由教学理论的内在规定性来体现其自身的反思功能、理解功能、解释功能和批判功能。教学理论的应用不是线性指导，也不是按步操作，而是表现为对教学实践的一种非线性指导、理想性引导和批判性反思。

最后，我们还需要关注教学理论的界限和有效性范围，既要避免将教学理论看作对经验和常识总结的平面游移，也要避免放大教学理论真理性的规律找寻。教学理论需要评价和检验的标准，但检验的终极目的不是抛弃理论，建构标准的目的不是标准化，也不是科学理论标准的直接套用，更不是将教学实践作为检验的唯一标准。教学理论的检验需要遵循事实标准、伦理标准、逻辑标准、理论硬核的独立标准、简单—统一标准和实践标准。上述标准是检验教学理论的必要指标，但不是全部的或充分的指标，它们各自承担的角色和所要发挥的作用各不相同。标准的运用需要不同指标的相互支持，但不是所有标准都能够达到完全的一致性，当不同标准发生冲突时，既要以事实标准为首要指标，更要以伦理标准和理论硬核的独立标准作为核心指标，特别是伦理标准具有教学理论评价的“否决权”。

总之，对教学理论本体问题的探寻，不是纯粹形而上意义上的抽象思辨，而是以元理论的研究视角，从教学理论作为人文社会科学理论的独特性和自主性产生逻辑理路来解构和重构“什么是教学理论”和“教学理论是什么”这一本体问题。本书作为尝试性的研究，其目的在于剖析和澄明这一本体问题。当然，这绝不是解决一个“什么是教学理论”的知识型问答，而是要理解并探寻教学理论“存在的意义”。

参考文献

中文文献

（一）著作

［德］赫尔巴特：《教育学讲授纲要》，李其龙译，人民教育出版社 2015 年版。

［德］康德：《实践理性批判》，邓晓芒译，人民出版社 2003 年版。

［德］F. W. 克罗恩：《教学论基础》，李其龙等译，教育科学出版社 2005 年版。

［德］马克斯·韦伯：《社会科学方法论》，杨富斌译，华夏出版社 1999 年版。

［德］沃尔夫冈·布列钦卡：《教育知识的哲学》，杨明全、宋时春译，华东师范大学出版社 2006 年版。

［德］沃尔夫岗·布列钦卡：《教育科学的基本概念》，胡劲松译，华东师范大学出版社 2001 年版。

［德］尤尔根·哈贝马斯：《认识与兴趣》，郭官义、李黎译，学林出版社 1999 年版。

［美］布鲁纳：《教学论》，姚梅林、郭安译，中国轻工业出版社 2008 年版。

［美］布鲁纳：《教育过程》，邵瑞珍译，文化教育出版社 1982 年版。

［美］赫伯特·A. 西蒙：《关于人为事物的科学》，杨砾译，解放军出版社 1985 年版。

［美］亨利·吉鲁：《教育中的理论与抵制》，张斌等译，教育科学出版社 2016 年版。

［美］华勒斯坦：《学科·知识·权力》，刘健芝等编译，生活·读书·新知三联书店 1999 年版。

［美］R. 卡尔纳普：《科学哲学导论》，张华夏、李平译，中国人民大学出版社 2007 年版。

［美］劳伦斯·斯克拉：《理论与真理：基础科学中的哲学批判》，马雷译，科学出版社 2013 年版。

［美］穆尼茨：《当代分析哲学》，吴矣人等译，复旦大学出版社 1986 年版。

［美］乔纳森·H. 特纳：《社会学理论的结构》（第 7 版），邱泽奇、张茂元等译，华夏出版社 2006 年版。

［日］佐藤正夫：《教学原理》，钟启泉译，教育科学出版社 2001 年版。

［苏］斯卡特金：《现代教学论问题》，张天恩译，教育科学出版社 1982 年版。

［英］安东尼·吉登斯：《社会学方法的新规则——一种对解释社会学的建设性批判》，田佑中、刘江涛译，社会科学文献出版社 2003 年版。

［英］波普尔：《猜想与反驳：科学知识的增长》，傅季重等译，上海译文出版社 2015 年版。

［英］蒂摩西·威廉姆森：《知识及其限度》，刘占峰、陈丽译，人民出版社 2013 年版。

［英］拉卡托斯：《科学研究纲领方法论》，兰征译，上海译文出版社 1986 年版。

［英］特里·伊格尔顿：《理论之后》，商正译，商务印书馆 2009 年版。

［英］维特根斯坦：《哲学研究》，陈嘉映译，上海人民出版社 2001 年版。

陈桂生：《回望教育基础理论：教育的再认识》，北京师范大学出版社 2008 年版。

陈桂生：《教育学的建构》，华东师范大学出版社 2009 年版。

陈晓端：《当代教学理论与实践问题研究》，中国社会科学出版社 2007 年版。

陈晓端主编：《国外教学论基本文献讲读》，北京大学出版社 2013 年版。

成中英：《本体与诠释》，生活·读书·新知三联书店 2000 年版。

郭贵春：《科学哲学问题研究 第 5 辑》，科学出版社 2017 年版。

郝文武：《教育哲学研究》，教育科学出版社 2009 年版。

郝志军：《教学理论的实践品格》，教育科学出版社 2008 年版。

黄正华：《人文社会科学方法论》，社会科学文献出版社 2016 年版。

金生鈜：《教育研究的逻辑》，教育科学出版社 2015 年版。

金永兵：《文学理论本体研究》，北京大学出版社 2007 年版。

李定仁、徐继存主编：《教学论研究二十年（1979—1999）》，人民教育出版社 2001 年版。

李红：《当代西方分析哲学与诠释学的融合》，中国社会科学出版社 2002 年版。

李建会、李亚明：《科学哲学读本》，金城出版社 2014 年版。

李森：《现代教学论纲要》，人民教育出版社 2005 年版。

李晢：《寻绎 X———一种新的元哲学本体理解论》，学林出版社 2011 年版。

李喜先：《知识系统论》，科学出版社 2011 年版。

李振伦：《元理论与元哲学》，河北人民出版社 2001 年版。

林聚任、刘玉安主编：《社会科学研究方法》，山东人民出版社 2004 年版。

路书红：《教学理论建设的方法论比较》，山东人民出版社 2010 年版。

欧阳康：《人文社会科学哲学》，武汉大学出版社 2001 年版。

裴娣娜主编:《教学论》,教育科学出版社 2007 年版。
彭正梅:《德国教育学概况——从启蒙运动到当代》,北京大学出版社 2011 年版。
施良方、崔允漷主编:《教学理论:课堂教学的原理、策略与研究》,华东师范大学出版社 1999 年版。
石中英:《教育学的文化性格》,山西教育出版社 1999 年版。
孙正聿:《哲学通论》,复旦大学出版社 2005 年版。
唐莹:《元教育学》,人民教育出版社 2002 年版。
王飞:《跨文化视野下的教学论与课程论》,山东人民出版社 2014 年版。
魏育青:《中国日耳曼学:管窥与偶得》,复旦大学出版社 2015 年版。
邢建昌:《理论是什么——文学理论反思研究》,人民出版社 2011 年版。
徐继存:《教学理论反思与建设》,甘肃教育出版社 2000 年版。
杨方:《元哲学初论》,湖南人民出版社 2002 年版。
曾水兵:《走向"整体人"的教育——人学视野下现代教育路向之探索》,中国社会科学出版社 2012 年版。
张广君:《教学本体论》,甘肃教育出版社 2002 年版。
章启群:《意义的本体论:哲学诠释学》,上海译文出版社 2002 年版。
周昌忠:《科学的哲学基础》,科学出版社 2013 年版。
周作宇:《问题之源与方法之镜:元教育理论探索》,教育科学出版社 2000 年版。

(二)论文

[美] C. H. 帕特森:《教学论简论》,汪刘生摘译,《教育评论》1986 年第 4 期。
[德] 布雷岑卡:《教育学知识的哲学——分析、批判、建议》,李其龙译,《华东师范大学学报》(教育科学版)1995 年第 4 期。

安富海:《教学论研究者为什么“走不下去”——兼论“国外教学理论诠释中国教学实践”现象》,《课程·教材·教法》2012 年第 7 期。

安富海:《我国教学理论知识生产存在的问题及矫正》,《中国教育学刊》2012 年第 9 期。

蔡宝来、王嘉毅:《现代教学论的概念、性质及研究对象》,《教育研究》1998 年第 2 期。

曹伟:《理论概念反思与应用性社会科学研究逻辑重构》,《甘肃社会科学》2014 年第 2 期。

陈桂生:《略论“教育理论”、“关于教育的理论”与“元教育理论”》,《教育研究与实验》1997 年第 2 期。

陈嘉映:《常识与理论》,《南京大学学报》(哲学·人文科学·社会科学版)2007 年第 5 期。

陈晓端、毛红芳:《教学论对教学实践指导的困境、意义、方式和限度》,《教育研究》2016 年第 5 期。

迟艳杰:《教学理论与教学实践关系的分层认识》,《教育研究与实验》1997 年第 3 期。

迟艳杰:《教学领域中的理论与实践——兼论我国教学论学科面临的主要问题及发展选择》,《中国教育学刊》1997 年第 4 期。

丁邦平:《教学(理)论与课程论关系新探:基于比较的视角》,《比较教育研究》2009 年第 12 期。

丁邦平:《“教学论”与“教学法”的关系探析——(跨文化)比较教学论的视角》,《教育学报》2015 年第 5 期。

丁邦平:《“教学论”与“教学理论”概念之辩》,《比较教育研究》2011 年第 7 期。

郭晓明:《论教学论的实践转向》,《南京师大学报》(社会科学版)2002 年第 2 期。

郭湛:《确定实践标准的实际意义与哲学内涵》,《社会科学战线》1998 年第 6 期。

郝志军:《教学理论应当是什么》,《教育理论与实践》2005 年第 3 期。

郝志军:《我国教学理论的时代重建》,《教育理论与实践》2003 年第 5 期。

郝志军:《我国教学理论“实践乏力”现象剖析》,《教育理论与实践》2002 年第 4 期。

胡定荣:《21 世纪中国教学论发展的问题与走向》,《教育研究》2002 年第 3 期。

黄志成:《教育研究中的两大范式比较:“日尔曼式教育学”与“盎格鲁式教育科学”》,《教育学报》2007 年第 2 期。

李秉德:《教学理论与教学实践“两张皮”现象剖析》,《教育研究》1997 年第 7 期。

李定仁:《论当代教学理论革新的时代背景》,《外国教育研究》1996 年第 3 期。

李定仁:《论当代教学理论革新的主要趋势》,《西北师大学报》(社会科学版)1995 年第 1 期。

李森:《教学理论与实践:转化方式探讨》,《课程·教材·教法》2002 年第 3 期。

李森、陆明玉:《论教学论的实践性与实践教学论》,《西南大学学报》(社会科学版)2011 年第 2 期。

李森、赵鑫:《中国教学论学科发展的反思与建设》,《中国教育科学》2013 年第 3 期。

李振伦:《科学与伪科学的一个重要界限——对应原理与科学创新》,《河北学刊》2002 年第 3 期。

李振伦:《理论·理论性·理论检验》,《河北学刊》1987 年第 5 期。

李振伦:《元理论与元哲学》,《河北学刊》1996 年第 6 期。

刘铁芳:《当前教学理论研究的思考》,《湖南师范大学教育科学学报》2002 年第 1 期。

刘旭东:《论教学理论的重建》,《高等教育研究》2002 年第 3 期。

刘阳:《“本体”概念与近似概念的语义学辨析》,《海南大学学报》(人文社会科学版) 2010 第 6 期。

路书红:《教学理论的自主性:缺失与反思》,《西北师大学报》(社会科学版) 2009 年第 2 期。

罗儒国、王姗姗:《教学理论的误读与纠偏》,《大学教育科学》2009 年第 5 期。

娜仁高娃:《日本教育学研究的历史嬗变与发展走向》,《日本问题研究》2017 年第 2 期。

彭正梅:《德国教化思想研究》,《教育学报》2010 年第 2 期。

彭正梅、顾娟:《德国当代普通教育学:人物、基本概念和比较——与本纳教授的对话》,《湖南师范大学教育科学学报》2017 年第 4 期。

彭正梅:《教育和教育理论的自身逻辑的寻求:本纳实践学的教育建构》,《全球教育展望》2009 年第 1 期。

彭正梅、张玉娴:《德国普通教学论传统、危机与新方向——对德国教学论专家迈尔的访谈》,《全球教育展望》2014 年第 12 期。

秦亚青:《国际关系理论的核心问题与中国学派的生成》,《中国社会科学》2005 年第 3 期。

沈小碚、苏红:《对我国教学理论研究本土化的理性思考》,《西南政法大学学报》2005 年第 6 期。

石中英:《教育学研究中的概念分析》,《北京师范大学学报》(社会科学版) 2009 年第 3 期。

苏丹兰:《我国教学理论研究主题的变迁:特点、问题与前瞻——基于 1981—2012 年〈课程·教材·教法〉实证研究》,《课程·教材·教法》2013 年第 3 期。

唐莹、瞿葆奎:《元理论与元教育学引论》,《华东师范大学学报》(教育科学版) 1995 年第 1 期。

田慧生:《对教学论学科性质、地位与研究对象的再认识》,《教育研究》1997 年第 8 期。
王策三:《教学论学科发展三题》,《北京师范大学学报》(社会科学版)1992 年第 5 期。
王策三:《我国十年来教学理论的进展》,《高等师范教育研究》1990 年第 2 期。
王长纯:《俄罗斯教学论的系谱研究》,《外国教育研究》2010 年第 10 期。
王飞、丁邦平:《苏联教学论与美国课程论:在中国的误读与误解》,《比较教育研究》2013 年第 1 期。
王鉴:《教学理论与实践关系研究 20 年:从定位到联盟》,《教育理论与实践》2001 年第 4 期。
王鉴、李晓梅:《当代中国特色教学论的发展历程及启示》,《社会科学战线》2016 年第 6 期。
王鉴:《实践教学论论纲》,《学科教育》2004 年第 7 期。
王坦:《论国外教学理论之科学借鉴》,《中国教育学刊》2005 年第 3 期。
王兆璟:《20 世纪 90 年代以来教学理论研究的问题清理》,《西北师大学报》(社会科学版)2006 年第 6 期。
王中男、贺巍巍:《乱花渐欲迷人眼——试论教学理论面临的困惑》,《教育理论与实践》2007 年第 13 期。
项贤明:《走出传统的教育学理论体系——泛教育理论的哲学建构》,《华东师范大学学报》(教育科学版)1996 年第 2 期。
肖显静:《科学理论检验的不完全决定性》,《科学技术与辩证法》2003 年第 3 期。
徐继存:《教学理论建设的时代澄明——关于当前教学理论研究若干问题的思考》,《西北师大学报》(社会科学版)2007 年第 3 期。
徐继存:《教学论学科的二重性及其规约》,《课程·教材·教法》2010 年第 9 期。

徐继存:《教育学知识的限度及其意义》,《教育学报》2011 年第 1 期。

徐继存、李定仁:《我国教学理论建设存在的问题及反思》,《教育理论与实践》2001 年第 8 期。

徐继存:《论教学理论的可行性及其条件》,《教育理论与实践》1998 年第 6 期。

杨丽、温恒福:《近 30 年来我国教学理论研究的主要特点分析》,《教育研究》2011 年第 3 期。

叶澜:《教育创新呼唤"具体个人"意识》,《中国社会科学》2003 年第 1 期。

余文森:《教学理论与教学实践的层级和关系》,《中国教育学刊》2010 年第 9 期。

张天明:《1980 年以来我国教学理论本土化研究:回顾、问题与展望》,《课程·教材·教法》2014 年第 1 期。

张伟:《艺术精神的本体论阐释》,《辽宁大学学报》(哲学社会科学版)2004 年第 6 期。

赵汀阳:《哲学的元性质》,《哲学研究》1993 年第 6 期。

赵鑫、李森:《教学论研究实践转向和理论创新的历史自觉》,《西南大学学报》(社会科学版)2013 年第 3 期。

赵鑫、李森:《中国教学论科学化的意蕴和路径》,《课程·教材·教法》2012 年第 7 期。

卓杰、王续琨:《教学论在中国:称谓演变和学科体系演进》,《高等教育研究》2017 年第 5 期。

外文文献

(一)著作

Burke Johnson and Larry B. Christensen, *Educational Research Quantitative, Qualitative, and Mixed Approaches*, 2nd ed, New York: Pearson Education, Inc. 2004.

C. H. Patterson, *Foundations for a Theory of Instruction and Educational Psychology*, New York: Harper & Row, 1977.

C. J. B. Macmillan and James W. Garrison, *A Logical Theory of Teaching: Erotetics and Intentionality*, Dordrecht: Kluwer Academic Publishers, 1988.

Dennis Littky and Samantha Grabelle, *The Big Picture: Education Is Everyone's Business*, Alexandria: Association for Supervision and Curriculum Development, 2004.

Ian Westbury, Stefan Hopmann and Kurt Riquarts, *Teaching as a Reflective Practice: the German Didaktik Tradition*, New York: Routledge, 2010.

James. H. Watt and Sjef Van Den Berg, *Research Methods for Communication Science*, Boston: Allyn & Bacon, 2002.

Jerome S. Bruner, *Toward a Theory of Instruction*, Cambridge: Harvard University Press, 1966.

Nathaniel L. Gage, *A Conception of Teaching*, New York: Springer, 2009.

Pauli Siljander, Ari Kivelä and Ari Sutinen, *Theories of Bildung and Growth: Connections and Controversies between Continental Educational Thinking and American Pragmatism*, Rotterdam: Sense Publishers, 2012.

Robert G. Colodny, *The Nature and Function of Scientific Theories: Essays in Contemporary Science and Philosophy*, Pittsburgh: University of Pittsburgh Press, 1970.

Siegfried Engelmann and Douglas Carnine, *Theory of Instruction: Principles and Applications*, Eugene: NIFDI Press, 2016.

William F. Pinar, *What Is Curriculum Theory*? Mahwah: Lawrence Erlbaum Associates, Inc. , 2004.

（二）论文

A. Dudley Curry, "Toward a Theory of Instruction by Jerome S. Bruner", *Studies in Philosophy and Education*, Vol. 7, No. 4, 1972.

Brian Hudson, "Approaching Educational Research from the Tradition of Critical-constructive Didaktik", *Pedagogy, Culture and Society*, Vol. 11, No. 2, 2003.

Charles M. Reigeluth and Kurt Squire, "Emerging Work on the New Paradigm of Instructional Theories", *Educational Technology*, Vol. 38, No. 4, July 1998.

Christine Frank, "Teaching and Learning Theory: Who Needs It?" *College Quarterly*, Vol. 8, No. 2, 2005.

Don J. Webber, "Reflections on Curriculum Development, Pedagogy and Assessment by a New Academic", *International Review of Economics Education*, Vol. 4, No. 1, 2005.

Gabriel Abend, "The Meaning of Theory", *Sociological Theory*, Vol. 26, No. 2, June 2008.

Harold I. Brown, "A Functional Analysis of Scientific Theories", *Journal for General Philosophy of Science*, Vol. 10, No. 1, 1979.

H. Lee Swanson, "Does Theory Guide Teaching Practice?" *Remedial and Special Education*, Vol. 5, No. 5, September 1984.

James B. MacDonald, "The Nature of Instruction: Needed Theory and Research", *Educational Leadership*, Vol. 21, No. 1, October 1963.

Janette R. Hill and Lynne Schrum, "Theories on Teaching: Why Are They So Hard to Find?", *TechTrends*, Vol. 46, No. 5, September 2002.

Jay A. Bostwick, Isaac Wade Calvert, Jenifer Francis, et al., "A Process for the Critical Analysis of Instructional Theory", *Educational Technology Research & Development*, Vol. 62, No. 5, October 2014.

J. Dudley Herron and Grayson Wheatley, "A Working Theory of Instruction", *Science Education*, Vol. 58, No. 4, 1974.

Klaus Zierer and Norbert M. Seel, "General Didactics and Instructional Design: Eyes Like Twins a Transatlantic Dialogue About Similarities and Differences, About the Past and the Future of Two Sciences of Learning and Teaching", *Springer Plus*, Vol. 1, No. 1, August 2012.

Kurt Riquarts and Stefan Hopmann, "Starting a Dialogue: Issues in a Beginning Conversation between Didaktik and the Curriculum Traditions", *Journal of Curriculum Studies*, Vol. 27, No. 1, January 1995.

M. Daniel Smith, "Parameters of a Micro-theory of Instruction", *Instructional Science*, Vol. 11, No. 3, 1982.

Meinert A. Meyer, "Didactics, Sense Making, and Educational Experience", *European Educational Research Journal*, Vol. 6, No. 2, 2007.

Pertti Kansanen, "The Deutsche Didaktik and the American Research on Teaching", *TNTEE Publications*, Vol. 2, No. 1, 1999.

Pertti Kansanen, "The Deutsche Didaktik", *Journal of Curriculum Studies*, Vol. 27, No. 4, 1995.

Peter Tomlinson, "Psychological Theory and Pedagogical Effectiveness: the Learning Promotion Potential Framework", *British Journal of Education Psychology*, Vol. 78, No. 4, December 2008.

Richard C. Atkinson, "Ingredients for a Theory of Instruction", *American Psychologist*, Vol, 27, No. 10, 1972.

Richard E. Snow, "Individual Differences and Instructional Theory", *Educational Researcher*, Vol. 6, No. 10, November 1977.

Stefan Hopmann, "Restrained Teaching: the Common Core of Didaktik", *European Educational Research Journal*, Vol. 6, No. 2, 2007.

Sven Erik Nordenbo, "Bildung and the Thinking of Bildung", *Journal of Philosophy of Education*, Vol. 36, No. 3, 2002.

Teresa Kuwamura, "Acceptance and Transformation of English Educational Theory in Japan: On Student-Centered Education", *International Education Studies*, Vol. 7, No. 12, November 2014.

Walter Wager, "Using Gagné's Events of Instruction as a Guide for Producing Stimulus Material", *Journal of Instructional Development*, Vol. 2, No. 1, October 1978.

WernerJank, "Didaktik, Bildung, Content: on the Writings of Frede V. Nielsen", *Philosophy of Music Education Review*, Vol. 22, No. 2, 2014.